心理と保育の専門家が伝える

保育がもっと うまくいく方法

子どもの発達・保護者支援・セルフケア・外部連携

樋口　隆弘 / 編著

誠信書房

はじめに

①多様な役割を求められる幼稚園・保育園・認定こども園の先生へ

　子どもの保育をめぐる状況は刻一刻と変化しており，それに伴い子どもの保育に求められる知識や対応も多様化しています。また，幼稚園教育要領と保育士保育指針には，「家庭との連携と支援」「地域の子育て家庭への支援」について記載されており，幼保連携型認定こども園教育・保育要領にも「保護者への支援」「地域の子育て家庭への支援」について記載されています。このように保育の現場では，子どもだけではなく保護者との関わりも求められるため，子どもと保護者のすべてのニーズに応えることは容易ではありません。さらに，全国保育士会倫理綱領には，保育士が行うこととして，「子どもの最善の利益の尊重」「子どもの発達保障」「保護者との協力」などが記載されています。ここには，「保護者の支援」とは記載されていませんが，保護者を支援することで「子どもの最善の利益」や「発達保障」にもつながります。

　ここまで読むと，幼稚園教諭や保育士，保育教諭の先生方は，子どもや保護者のために，なんでも自分たちだけでしなければならないのかと思われたかもしれませんが，私はそのようには思っていません。子どもや保護者を支援するためには，先生方自身も"誰か"や"何か"に支えられる必要があります。それは力不足でも悪いことでもありません。私は心理職として，先生方を支えることはできないかと思い，本書の執筆を決意しました。

　なお，本書では幼稚園教諭，保育士，保育教諭の資格の違いや有無に限らず，保育の現場で保育にたずさわる方々を先生と表記します。

②幼稚園・保育園・認定こども園及び関係機関へ入る心理職の方々へ

　小学校や中学校，高等学校のスクールカウンセラーやスクールソーシャルワーカーと比べると，幼稚園や保育園，認定こども園で勤務する心理職はまだまだ一般的ではありません。しかし，幼稚園教育要領には，子育て支援において以下のような記載があります。「心理や保健の専門家，地域の子育て経験者等と連携・協働しながら取り組むよう配慮するものとする」。さらに，2017年8月に公表された「新しい社会的養育ビジョン」に，以下のような記載もあります。

　　地域の変化，家族の変化により，社会による家庭への養育支援の構築が求められており，子どもの権利，ニーズを優先し，家庭のニーズも考慮してすべての子ども家庭を支援するために，身近な市町村におけるソーシャルワーク体制の構築と支援メニューの充実を図らなければならない。例えば，多くの子どもがその生活時間を長く過ごしている保育園の質の向上および子ども家庭支援として，対子ども保育士数の増加やソーシャルワーカーや心理士の配置等を目指す（以下省略）。　　　　　　（厚生労働省，2017）

　このように，現在は幼稚園や保育園，認定こども園の現場に入ることが少ないソーシャルワーカーや心理士も，今後はそれらの現場に入り，子どもや保護者，先生方を支える立場になることも増えていくでしょう。そんななか，初めて幼稚園や保育園，認定こども園，それらと連携する機関で勤務する方々が，どのような点を意識して，子どもや保護者，先生方に関わればよいのか，本書を通してお伝えできればと思っています。もちろん，すでに幼稚園や保育園，認定こども園，それらと連携する機関で働く心理職の方々にも参考にしていただける内容を詰め込んだつもりです。

　本書は，「子どもを理解して関わる」「保護者を理解して関わる」「先生方が自分自身に優しくする」「外部機関と連携する」の四つの章から構成されています。それぞれの章の中にも項目があり，それぞれの項目が独立したものであ

るため，読者のみなさまが必要とされる項目から読んでいただいても構いません。

　第1，2，3章については，心理職であり保育士である樋口と，心理職である雲財の2名が担当しています。実際に，幼稚園や保育園，認定こども園の現場で勤務して，子どもや保護者，先生方とやり取りをした経験を通して得たものを中心に書いています。第4章については，実際に幼稚園教諭として幼稚園で勤務し，運営や研究にも携わっている平林が担当しています。幼稚園でのつながりを生かして，さまざまな立場の方へのインタビュー内容も掲載しています。

　心理と保育という二つの専門的な立場から構成された本書は，それら二つの専門性をもった人々がかかわり，共に子どもや保護者を支援する場である幼稚園・保育園・認定こども園及び関係機関で，多くの方に役立てていただける書であると思っています。

2024年1月

編著者　**樋口隆弘**

注意書き

　本書では，発達の遅れや発達障害など，診断名としても使用されている言葉を用いて，子どもの状態像を解説しています。しかし，これはあくまでも，保育の現場でよくみられる子どもの状態像のイメージを，読者の方々と共有しやすくするために便宜的に用いたものです。こうしたイメージを共有することを重視した理由は，子どもによって必要とするサポートが大きく異なり，保育の現場で子どもと関わる大人にとって，その子の状態像をより的確に見立てることが必須であるということです。子どもの状態を的確に見立ててこそ，本書で解説するような，その子どもが必要とする対応が取れるのです。

　よって本書に「発達障害を抱える子ども」「発達の遅れを抱える子ども」などといった記述がある際に，そこで説明されている子どものなかには、診断名がついている子どもと、診断名はついていないものの、それらの特性が見られるのではないかと保護者や先生が見立てている子どもが含まれます。

　本書に書かれた発達の遅れや発達障害の特徴にあてはまる子どもがいたとしても，それは診断名を保証するものではありません。ゆえに，本書に書かれた発達の遅れや発達障害などの特徴にあてはまるからといって，その子どもは「○○障害である」と決めつけず，あくまでもその特徴に対してどのように関わるかという点を意識していただきたいです。このことは、同じく本書で記述する保護者の発達の遅れや発達障害，精神疾患などについても同様です。

　これらをまとめて，次の3点を強調しておきたいと思います。

- 本書に書かれた診断名は，子どもの状態像のイメージ共有のために便宜的に使用したものであるということ。
- 本書で書かれた特徴に当てはまる子どもや保護者がいたとしても，診断名を保証するものではないこと。
- 本書で書かれた特徴に当てはまる子どもや保護者と接する際に，どのように関わればよいかを考える参考として本書を活用してほしいこと。

　注意書きが長くなりましたが，子どもや保護者を診断名という眼鏡をかけて見るのではなく，あくまでも子どもや保護者の全体像を見て関わることが何よりも大切です。これを念頭に置いて，本書を読み進めていただければ幸いです。

目次

第1章　子どもを理解して関わる

　子どもの発達障害や愛着障害など，子どもを理解するうえではさまざまな概念が用いられています。今後，時代が変化していくにつれて，さらに多くの概念が生まれる可能性もあります。これらの概念は，子どものことをより適切に理解し支援することにもつながるのですが，同時に，先生方の知識や技能の習得・アップデートが必要とされることから，先生方には大変なご苦労があるかと思います。

　そこで本章では，発達の遅れ，発達障害（自閉スペクトラム症，注意欠如多動症），愛着障害，吃音・緘黙，外国にルーツを持つ子どもに焦点を当てて，それぞれの概要や子どもと保護者への関わり，見通しなどについて述べていきたいと思います。

　子どもの行動の背景を知れば知るほど，いわゆる問題行動といわれる子どもの行動に対しても，心の余裕を持って関われるようになります。また，場当たり的な対応ではなく，先生の声かけや対応の一つひとつに意味付けができるようになっていくでしょう。

　ここではわかりやすいように，子どもの障害や状態を分けて記載していますが，実際は重なりがある場合も多いです。たとえば，注意欠如多動症と自閉スペクトラム症が重なっていると，してはいけないことをしてはいけないとわかっていてもやってしまうときと，してはいけないことをわからずにやってしまうときの両方があります。これら二つの場合に対応しようとすれば，矛盾する部分も出てきますが，そのとき，その場，子どもと保護者・子どもと先生との関係性によって，対応を柔軟に変えることも大切です。それらを意識したうえで，各項目を読んでいただければと思います。

第1節　発達の遅れを抱える子ども

（1）発達の遅れの概要

　発達の遅れは，正式名称は知的発達症（知的な遅れ）といいますが，幼稚園や保育園で一般的に使われる用語に合わせて，本書では，知的発達症のことを「発達の遅れ」と記載することにします。

　発達の遅れとは，論理的思考や問題解決，計画・判断や抽象的思考など，全般的な知的機能の支障によって特徴づけられる障害です。発達に遅れがあるかどうかは，発達検査もしくは知能検査によって測られ，発達指数もしくは知能指数が70未満のものを指します。ただし，指数はあくまでも目安であり，日常生活における適応機能（日常生活でその人に期待される要求に対して，いかに効率よく適切に対処し，自立しているのかを表す機能のことです。たとえば，子どもであれば，園に行くための準備，友だち関係，トイレや歯磨きなど）も合わせて，総合的に判断されます。文字を覚えるなどの学習についていけない，行事などにおける集団の動きについていけない，ルールのある遊びがわからない（同じ遊びであっても，子どもたちのなかで，日々ルールは変わるものです），会話の内容についていけないなど，子どもはさまざまなことで困り感をいだきます。

① あわせておさえる（1）――LD

　ここで，発達の遅れとあわせて触れておきたいのが，限局性学習症(Learning Disability：LD／Specific Learning Disability：SLD）です。LD とは，発達の遅れはないものの，読む・書く・聞く・話す・計算する・推論する能力のうちのいずれかの能力が，ほかの能力と比べて明らかに低いこと，もしくはその習得に時間がかかることが特徴です。そのため，たとえば LD のなかの書字障害を抱えていると，先生の指示や質問をよく理解できるし，説明することもできるのに，それを書く（描く）ことができない，書く（描く）のにとても時間がかかってしまうなどの状況になります。書く（描く）ことができないという点だけを捉えると，発達に遅れがあるのではないかと考えてしまうかもしれませんが，子どもを全体的に捉えて，発達の遅れではなく LD かもしれないと見立てられるようにしておくことが大切です。

② あわせておさえる（２）──発達性協調運動障害

　もう一つ発達の遅れとあわせて触れておきたいのが，発達性協調運動障害
（Developmental Coordination Disorder：DCD）です。粗大運動（ボールを投
げるなどの身体全体を使った運動）や微細運動（はさみで星の形を切るなどの
手先を使った運動）が，ほかの能力と比較して明らかに低い，習得に時間がか
かることが特徴です。足が極端に遅い，走り方やボールの投げ方が変わってい
る（身体のどこかに不自然に力が入っている）ことを，子どもたちから，から
かわれてしまうこともあります。子どもの運動能力が気になったときには走る
のが遅い，でんぐり返しができないなどの"運動神経が良くない"程度なの
か，視野が狭いために友だちや壁にぶつかったり，力の入れ具合がわからずに
鉄棒から落ちて頭を打ってしまったりするなど，ケガのリスクが高いほどなの
かを見分ける必要があります。DCDについても，発達の遅れからきている場
合もありますが，全体的な発達に遅れはないにもかかわらず，運動面だけが
ゆっくり発達している可能性もあるという視点を持っておくことが，子どもを
より正確に見立てられることにつながります。
　ケース1-1に示すのは，保育園や幼稚園で出会うことのある発達の遅れを
抱えた子どもの特徴をもとに作成した架空のケースです。

ケース1-1　発達の遅れを抱えた子ども
年中（4歳），女児A。

【外見的特徴】
　身長は平均的であるが，ややふくよか。笑顔でいることが多い。
【家族について】
　父，母，兄，Aの4人家族。小学3年生の兄は，発達の遅れと自閉スペクト
ラム症で，療育にも通っている。父は会社員で，母は専業主婦。
【全体指示のときの様子】
　椅子には座っているし，先生のほうを向いてはいるが，ぼんやりしていると
きが多い。周りが行動し始めるのを見て自分も行動し始めるため，移動すると

きや物を取りに行くときは，最後のほうになることが多い。

【遊びの様子】

　女の子同士で絵を描くことが好きな様子。何を描いているのかなどを伝えることはできないが，先生に見せにくることもある。友だちに比べると，完成した絵や描き方が幼い。

【友だちとの関わり】

　男の子と遊ぶことは少なく，お気に入りの女の子についていく。その友だちは，ままごとや絵を描くことが好きで，一緒にしていることが多い。ただ，会話はあまりない様子。外で走り回って遊んだりすることは苦手なようである。その友だちがほかの友だちと外で遊んでいるときは，ついていくものの遊べずにいる。

【給食の様子】

　スプーンとフォークを使うが，食べこぼしが見られる。好き嫌いはあまりなく，給食はすべて食べたりおかわりしたりすることもある。

【運動面について】

　走ることやボールを投げることが苦手な様子。鉄棒にもぶらさがるが，手を放してしまって，ケガをしそうになったこともある。鉛筆は握り持ちで，先生が持ち直させようとするが，すぐに握り持ちに戻ってしまう。

【会話のやり取り】

　自分の言いたいことを言えるときもあるが，先生が質問しても答えはほとんど返ってこずに，笑顔でいるだけのことが多い。

（2）発達の遅れの特徴は具体的にどのように表れているか

① 全体指示では

　ひとくちに発達の遅れといっても，子どもによって困り感はさまざまです。園の集団活動では，先生の指示を理解できないことが多いため，全体指示を聞いている間は不安が高まる子もいます。不安が高まる，先生の指示がわからないからこそ，先生の全体指示を聞こうと必死になる子もいれば，聞いてもわからないために先生の指示を聞かないようになっている子もいます。また，全体

指示がわからずに不安が高まるため，先生が全体指示をしているときから周囲の子どもたちを見て状況を把握しようとしている子もいれば，全体指示が終わってから周囲の子どもたちを見て行動する子どももいます。周りを見て行動しようとする，周りを見て行動することができることは，その子どもの強みともいえますが，子どもにとっては集団活動についていくことが必死な状態となりがちで，疲労感をいだきやすいです。このように，全体指示を理解できないことが多いという面だけを取り上げても，子ども一人ひとり，表現の仕方やサインの出し方が異なります（図1-1）。

図1-1

② 友だち関係では

　また，友だち関係では，ごっこ遊びについていくことができない，ブロックなどで何かを作るときに完成したもののレベルに差がある（たとえば，友だちはブロックを組み合わせて飛行機を作っているのに，発達に遅れがある子どもは，ブロックをくっつけて高くすることしかできないなど），ルールのある遊びについていけない（たとえば，鬼ごっこでは，タッチされても鬼になることができずに，タッチされても逃げ続けているなど），会話の内容やペースについていけないことで，友だちとうまく遊ぶことができずに，困り感をいだいたり，嫌な思いをしたりすることがあります。子ども自身が友だちとうまく遊べていないことに気づいて，困り感や嫌な思いを抱えている場合もありますが，うまく遊べていないことにまだ気づいていない場合もあります。鬼ごっこを例にとると，タッチされても逃げ続けることは，鬼ごっことしてはうまく遊べていません。ただ，子ども自身からすると，追いかけられることを楽しんでいるかもしれません。また，友だちも，その子にはタッチしても鬼の交代を求めなくなっているなど，その子に合わせて遊んでくれているかもしれません。

その場合，楽しめていることやそのときの友だちとうまく遊べていることはよいのですが，進級して今の友だちと離れるとき，小学校に上がるときなど，今後のことを考えて，どのように対応していくかを考える必要があります。これに関する対応は，このあとの「子どもへの関わり・対応」の項目で詳しく記載します。

③ 製作やワークなどの活動では

さらに園生活では，絵を描く，はさみやのりを使うなどの製作をする時間も多くあります。手先の不器用さがある子どもにとっては，その時間は苦痛に感じられることがあります。描こうとしても絵が思いつかない，自分が描いた絵が友だちと比べて下手なように感じる（先生が見ると，友だちと比べて絵の表現などが下手というより幼いように感じられる），はさみやのりがうまく使えないことがあります。また，ワークを実施されている園では，文字を書いたり数の問題を解いたりすることもあります。手先の不器用さがあることで，わかっていてもうまく書けないもどかしさを感じますし，内容を理解できないと，何をすればいいかわからない状態にもなります。そのため，全体指示を理解できないときと同様に，周りを見る子どももいれば，固まってしまう子どももいれば，やる気をなくしてしまう子どももいます。発達に遅れがあり，かつ周りを見る子どもは，隣の子が間違ったことを書いていても（そもそも書く場所が違う，まだ始まっていないのに書くなども含めて），同じように書いて間違うことがよく見られます。

（3）発達の遅れを抱える子ども自身や友だちは何に困っているのか
① 全体指示での困り感

発達に遅れがある子どもは，全体指示を理解しにくいために，先生が全体指示を出しているときに注意がそれてしまいがちになります。聞いていてもわからない内容に注意を向け続けることは，私たちが思っている以上に疲れるものです。しかし，指示を聞いていないことで，先生に注意されてしまうこともあるため，子どもからすると「聞いてもわからないもん」と言い訳をしたい気持ちになるでしょう。また，先生に怒られないように注意を向けようとするものの，指示の内容を理解しにくいために，聞こうとするほどにやはり疲れ（ストレス）が溜まっていく場合があります。そのような過程を経て，指示を最初か

ら聞かなくなると，聞いていたらわかることでも，聞いてわかろうとすることを諦めてしまう子もいます。周りを見て行動することはできるかもしれませんが，自分で聞いて理解しようとする意欲が低下することは，理解力の成長を緩やかにしてしまうかもしれません。また，聞いてわかろうとすることを諦めて聞かないでいると，先生に注意されることも増えていくでしょう。

② 友だち関係での困り感

　次に，友だち関係を考えてみましょう。会話の内容についていけなかったり，ルールのある遊びでうまく遊べなかったりすることで，仲間外れにされてしまう場合もあります。仲間外れというのは，遊びに入ろうと思っても入れてくれない，移動の際に二人組で手をつなぐときに誰も手をつないでくれないといったことが，園では起こりえます。そのような経験をすると，なかなか自分から友だちに近寄ることができなくなったり，先生と一緒にいようとすることが増えたりします。先生といる時間は楽しいかもしれませんが，友だちと遊べないことや友だちからの言動によって，傷ついていることも少なくありません。

　友だちからすると，最初から仲間外れにしているわけではなく，最初は一緒に遊ぼうとしたときもあったでしょう。しかし，その子と一緒に遊ぶことによって，思っていたような遊びができなくなる，一緒に遊ぶために説明をしているのにわかってくれない，同じ失敗を繰り返すなど，「どうしてわかってくれないの」という不満を抱えるといった過程を経て，仲間外れにするようになったのかもしれません。そのことを先生に注意されると，「だって一緒に遊ばれへんもん」と言いたい気持ちになるかもしれません。そうかといって，仲間外れにすることが最善であるとは筆者自身も思っていません。発達の遅れがある子どもと周りの子どもの双方が楽しく遊ぶためには，大人が間に入ることも必要です。これについては，のちの「子どもへの関わり・対応」の項目で詳しく記載します。

（4）発達の遅れを抱える子どもの保護者は何に困っているのか
① 保護者に困り感がない場合も多い

　「何に困っているのか」を考える際に知っておきたいことですが，発達に遅れがある子どもを持つ保護者は，困っている方とあまり困っていない方に分か

れることが多いです。というのも，家庭では個別に関わることがほとんどであり，その子どもの理解力に合わせて話をすることができるため，保護者は，子どもが指示や質問を理解してくれない場面を見ることが少なくなります。保護者が，自分の子どもと関わるうえではプロであることは，子どもにとって大変ありがたく，かけがえのないものでもある一方で，子どもの発達の遅れに気づきにくくなることにつながる場合もあります。ただし，保護者は子どもの関わりに困っていないとしても，「この年齢でこの内容が理解できないのかな？」「この年齢にしては，言っていることが幼い気がする」といった違和感を抱えている場合はあります。また，きょうだいがいる場合や近所付き合いがある場合，集団の習い事に通っている場合には，ほかの子どもの様子を見たり聞いたりすることが多くなるため，子どもの発達の遅れに気づく機会が多くなります。

② 保護者の困り感は子どもの年齢相応のものか

　一方で，子どもとの関わりで困り感を抱えている保護者は，「この年齢であればこれぐらいできるだろう」という先入観があることが多いです。「これぐらいできるだろう」という感覚は，たしかに年齢相応のものもありますし，年齢相応以上の要求であることもあります。発達の遅れがある子どもに，年齢相応もしくは年齢相応以上の理解力や行動を求めると，保護者にとってイライラしてしまうことが増えるでしょう。保護者としては，「どうして前に言ったことがわからないの？」「どうして同じことを繰り返すの？」と思うことがあるかもしれませんが，そもそも注意した内容や要求していることが，その子にとって理解しにくい（理解できていない）ものである場合もあります。そうなると，保護者にとっても子どもにとってもストレスが溜まる状況になってしまいます。

　また，手先の不器用さがあると，おはしをうまく使えない，もしくはうまく使えるようになるまでに時間がかかることがあります。食事を綺麗に（こぼさずに）食べてほしいと思う保護者は多く，

図1-2

食べこぼしがあるとイライラしてしまうのも仕方ないことです。そうなると，食事の時間が，保護者にとってはイライラする時間に，子どもにとっては緊張する時間になり，親子で食事を楽しむことが難しくなる場合もあります（図1-2）。

（5）発達の遅れを抱える子どもの先生は何に困っているのか

① 問題の要因がわかりづらい

　発達に遅れがある子どもは，全体指示を理解しにくいことで，話を聞けていなかったり，ほかの子どもと比べて行動が遅れがちになったり，間違った行動をしたりすることもあります。そのときに，先生としては注意したくなくても，どうしても注意をしてしまうことがあるでしょう。すでに，発達に遅れがあることが，発達検査の結果や療育手帳の所持，保護者からの情報でわかっていれば，話を聞けていなかったり行動が遅れていたりしても，注意ではなく声かけというかたちを取りやすいでしょう。しかし実際は，発達検査を受けていなかったり，保護者からの情報が何もなかったりすることが多いのです。その場合，指示を聞いていなかったり，行動が遅れたりすることについて，何が主な要因なのかがなかなか把握できず，どのような対応を取ればよいかがわからないことに，先生は困り感をいだくかもしれません。発達に遅れがあるのか，話を聞いていないのか，指示を理解できていても指示どおりに行動する意欲が低いのか，これらが混ざり合っていることもありますが，何が主な要因かによって，声かけの仕方や対応の仕方が変わってくるからです。

② 主要因が発達の遅れである場合

　発達に遅れがあることが主な要因である場合は，全体指示を聞いて行動する場面だけではなく，友だち関係でも会話や遊びについていけなかったりする場面が見られます。友だち関係がうまくいっていても，ほかの子どもと比べると，ブロックで作ったものが簡単なものであったり，ルールを守れていなかったりする場面が見られます。また，全体指示を聞いて行動する場面やみんなで何かをする場面で，不安そうな様子が見られたり，周りをよく見ていたりすることも多いです。

（6）発達の遅れを抱える子どもへの関わり・対応

① 注意を向ける声かけ

　ここまで記載したとおり，発達に遅れがある子どもは，全体指示を理解しにくいことが多いです。そして，注意を向けるタイミングや注意を向け続けることが難しいときもあります。そのため，全体指示を出す前に，まずは先生に注意を向けてもらうように声かけをすることが大切です。その子どもの名前を呼ぶことが続くと，周囲の子どもたちには，その子どもはいつも先生に注意をされているように思わせてしまうかもしれません。そうならないように，ほかの子どもの名前も呼ぶとよいでしょう。また，話を聞けている間に褒めてあげること，「お話聞けていてかっこいいね」「お話聞いてくれて，先生嬉しいよ」と伝えてあげることで，話の内容を理解しにくい状況のなか，頑張って注意を向けていることが，子どもにとっては報われる気持ちになります。

② 個別の声かけ

　さらに，全体指示が終わってから，個別に指示をわかりやすいように伝えてもよいでしょう。しかし，毎回伝えるのではなく，その子が全体指示を聞いて自分で行動できるときもあるため，少し様子を見て，周りを見ていたり手が止まっていたりする場合に，個別に声かけをしてあげましょう。

③ 指示を細分化する声かけ

　指示内容が複数ある場合は，一つずつ区切って伝えてあげてもよいですが，朝の準備などの習慣的な行動は，一つできるようになったら二つ伝えて行動してもらうなど，一つずつ，聞いて行動できる量を増やしていく意識を持つとよいかもしれません。全体指示を出す際も，「一つ目」「二つ目」「三つ目」と伝えることで，発達に遅れがある子どもだけではなく，ほかの子どもたちにとっても，よりわかりやすく伝わるでしょう。さらに進んで，「一つ目，二つ目，三つ目，これで1セットね」のように，区切りはあるけれども，それらは一つであるというように伝えることで，二つ目が終わって三つ目に取り掛かるまでに時間がかかるといったことを防ぎやすくなります。大人が区切って伝えることばかりを意識してしまうと，子どもからすると，区切りで休憩したい気持ちにもなるでしょう。そのため，たしかに区切りはあるけれども，その区切りで止まる（終わる）わけではないということが伝わるように指示を出せるとよい

かもしれません（図1−3）。

④ 子どもの視点に立ってみる

発達に遅れがある子どものなかには，全体指示を理解しにくいことで，先生が話している間は机に伏せたりほかの子どもと話したりする子もいます。いくら内容を理解しにくいからといって，そのような行動を取られてしまうことが重なると，先生からするとイライラしてしまう場合もあるでしょう。その際は，その子は最初から指示を聞いていなかったのではなく，聞いてもわからないという体験を経て，指示をあまり聞こうとし

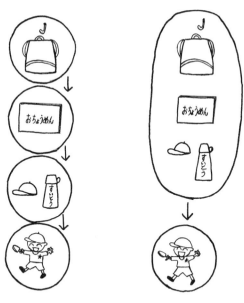

図1−3

ない状態になっているのかもしれないと思って関われると，そのような子どもたちに対して，単に注意してしまうのではなく，これまでや今の状態を考えてみようと余裕を持つことができると思います。

⑤ 必要なときに友だち関係をサポートする二つの方向性

友だち関係でうまくいかない場合は，先生が間に入り，一緒に遊べるようにしてもらうことも必要です。たとえば鬼ごっこであれば，発達に遅れがある子どもと一緒に逃げて，その子か先生が鬼にタッチされたら，自分が逃げるのではなく友だちをタッチするということを一緒にするということです。そこから徐々に，その子とほかの子どもたちだけでも遊べるように，先生は少し離れたところから声をかけたりするようにしていきます。

このように，決まったルールで遊べるようになることを目指す方向性と，もう一つ別の方向性があります。それは，たとえば本節（2）（3）でも少し記載したように，子どもたち同士で，その子にはタッチをしても，その子は逃げ続けてもよいというルールができている場合があります。それはもちろん，そのグループ（クラス）でしか通用しないルールではあります。そのため，クラ

ス替えや小学校への進学を見据え，決まったルールで遊べるようになることを目指すことも必要です。ただ，今のグループ（クラス）では，独自のルールで遊べていることが，その子にとってもその子の友だちにとっても有意義で楽しい時間なのです。ゆえに，独自のルールによる遊び方をなくそうとするのではなく，そのルールで遊ぶ時間もあり，さらに決まったルールで遊ぶ時間があってもよいではないかと思います。それが，筆者が考える，友だち関係を支援する際のもう一つの方向性です。

⑥ 製作やワークでの工夫

　製作やワークにおいては，工程を少なくしたり，その子に合わせてスモールステップを作ったりすることが望まれます。製作やワークにおいて，ある程度の完成品に近づけることも大切ですが，その子の独自性を消してしまうことは望ましくありません。絵が幼くても，その子が楽しく描けているのであればそれでよいかもしれません。ただし，その子がうまく描けないことで困っていたり嫌な思いをしていたりする場合には，すぐに支援をしてあげましょう。製作であれば，ある程度のところまでは先生が作る，見本を目の前に置く，手本を目の前で見せる，絵を描く前に何を描くかを一緒に考える，文字の学習であれば，白マスの部分は先生が点線で書いてなぞれるようにするなど，子ども自身の力や課題の内容に合わせてさまざまな支援が考えられるでしょう。その支援を受ける子どもが，ただ先生の言うとおりにしてしまうことで，自分で何かをすることに自信を失くしてしまうことのないように注意しなければなりません。支援を通して，みんなと同じようにできることをただ単に目指すのでなく，その子が自分でできるようになること，その子の良い部分，今できていることを伸ばすことを意識しておくことが大切です。

⑦ 運動面での工夫と引き継ぎ

　発達に遅れがある子どもで，運動面においても遅れが目立つ場合があります。先述したように，走るのが遅い，でんぐり返しができないなどの「運動神経が良くない」程度なのか，視野が狭いために友だちや壁にぶつかったり，力の入れ具合がわからずに鉄棒から落ちて頭を打ってしまったりするなど，ケガのリスクが高いほどの苦手さなのかを見分ける必要があります。ケガのリスクが高い場合は，鉄棒や平均台などをするときには，ほかの子どもを補助するとき以上に注意深く補助する必要があります。小学校に引き継ぎをする際も，理

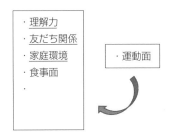

図1-4　運動面も引き継ぎリストに加えよう

解力や友だち関係については丁寧に引き継ぐことが多いのですが，運動面については，「運動神経が悪いだけだから心配ないだろう」という意識を持っていると，引き継ぐことを忘れてしまったり，簡単にしか引き継がなかったりすることもあります。運動面も，ケガのリスクや友だち関係につながる大事な情報となるので，理解力や友だち関係の情報と同様にしっかりと伝えましょう（図1-4）。

（7）発達の遅れを抱える子どもの保護者への関わり・対応

① 保護者の考えを把握する

　発達の遅れに関しては，健診などでいくつかの課題ができないことを目の当たりにしたり，その際に指摘されたりすることで，子どもの発達の遅れを心配される保護者もいます。また，きょうだいやほかの子どもたちと一緒に遊ぶのを見る機会があると，「この年齢にしては幼いのではないか」といった心配する場合もあります。一方で，健診などで指摘されても，「（落ち着きがなくても，幼いように見えても）子どもはこんなもの」「早生まれだから」とあまり心配されない保護者もいます。子どもの発達の遅れを心配されていても，子どもをそのような目で見てほしくないという考えなどから，園にはその情報を伝えたくないと思われる保護者もいます。ゆえに，保護者自身が，子どもの発達の遅れに関して，どのように思われているのか，園とどこまで共有されようとしているのかなどを把握することが大切です。園での子どもの様子をお伝えしてみて，保護者がどのような反応をされるかを見てみましょう。

② 保護者への心配な面の伝え方

　発達の遅れに限らず，子どもの心配な面を保護者に伝える際には，心配であ

るということだけを伝えるのではなく，良い面でもあることをあわせて伝えましょう。つまり，そうした面は強みでもあり弱みでもある，という表裏一体であることを伝えられると，保護者が子どもを心配している面についても話してもらいやすくなります。たとえば，「周りを見て行動することはできるのですが，全体指示を聞いて行動することができないときがあります」「好奇心が旺盛で，自分が興味を持てたものを探求する力は高いのですが，興味を持てないものに対しては，みんなと一緒にすることができないときもあります」などのように子ども一人ひとりに合わせて伝えられるとよいでしょう。

　子どもの心配な面を保護者に伝えてみて，保護者も心配していることがわかった場合は，このあとどうすればよいのかといった話に進みやすくなります。その場合，園での対応を保護者にお伝えして家庭でも実践してもらう・家庭でうまくいっているやり方を園でも導入させてもらう段階，役所や医療機関などの発達相談に進む段階があります。もちろんこれらの段階の間には，役所に行こうと思ったけれどもやっぱり行くことを止めたなど，二つの段階の間を揺れ動く期間もあります。子どものことを見立てて，子どもにとってより良い関わりや対応を家庭や園で実践することで，子どもの発達が伸びてくる場合も充分にありえます。そのため，園から保護者に子どもの心配な面をお伝えするときには，いきなり「役所や医療機関に行ってください」とお伝えするのではなく，まずは園と家庭とで連携して，それぞれのより良い関わりを園と家庭で実践してみて，子どもの変化や成長を見る期間があったほうがよいと思います。

③ 心配な面を伝えたあとの就学までを見据えた関わり

　子どもの心配な面を保護者に伝えてみて，保護者は特に気にしていない場合でも，園で実践している（実践しようとしている）子どもへのより良い関わりをお伝えするとともに，子どもの発達を伸ばすために，家庭でも実践してもらえそうなことを，一つか二つお伝えするとよいでしょう。たとえば，「保護者が子どもの着替えを全部してしまうのではなく，ボタンを一つだけでもいいので，子ども自身にやってもらうようにしましょう」といったことをお伝えするとします。ここで注意点があります。多くの保護者は，子どもが自分でしたほうがよいということはわかっています。ただ，子どもにやらせると時間がかかったり子どもが泣いたりすることで，特に朝の準備などで忙しいときには，

保護者がイライラするのです。それが面倒であるために，保護者が子どもの着替えなどをすべてしている場合もあります。そのため，「子ども自身にやってもらうようにしましょう」とお伝えすると，「そんなことはわかっている」という反発を生み，保護者もやり方を変える気になりません。ゆえに，「朝の準備など，時間に余裕がないときは難しいかもしれませんが，お休みの時間があるときでも大丈夫なので，子どもが自分でやるときを少し増やすのはいかがでしょうか」といった前置きがとても大事になります。このような前置きがあると，自分の状況や気持ちをわかってくれたと保護者は感じることができ，やり方を変えてみようと思ってもらえることが多くなります。

　このように，子どもの発達を伸ばすために，家庭でもいくつかの工夫を実践してもらい，子どもの発達が伸びればよいでしょう。しかし，園生活のなかで，子どもの困り感が大きくなることもありますし，小学校のことを考えると支援学級を利用したほうがよいのではないかと見立てられる場合もあります。その場合，「家では困っていないから」と保護者が感じていて，役所や医療機関への発達相談につながらないことが，子どものためにならないこともありえます。年中の冬ごろまでは，小学校の話はまだ早いと思われる保護者も多いのですが，年中の冬以降は「小学校に向けて」といった話をしやすくなります。園や家庭では，子どもが困ることなく過ごすことができたとしても，小学校では学習や集団活動も含めて，自分でしなければいけないこと，周りと同じペースでしなければいけないことが増えていき，保護者がフォローできることも園に比べると少なくなります。子どもが園や小学校で困り感を持たないように，困り感を持っても乗り越えられるように，子どもへのより良い関わりの参考にするために，役所や医療機関で発達相談を一度受けてみてほしいといったことをお伝えすることが必要な場合もあります。その際も，保護者が役所や医療機関の発達相談に行くことをためらう理由をしっかりと聴いたうえで，保護者の不安なども軽減する視点を持つことが大切です。"子どものために"ということを前面に出しつつも，保護者のことも同時に考える視点を持つことを心がけましょう。

（8）発達の遅れを抱える子どもに関する見通し

　就学前の時点で，発達に遅れがある子どもが，家庭での日常生活，園や学校

での集団生活，保護者や先生，友だちとの関わりを通して，実年齢の発達（知能）水準に追いつく場合もあります。年少のころに言葉があまり出ていなかった子どもや全体指示を理解しにくかった子どもでも，年長のころには同年齢の会話についていくことができたり，全体指示を聞いて行動することができるようになったりすることもあります。それは，子ども自身の頑張りの結果でもありますし，保護者や先生，作業療法士や言語聴覚士といった専門家の方々が，子どもの発達を伸ばすために努力してきた結果でもあります。

　一方で，小学校や中学校に上がるころ，成人するころでも，発達（知的機能）の遅れが続いている場合もあります。あくまで筆者の印象ですが，中学生になるころには，発達（知的機能）の遅れやそれを表す発達（知能）指数は固定化してくることが多いです。発達（知的機能）の遅れが，実年齢の発達（知能）水準に追いつかないことは，子どもの頑張りが足りなかったからでもなく，周囲の努力が足りなかったわけでもありません。子ども自身が頑張っても，周囲が努力しても，実年齢の発達（知能）水準に追いつかないこともありえます。しかし，発達（知的機能）に遅れがあっても，さまざまな支援を利用しながら，日常生活や集団生活を充実させることができます。

① 園や学校でできること

　園では加配の先生をつけることもできますし，小中学校では（近年は，いくつかの高等学校でも），個別の力に合わせた学習を提供し，生活能力を向上させる支援学級や通級指導教室を利用することもできます。就学前から，もしくは就学後からでも，児童発達支援や放課後等デイサービスなどを利用することで，子どもの発達を伸ばしていくことや社会に適応するスキルを向上させていくこともできます。

② 療育手帳の利用

　また，療育手帳を取得することで，周囲の理解を得やすくなったり，交通費の割引などのサービスを受けられるようになったりします。就職の際には，障害者雇用や就労継続支援を利用することもできます。療育手帳を取得することをためらう保護者もいますが，将来子どもが親元を離れて自分で生きていくときに，療育手帳を利用するとしても利用しないとしても，生きていくための選択肢を広げられると考えると，療育手帳を取得することのためらいや抵抗が軽減するかもしれません。ただ，療育手帳の取得においては，保護者も子どもの

発達の遅れをある程度受け入れる必要があり，受け入れるための心の準備期間が必要なこともあります。そのため，保護者に子どもの療育手帳の取得を勧める際は，"子どものため"という思いを前面に出して急かしすぎず，保護者のペースに合わせる意識を持つことも大切です。

③子どもの強みに着目する視点

　発達（知的機能）に遅れがあると，子ども自身が自分と周囲とを比べてしまい，「みんなが普通にできることが自分にはできない」というように感じて，自尊心が低下しやすくなります。学習面を取り上げると，周囲よりできないこともあるかもしれませんが，子ども一人ひとりが持っている強みがあります。それは周囲と比べられるものでもないですし，優劣をつけられるものでもありません。その強みを伸ばしていくこと，伸ばせる環境を用意することが大切ですし，あえて伸ばそうとしなくても好きなことを好きなようにできると，それが強みを伸ばすことにつながっているものです。その強みが，たとえ学習や就職に直接つながらないとしても，生きがいにつながることが多いです。また，強みを伸ばしていくことで，「自分にもできること（得意なこと，人に負けないこと）がある」と思うことができ，それが自尊心の低下を防ぐことにもつながります。それらが結果として，学習面の向上や就職に間接的につながることもあります。子どもと関わる大人は，子どもの好きなことや得意なこと，強みを見つけて，子ども自身の将来の生きがいや力としていくために，いろいろな経験をさせてみることを意識しておくことが大切です。

第2節　発達障害を抱える子ども

　発達障害は，注意欠如多動症（ADHD），自閉スペクトラム症（ASD），限局性学習症（LD）など，脳機能の発達に関係するといわれている障害です。本書では，幼稚園と保育園における生活で，子どもの困り感が見られやすく，また先生方の子どもへの対応に関する悩みが出やすい，ADHD と ASD を抱える子どもについて，それぞれケースも交えながら解説します。

第3節　ADHD を抱える子ども
──発達障害を抱える子ども（1）

（1）ADHD の概要

　ADHD（Attention Deficit Hyper/activity Disorder：注意欠如多動症）とは，多動性（落ち着きがない，ともいえます），不注意（注意散漫，ともいえます），衝動性（したいこと，言いたいことを抑えられない，ともいえます）のいずれかもしくはすべての症状からなるものです。幼稚園や保育園の間に，診断がつくことは少なく，小学校に入ってから診断がつくことが多いです。症状としては，幼稚園や保育園の年齢でも見られます。

　ADHD の症状が見られたときには，虐待やネグレクトによる過覚醒や愛着障害の可能性も視野に入れておく必要があります（図1-5）。身体的・心理的・性的虐待は過覚醒につながり，それが注意散漫（周りの音や変化に敏感になり，目の前のことに集中できなくなるため）のように見えたり，ネグレクトは脱抑制型愛着障害（人を過剰に求める，距離が近いなど）につながり，それが落ち着きのなさのように見えたりする場合があります。もちろん，ADHDと愛着障害が重なっている場合もあることから，見極めはとても難しいのですが，多動や不注意の背景には，虐待やネグレクト，愛着障害があるかもしれな

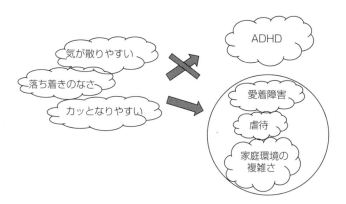

図1-5　多動・不注意・衝動性の背景

いことを意識しておくことが大切です。

　ケース1-2に示すのは，幼稚園や保育園の生活で出会うことのある ADHD を抱える子どもの特徴をもとに作成した架空の事例です。

ケース1-2　ADHD を抱える子ども
年長（6歳），男児B。

【外見的特徴】
　短髪がよく似合う，活発で，身体を動かすことが好き。身長と体重は平均的。
【家族について】
　父，母，Bの3人家族。園には母が来ることが多い。母と先生との関係は良くも悪くもなく，その日の出来事を報告するときもある。休みの日には，家族で出かけることもある。Bの発達や友だち関係などは特に心配していない様子。
【全体指示のときの様子】
　先生の話を頑張って聞こうとはしているが，椅子から降りて床に寝転んだり，横に座っている友だちにちょっかいをかけたりする。
【遊びの様子】
　激しく動くことで発散している様子。身体を動かす遊びだけではなく，おはじきなどにも取り組むが，勝負に負けるとその場を離れてしまう。
【友だちとの関わり】
　友だちの輪のなかに入ろうとしてうまく入れないことが多い。一度入ることができても，長くその輪にいることができない。思いどおりにいかずにブロックを投げるなど，友だちを怒らせるような行動を取ることがあるが，友だちがケガをしないように大きいブロックは投げないなど，Bなりになんとか抑制している様子。友だちと遊べなくなると，先生のところに抱きつきに行く。
【行事での様子】
　運動会のダンスの練習では，先生に注意されることが多かったが，本番ではしっかりと踊りきる。それを見ていたBの両親ともに嬉しそうな様子。
【給食の様子】
　食べこぼしもなく上手に食べるが，班の友だちと話したりして，手が止まる

ことがある。

【運動面について】

　特に何かが得意というわけではなく，走ること，ボールを投げたりけったりすること，遊具を使って遊ぶことも，友だちと同じようにできる。鉛筆で文字を書くときは，なぞることは上手にできるが，自分で書くときにはまだ上手に書くことはできない。

【会話のやり取り】

　Bのタイミングで会話が始まることが多いが，「いつ」「どこ」「誰」「何」「なぜ」「どのように」といった質問にも答えられる。ただ，会話の途中でも，周りが気になって相手の話を聞けなくなり，先生が聞いたことに対して，「なんて？」と確認することもある。

（2）ADHD の特徴は具体的にどのように表れているか

図1-6

　多動といっても，椅子に座っていられずに教室を動き回る子どももいれば，Bのように姿勢が崩れる子どももいます。椅子には座っていられるもののずっと手遊びをしていたり，おしゃべりをしていたり，Bのようにちょっかいをかけたりする子どももいて，表に見える症状は子ども一人ひとり異なります。また不注意は，廊下や窓の外で何かが動いたり音が聞こえたりするとそちらに注意が向いたり，近くにあるもの（近くにいる子ども）に気づかずにぶつかったり転んだりします。不注意によって，先生の話に注意を向けられていなくて，聞いていたらわかるものでもわからないときもあります。Bのように，1対1で話す場面でも，周りに刺激があると，そちらに注意が向くこともあります。衝動性は，先生の説明が終わるまで太鼓を叩いてはいけないとわかっていても思わず叩いてしまったり，絵本を読んでもらっている間は黙っておかないといけないとわ

かっていても，絵に反応して思わず言ってしまったりします。Bのように，友だちとの遊びのなかで手が出そうになったり，負けたときに感情を抑えられなかったりすることもあります。やってはいけない・言ってはいけないとわかっているため，やってしまった・言ってしまったあとには，"しまった感"，つまり「怒られるかも，どうしよう」といった表情や態度が見られることもあります（図1-6）。

（3）ADHDの子ども自身や友だちは何に困っているのか

① したくてもできないという感覚

　ADHDの子どもは，じっとしたくてもじっとできない，黙っておきたくても黙っておけないのです。また，やってはいけない・言ってはいけないとわかっていても，思わずやってしまうし言ってしまうのです。そのため，Bのように子どもなりに頑張っていても，保護者や先生に怒られてしまうことが多くなります。その結果，二次障害として，自尊心の低下や大人への不信感が生じることもあります。

② 注意を受けやすい

　また，先生からの注意が多くなると，友だちから「（先生にいつも怒られる）悪い子」という目で見られてしまうこともあります。すると，ほかの友だちだったら注意されない，先生に報告されないことでも注意されてしまったり先生に報告されてしまったりして，Bのようにその子なりに頑張っていても，その頑張りを認めてもらいづらい状況となります。

③ 友だち関係に影響しやすい

　友だちは，先生の話を聞かないといけないときでも話しかけられたり，ちょっかいをかけられたりして，先生に怒られてしまいます。Bといると，先生に怒られてしまうと思って，Bと距離を取るようになる友だちも出てきます。また，遊びのなかで，Bが思わず手が出てしまうことがあることを怖がって，距離を取る友だちもいます。友だちから，そのように距離を取られてしまうと，Bは孤立するようになり，先生のところに行かざるをえなくなったり，友だちに優しくしたりすることが難しくなります。そうなると，集団活動を頑張ろうとする意欲が低下したり，衝動性を抑えたりすることが余計に難しくなったりします。

（4）ADHD を抱える子どもの保護者は何に困っているのか

　まずは，家庭でのこと，園でのこと，地域でのことに分けるとわかりやすいでしょう。

① 家庭での困り感

　家庭内に関しては，食事のときに保護者が思うようにじっとしてくれない，家事をしていても（疲れていても）ずっとしゃべり続けられてしまう，物をよく失くすなどによって保護者は困ったりイライラしたりする場合があります。また，じっとできないことを何度注意してもなかなか改善されないことにもイライラすることがあるかもしれません。

② 園でのこと

　園でのことに関しては，保護者は子どものことを直接見る機会が少ないため，Bの保護者のように，困り感をあまりいだかない保護者も多いです。参観や運動会などの行事のときに，子どもの落ち着きのなさを見て，「この子は大丈夫なのかな」と初めて心配する保護者もいます。衝動性を抑えられずに手が出てしまうことが多い子どもの場合は，先生から指摘されることや相手の保護者に謝ることが増えるため，それらに疲弊する保護者もいます。

③ 地域でのこと

　地域でのことに関しては，買い物などで外出するときに，店の中を走り回る，じっと座っていられないなどの行動で，周りの目が気になって，子どもに対して怒ることやイライラすることが増えてしまいます。迷子や飛び出しが怖くて，外出を控えようとする保護者もいます。また，公園などで遊んでいるときに転んだりぶつかったりすることが多く，子どもから目を離せずに疲れてしまうかもしれません。

④ 保護者の感じ方はそれぞれ

　家庭・園・地域のことでも，実際には子どもはしてはいけないことをわかっている場合でも，保護者は，子どもがしてはいけないことを何度もしてしまうので，「この子は（してはいけないことを）わかっていないのではないか」と思ってしまうこともあります。そうなると，わかっているのにしてしまう子どもの苦しさに共感することが難しくなります。

　一方で，子どもの落ち着きのなさに関して，「子どもだからこんなもの」「自

分も子どものときは似た感じだった」などと考え，子ども自身や先生が困っていても，保護者は困っていない場合もあります。

（5）ADHD を抱える子どもの先生は何に困っているのか

　大前提として，先生は子どもを怒りたくて怒るわけではないと思います。できれば怒りたくない，注意したくないと思っているでしょう。しかし，日々の活動や行事など，集団生活でしなければいけないことがたくさんあるため，先生の話を聞けていなかったり，じっとしていることができなかったりする子どもに対して，どうしても注意することが増えてしまいます。注意したり1対1で向き合ったりする時間が増えると，先生が思い描く保育運営がうまくいかずに，その子どもに対してイライラしてしまったり，「褒めるところがない」と思ってしまったりすることもあるでしょう。

（6）ADHD を抱える子どもへの関わり・対応
① 少しでもできたときに認めて褒める

　まずは，ADHD の子どもに対する関わりや対応を考えてみましょう。B のように，子どもなりに頑張ろうとしている瞬間は必ずあります。先生の話を聞けているとき，じっとしているときに，みんなの前で「B くん，いい姿勢で聞けてるね」と声をかけたり，その子の近くに行って「頑張ってお話聞けてるね」と声をかけたりすることが大切です。「あなたが頑張っていることをちゃんとわかっているよ」というメッセージが伝わることが大事です。また，集中が途切れる前に，ワークのプリントを配布してもらって立ち歩くことができる機会を作る，発言してもらって話せる機会を作るなどの関わりもよいでしょう。集中が途切れたときに注意するよりも，集中できているとき（子どもなりに頑張っているとき）に，そのことを認めて褒め

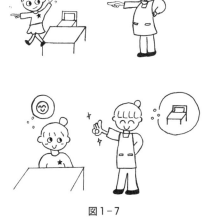

図1-7

て，集中できる時間を少しずつ伸ばしていく視点が大切です（図1-7）。

② 全体指示の前の注意喚起と見通しの伝達

　また，全体指示を出す（大事な話をする）前に，「今からお話するよ」と声をかけて事前に注意を向ける，今からどれぐらいの時間（もしくは，いくつの内容）話すのかを伝えて見通しを持ってもらうなどの関わりも，子どもからすると安心できたり心の準備ができたりして，より集中しやすくなります。

③ 活動量の調節や身体感覚を通した働きかけ

　さらに，じっとする活動の前に，園庭をたくさん走っておく，大きな声を出しておく。座って話を聞けているときに背中をさすってあげる，子ども自身が手をグーパーするなど，エネルギーを発散させたり，身体感覚を充たしたりすることで，落ち着きやすくなる子もいます。

④ してはいけないことをしてしまったときの対応

　してはいけないことをしてしまったときには，危ないことであれば，まずはその行動を止める必要があります。ただ，危ないことでなければ，Bのようにしてはいけないことを理解できていることも多いため，「そんなんしたらあかんでしょ」だけで終わるのではなく，「そんなんしたらあかんのはわかってるやんな」と子どもがわかっていることを認めてあげましょう。そのうえで，「それでもやってしまうのはBくんもしんどいな」とやってしまう苦しさに共感し，そこから「次からどうしよっか」と一緒に考えたり，違うやり方を提案したりする関わりを，毎回でなくてもよいので，どこかのタイミングでできるとよいでしょう。というのも，やりたくてやっているわけではないという苦しさへの共感がなければ，子どもからすると，大人は何もわかってくれない，どうせ怒るだけといった思いをいだき，行動を変えようと思えなかったり，大人からの提案を受け入れようと思えなかったりすることが多くなってしまうからです。

（7）ADHDを抱える子どもの保護者への関わり・対応

① まずは保護者のしんどさをねぎらう

　保護者のなかには，子どもに対してイライラすることや怒ってしまうことが多くなり，子育てに自信をなくされている方もいます。子どもにイライラして手が出てしまうことや声を荒げたりすることは良くないことですが，じっとし

てほしいときにじっとしてくれなかったり，仕事で疲れていてもずっと話しかけられたりすることを考えると，ある程度イライラすることは仕方がないことのように思われます。そのため，イライラしてしまう（イライラせざるをえない）保護者の気持ちに共感し，日々のしんどさ（子どものことだけではなく，家事・仕事などのしんどさも含めて）をねぎらうことが大切です。そのような共感やねぎらいがあると，先生からの提案や助言も受け入れてもらいやすくなります。

② 助言や提案

　助言や提案としては，「子どもへの関わり・対応」の項目に記載したことを，その保護者や家庭の状況に合わせて伝えられるとよりよいでしょう。ご飯を落ち着いて食べられない子どもに対してイライラしてしまう保護者であれば，子どもが落ち着いてご飯を食べているときに，「かっこよく食べられてるね」「私が作ったご飯，おいしそうに食べてくれて嬉しいよ」と伝えて，落ち着いて食べられる時間を延ばしていくといったことを助言・提案できると，保護者も受け入れやすくなります。このような提案や助言をするためには，保護者の話を聴くことが基本になります。

　また，多動や不注意，衝動性といった一見弱みと思われる子どもの側面を，強みや良いところにもなりうると伝えることも大切な関わりになります。たとえば好奇心旺盛，いろいろなことに興味を持つことができる，いろいろなことに対して意欲が高い，細かい部分にも気づくことができる，行動力（決断力）があると捉えることができます。環境や関係性によっては，子どもの弱みとも思われる部分が強みにもなりうることがわかると，「（この子は）大丈夫なのかな」といった心配や保護者の自責の念が，良い意味で軽減されることが多いです。

（8）ADHD を抱える子どもに関する見通し

① 気になる様子は関わりの工夫で軽減していく場合もある

　子どもなりに頑張っても，保護者や先生が真摯に関わっていただいても，症状のすべてが完全になくなるわけではありません。しかし，じっとしたくてもじっとできない，黙っておきたくても黙っておけない，やってはいけない・言ってはいけないとわかっていても，思わずやってしまうし言ってしまう苦し

さへの共感を続けること，子どもなりに頑張っていることや些細な変化（1分でも長く座っていられるようになったことなど）を見逃さずに褒めること（頑張っていることをちゃんと見ているし，わかっているよと子どもに伝わること）で，多動や不注意，衝動性といった症状は軽減していく可能性があります。

②医療機関につながるという選択肢

　ただし，頑張っているのにうまくいかないという経験が積み重なると，子どもの自尊心が低下してしまいます。加えて，小学校に上がると，授業の時間中はずっと座っていないといけないなど生活の枠がより厳密に設定されることによって，園生活のときよりも多動や不注意，衝動性が目立ってしまうようになります。また，多動や不注意，衝動性によって，授業内容についていけないと，内容がわからないためにますます集中しにくくなります。そのため，学習の到達度に支障が出たり，忘れ物をして怒られることが増えたり，友だちに手が出てしまったりします。こうしたことが，年長の時点である程度予想できる，もしくは小学校に入ってから実際にそのような兆候が見られる場合は，医療機関を受診することも選択肢の一つとなります。診断がつくと，ADHDの症状に対して服薬治療を試してみることもできます。服薬には抵抗感を持たれる保護者もいますが，子どもとしては集中したいことに集中できるようになり疲れにくくなるなどの感覚も得られるようです（図1-8）。ただし，食欲がわかない，眠気などの副作用が出ることもあるため，その都度子どもの状態を把握し，医師と相談する必要はあります。園としては，年長の時点で小学校に入学したあとの子どもを想像して，保護者にどのように伝えるのかを考える必要があります。「Bくんは頑張って聞こうとしているんですが，小学校の授業は時間が長いので，じっと座っていられるか，集中して聞けるか心配です」といったように心配として伝えてみて，保護者も同じような感覚をいだいていたり，どうすればよいのかと質問されたりした場合には，役所での相談や医療機関の受診を勧めてみるとよいでしょう。保護者の反応が，先生の感覚と違う場合には，無理に役所や医療機関を勧める必要はありません。小学校に入ってからの心配だけでも伝えておくことで，小学校に入って園の先生がお伝えしていたようなことが実際に生じたときに，「園でも言われていたな」と保護者が思い返し，そのときに小学校の先生や教育センターへの相談，医療機関の受診な

図1-8

どの行動につながれば充分です。先生が必要だと思うからといって，役所や医療機関への相談を無理に勧めるのではなく，子どもや保護者が相談しようとする動機が高まったときに相談につながるように，子どもや保護者を傷つけないこと，引き際を見極めることが大切です。

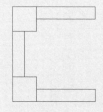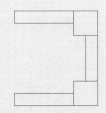

コラム1
ADHD と掻くこと

　ADHD とは，発達障害のうちの一つで，多動，不注意，衝動性といった症状が特徴です。周囲からすると，いつも落ち着きがない，さっき注意したのにまた同じことをしていると思うこともあるかもしれません。しかし，本人の実感としては，じっとしたくてもじっとできない，してはいけないとわかっているけどしてしまう（言ってしまう）ことに困っているのに注意されてしまうなど，自分のことをわかってくれないと感じ，周囲に不信感を抱くこともあります。

　そんな ADHD と掻くことには，共通点があるように思います。それをお示しすることで，ADHD を抱える子どもの困り感を実感しやすくなればと思います。それでは，どのような共通点があるでしょうか。

- やめろと言われてもやめられない
- わかっていても止められない
- （見ている）周りもイライラしてしまう（落ち着かない）
- 無意識のうちにやってしまう
- 言われたときに気づくことも多い
- やって（掻いて）しまったあとで後悔する

　どうでしょうか？　このように，ADHD を抱える本人の苦しさやもどかしさが，ADHD を抱えていない方々にとって理解しやすい方法で，少しでも体験的に理解できると，ADHD を抱える子どもに自然と共感したり注意だけをしてしまったりすることが少なくなるかもしれません。

第4節　自閉スペクトラム症（ASD）を抱える子ども ——発達障害を抱える子ども（2）

（1）ASD の概要

　自閉スペクトラム症（Autism Spectrum Disorder : ASD）とは，対人コミュニケーションの障害，限局した興味やこだわり，感覚障害（過敏もしくは鈍麻）などからなります。発達の遅れを伴う場合もありますが，発達の遅れを伴わない場合を，高機能 ASD もしくはアスペルガー障害ということもあります。コミュニケーションの問題とは，たとえば「○○さんにこれは言わないほうがいいだろうな」「今のこの状況では黙っておいたほうがいいだろうな」といった場面でも思ったことを言ってしまうといった，いわゆる，「空気が読めない」言動をするようなことを指しています。

　限局した興味やこだわりというのは，たとえば電車や恐竜などにのめり込み，そのおもちゃでずっと遊んでいたり，図鑑をずっと見ていたり，その知識を一方的に誰かに伝えようとするようなことを指しています。文字やロゴマーク，数字や時間にこだわることもあり，それらをずっと描いていたり，時間について何度も質問したりすることなども含みます。

　また，感覚障害は，視覚・聴覚・嗅覚・味覚・皮膚感覚といった五感の過敏や鈍感さのことをいいます。感覚障害を抱えた子どもは，教室でのざわざわした音が耳に刺さるような感覚，スモッグが肌にまとわりつくような感覚など，周囲からは理解してもらいにくい感覚の問題に困り感を抱えていることも多いです。そうした子どもの困り感を聞いたときに「わがままを言っているだけ」「すぐに慣れるだろう」と安易に片付けてしまうのではなく，子ども自身は本当に苦しんでいるかもしれないと意識しておくことが大切です（図1-9）。

　さらに，次に何をするのかなど順序立てて考えることが苦手であるといった見通しの持ちにくさがあるため，思いどおりにいかないと（思っていたことと違うことが起きると），泣き叫ぶなどの癇癪（パニック）を起こすこともあります。

　ケース1-3に示すのは，保育園や幼稚園の生活で出会うことのある ASD を抱えた子どもの特徴をもとに作成した架空のケースです。

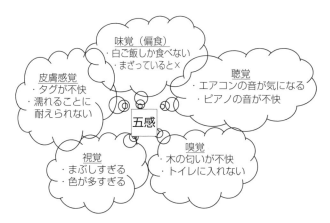

図1-9　さまざまな感覚障害の例

ケース1-3　ASDを抱える子ども
年中（5歳），男児C。

【外見的特徴】
　身長は平均的であるが細身。髪型は前髪を切りそろえていて，耳は出ている。
【家族について】
　父，母，兄，Cの4人家族。園には母や母方祖母が来ることが多い。子どもの家庭での様子などは，母よりも祖母から話されることが多い。兄は自閉スペクトラム症の診断を受けており，支援学級を利用している。父と母は，Cと兄を比べることが多く，Cの発達は気にしていない。祖母は，Cの発達を気にしている。
【全体指示のときの様子】
　先生の話を聞いているときもあるが，フラッと教室の後ろの絵本があるところに行ったり，床に寝そべったりしているときもある。
【遊びの様子】
　恐竜が好きで，恐竜の知識は大人顔負けである。恐竜や動物の図鑑を一人で読んだり，恐竜になりきったりすることもある。友だちと追いかけあいっこを

することは好きで，笑顔で走り回る様子もみられる。

【友だちとの関わり】

　友だちが使っているものをいきなり取ってしまうことがあり，その際にひっかくなどの行為が出ることもある。特定の友だちとトラブルになることが多い。

【行事での様子】

　運動会のかけっこでは，1位になることができず，癇癪を起こす様子がみられた。ダンスでは，先生が横について移動を促しながら，全体の動きについていくことはできた。それを見た両親は，年少のころのCはうまく運動会に参加できていなかったことから，今年の運動会にCが参加できたこと自体をとても嬉しそうにされていた。

【給食の様子】

　年少のころは，食べられるものが少なく，完食できる日はあまりなかった。ご飯物でもおかずでも，混ざっていると食べにくくなるが，一つひとつの野菜や肉をより分けると，食べやすくなるようであった。

【運動面について】

　椅子に座っているときに姿勢が崩れやすい。走ることは得意であるが，ボールを投げることが苦手で，地面にたたきつけるようになってしまう。鉛筆で書く（描く）ことが苦手で，肩にも力が入っているようである。

【会話のやり取り】

　Cが何かをしているときに声をかけても返事が返ってこないことが多いが，Cがしていることに対して言葉をかけたり質問したりすると返事が返ってくる。時間や数字が話のなかで出てくることが多く，「何時に来たん？（帰るん？）」と大人に話しかける場面も見られる。

【その他】

　上靴を履いていることが嫌なようで，教室に入るときに履いてもすぐに脱いでいる。製作でのりを使うときには，手で触ることができない。

（2）ASD の特徴は具体的にどのように表れているか
① 対人コミュニケーションの問題の表れ方

　ひとくちに対人コミュニケーションの問題といっても，実際には ASD の子ども一人ひとりによって，その様子や程度に違いがあります。またコミュニケーションとは，言語的コミュニケーションと非言語的コミュニケーションが折り重なったものであることにも注意が必要です。そのため対人コミュニケーションの問題はたとえば，相手や状況的に言わないほうがよいことを言ってしまう，質問の意図とずれた答えになってしまうといった形で表れます。このように，言語的なコミュニケーションの問題とともに，相手の表情や気持ち（それらの変化），その場の状況を読み取りにくいという非言語的コミュニケーションの苦手さが影響するのです。非言語的コミュニケーションでの苦手さをベースにして，それが言語的コミュニケーションで表に出てくるという可能性を考えられると，子どもへの対応の質が向上します。

　相手の表情や気持ち（それらの変化）が読み取りにくい，あるいは読み取ろうとする気持ちが薄いとどうなるでしょうか。友だちが嫌がっていることに気づかずにその行為を続けてしまうこともあります。お気づきと思いますが，ここまで説明した非言語的コミュニケーションの苦手さを踏まえるならば，ASD

図1-10

の子どもは悪気がないことがほとんどだということが理解できると思います。園の友だちとのかかわりのなかで，はっきりと「やめて」と言われることや怒られたりすることは少なく，笑いながら「やめて」と言われていたり，友だちが必死に逃げていても，追いかける ASD の子にとっては，逃げる友だちとの追いかけっこをしているのだと受け取れる状況であることが多いです。ASD の子どもには，相手は嫌がっているどころか楽しんでいるように見えるのです。また，好きな恐竜の話を一方的にしたり，C の

ように，恐竜になりきって友だちに襲いかかるふりをしたりしても，はっきりと嫌がられることは少ないでしょう。

　コミュニケーションの問題の背景としてほかには，友だちや先生がどう思うか，自分がどのように思われるかを気にする気持ちが薄いことがあります。このことが影響して相手を傷つけるようなことでも，思ったことをそのまま言ってしまう，やってしまうことがあります。たとえば，嫌なことがあって泣いている子に，「いつまで泣いてるん？」と言ってしまう，机の向きを変えるときに友だちの机にぶつかっても謝らないなどの表れ方がみられるでしょう（図1-10）。ASD の子どもは，どうしてそれらのことで友だちに怒られたり嫌われたりするのかがわからないということを大人は理解して関わるとよいでしょう。このとき ASD の子どもは，思ったことを言ったことがどうしてよくないのか，机の向きを変えようとしたことがどうして悪いのか，といった思いをいだいているのです。これらの程度が，子ども一人ひとり異なります。

② 感覚の問題の表れ方

　また，感覚の問題でも，その内容や程度は子ども一人ひとり異なります。特定のものしか食べられない偏食は，味覚（味）と舌や口腔内の感覚の問題（食感や温度など），嗅覚（匂い）の問題，視覚（色や形など）の問題，初めてのものが苦手であるという特性が背景にあります。白いご飯しか食べられない子もいれば，C のように具が混ざっていなければ大体のものを食べられる子もいれば，初めてのものでなければ食べられる子もいます。聴覚の問題に関しては，どんな音（声）が苦手か，そのときにどのような反応を示すかが一人ひとり異なります。誰かの泣き声，友だちの歌い声，放送音，ブロックが倒れる音など，その子にとって苦手な（耐え難い）音が聞こえると，その場にいられず部屋を飛び出したり，耳をふさいだり，その場にしゃがみ込んだり，パニックになったりすることもあります。嫌な音を聞いた場所・出来事は記憶に残りやすいため，朝の会でみんなが大きな声で歌うのを聴くことがつらい場合は，その時間に部屋に入れなくなったりします。皮膚感覚の問題については，締めつけ感がつらいため，スモッグや体操服を着ることができない・上靴を履けない，履いてもすぐに脱いでしまう・のりに触ることができないなどといった様子がみられる子もいます。

図1-11

③ 見通しの持ちにくさの表れ方

さらに，思いどおりにいかないと（思っていたことと違うことが起きると）癇癪（パニック）が起きることについては，見通しを持ちにくいことも影響しています。製作の紙が破れてしまったときに多くの子どもはがっかりしますが，新しい紙を使えるという見通しを自然と持てているのでやり直すことができるでしょう。しかし，紙が破れてしまい，新しい紙が使えるという見通しが持てておらず，もうそれで終わりだと考えるとどうでしょうか。やり直すこともできないので，癇癪（パニック）になることもイメージしやすいでしょう（図1-11）。また，片付けや製作の終わり時間になってもなかなか終われないこともあります。それも，その子どもが次にいつ遊べるのか，いつ製作できるのか想像できていない・見通しを持てていないのだと大人が理解できれば，子どもがなかなか終われない，終わりたくない気持ちにあることもイメージしやすいでしょう。癇癪（パニック）になると，周りの声も入らなくなるため，なかなか気持ちを切り替えることができず，集団のペースからどんどん遅れてしまうこともあります。

（3）ASD を抱える子ども自身や友だちは何に困っているのか

① コミュニケーションの問題による困り感

ASD の子どもは，コミュニケーションがうまく取れないことに困っているというより，空気の読めない言動，その場にそぐわない言動をしてしまうことによって，友だちとうまく遊ぶことができないことや仲間外れにされることに困ることが多いようです。言いたいことを言っているだけなのに，どうして自分が悪いのかわからない。でも，仲間外れにされてしまう，これが本当に苦しいところです。

一方で，先生から見ていると，ASD の子どもが友だちの輪にうまく入れないことに困っている，嫌な思いをしているのではないかと思っても，ASD の

子どもは困っていないことがあります。それは，ASD の子どもにとっては一人の時間や空間が落ち着く，一人で落ち着ける時間が必要であることが背景にある場合もあります。それに加えて，友だちにどう思われるかといった意識，友だちに合わせようといった意識が薄いために，友だちと一緒に遊べなくても，一緒のことをしなくても困っていないこともあります。先生からすると，みんなのペースに遅れて，みんなと同じことができないことにも困っているのではないかと思っても，ASD の子ども自身は困っていないのです。一人でいられることは強みにもなるのですが，先生からすると，ASD の子どもが困ってほしいことに困っていないことに困ってしまうのです。

② 感覚の問題による困り感

　感覚の問題では，子どもは，偏食でどうしても食べられないのに無理に食べさせられてしまったり，食べ終わるまで遊べないために遊ぶ時間がなくなってしまったりすることがつらいでしょう。また，着ることが苦痛でたまらない服を着ないといけないこと，履くことが苦痛な上靴を履かないといけないこと，触るのが苦痛なのりに触らないといけないことなど，つらいことがたくさんあります。それをみんなと同じようにといったことが強調され，無理に我慢させられると，たとえば食事であれば余計に食べられなくなってしまったり，無理に食べさせようとしたり怒ったりした大人との関係性が悪くなるでしょう。

③ 見通しの持ちにくさによる困り感

　また，見通しを持ちにくいことから，スケジュールや工程，決まり事や対処法をわかるように伝えてもらえていないと，どんどん不安が高まっていき，うまくいかないときに癇癪が起こりやすくなります。普段と同じことであれば不安なくできることでも，座る位置や片付けのタイミングなど，先生が気づかないような微妙な違いでも，不安が高まることもあります。癇癪でなかなか気持ちを切り替えられずに，みんなのペースに遅れること，自分がしたいことができなくなることにも，子ども自身は困りますし嫌な思いをします。

④ 気持ちの読みとりにくさから起こる問題

　友だちは，嫌なことをされて，嫌がっていることを伝えているつもりなのに，ASD の子どもがわかってくれない，やめてくれないことに困るかもしれません。また，喧嘩をして先生に怒られているときは反省しているように見えても，先生が「この話は終わりね」と言った途端，これまでの喧嘩がなかった

かのように話しかけてきたり笑顔で接してきたりすることに驚き，本当に反省しているのかと困惑してしまうこともあるかもしれません。また，癇癪で泣き叫ぶことが多いと，その声の大きさに嫌な思いをすることもあるでしょう。

（4）ASD を抱える子どもの保護者は何に困っているのか
① 子どものルーティンに振り回される

　ASD の子どものなかには，さまざまなルーティンがあり，少しでもそのやり方が変わってしまったときや自分の思いどおりにならないときなどに癇癪が起こります。たとえば，園の帰りは決まった道順でなければいけない，おもちゃの置き場所，並べ方が決まっているなどです。工事中で同じ道を通れなくても癇癪が起こりますし，急いでいて保護者がおもちゃを違うところに置いてしまっても癇癪が起こります。園にいるときは，子どもも頑張っていることもあり，園にいるときと比べて，家庭にいるときの癇癪は頻度も多くなり，程度もひどくなることがほとんどです。癇癪を防ぐために，保護者は気を遣うこと

図1-12

もあります。また，たとえば歯磨きをしたらシールを貼るという行為をして，それで歯磨きをできるようになるのはよいのですが，歯磨きのあとにシールを貼るという行為がルーティン化し，それができないと癇癪が起きたりします。そのため，ルーティンが増えていくことで，子ども自身も思いどおりにならないことが増えていきますし，保護者は癇癪を防ごうと思って気を遣うことが増えていきます。癇癪に対して，保護者がイライラしてしまうこともありますし，30分以上も子どもが泣き叫ぶことが続くと，子どもも保護者も疲弊してしまいます。

　また，癇癪で泣き叫ぶ声はもちろん近所にも響くことから，近所に気を遣うことでも保護者は疲弊することが多いで

す。普段から話せるような関係性（近所付き合い）であれば，あとからでも
「昨日はごめんね」と謝ることもできますが，日ごろから挨拶もあまりしない
関係性であれば，近所の方にどのように思われているのか保護者は不安でたま
りません。買い物先での癇癪も，周りの方にどのように思われるのか不安で，
保護者は早く何とかしなければと焦り，余計に癇癪がひどくなることもありま
す。昨今は，虐待通告も一般的になってきていることから，ASD の子どもの
癇癪を虐待として疑われてしまうこともあります（図1-12）。児童相談所の職
員が訪問し，虐待が疑われていることがわかると（近所や買い物で行くところ
の誰かが通告したのではないかと思うと），近所や買い物などで行く地域も含
めて，誰も頼れなくなり，ますます子どもも保護者も孤立してしまいます。子
どもも保護者もこのような状況にいるかもしれないことを，先生は意識してお
くと，保護者への声のかけ方や接し方の参考になるでしょう。

② 偏食に関する困り感

　さらに，偏食に関しても，特に子どもが小さいころは，何を食べさせてよい
のかわからなかったり，限られたものだけ食べさせてよいのか悩んだりするこ
とがあります。食べないということに関しては，保護者の頑張りもあり子ども
が食べてくれるものはわかるようになるため，それらを作れば毎回の食事で困
ることは少なくなります。ただ，同じものばかり食べさせてよいのかといった
不安はなかなか拭えません。一方で，食の幅を広げようとして新しいものを食
べさせようとしても，子どもが嫌がることが続くと，新しいものを食べさせる
ことを諦めてしまう保護者もいます。このような保護者も，最初は一生懸命に
努力されていたこと，その結果，今は同じものを食べさせていることが多く
なっているということを，先生は理解しておくことが大切です。

③ 相対的に園生活に困り感をいだかないこともある

　家庭で悩むことが多いと，子どもの園生活にまで気が回らなくなります。そ
のため，C の保護者のように，困り感をあまりいだかない（いだく余裕がな
い）保護者も多いです。癇癪によって，園で迷惑をかけているかもしれない
と，園に気を遣われる保護者もいます。友だち関係のことを心配される保護者
もいますが，子ども自身が友だち関係のことを保護者にうまく伝えられないこ
とも多いことから，子どもの友だち関係での困り感が見えにくいこともありま
す。

（5）ASD を抱える子どもの先生は何に困っているのか

　家庭と同様に，園生活でも，普段とは違うやり方で設定保育をしたときや友だちと一緒に遊ぶときに思いどおりにならないことで，子どもが癇癪を起こすことがあります。30分以上泣き叫ぶ程ではないにしても，教室から飛び出したり，なかなか気持ちを切り替えられずに，みんなのペースに遅れたりすることがあります。担任の先生としては，1対1で子どもと関わりたい気持ちがあっても，ほかの子どもたちもいるため，一人の子どもにだけ長い時間関われないことも多いです。加配の先生が，子どもについてくださっていれば，その先生が1対1で関わることもできますが，担任の先生としては，自分が関わりたくても関われないもどかしい気持ちをいだくことがあるかもしれません。

　また，感覚の問題があり，のりを使いたくない子どもにのりを使わせてもよいのか，絵をうまく描けずに癇癪を起こした子どもにもう一度描くように促してもよいのか，（普段とは違う行動であるため）行事の練習を嫌がる子どもにどこまで練習させてもよいのか，偏食の問題があることを理由に，まったく食べなくても大丈夫なのかなど，日々手探りで悩まれるかもしれません。

（6）ASD を抱える子どもへの関わり・対応

① 見通しを持たせる工夫——絵カード，タイマー，声かけの活用

　ASD の子どもが園の活動に参加する際，ある程度やり方が決まっていたり見通しを持てていたり（今何をするのか，次に何をするのかがわかったり）すると，安心して過ごせることが多いです。そのため，一日の流れを絵カードで教室の前に掲示する，ある活動が終わったときにはその絵カードを外すなど，視覚的にわかりやすくすることがよいでしょう。年中や年長に上がるにつれて，絵カードではなく箇条書きにして文字で書くことに変えていくこともできます。絵カードや箇条書きは，ASD の子どもだけではなく，ほかの子どもたちもわかりやすいものなので，ASD の子ども一人だけに見せる必要もありませんが，ASD の程度によっては，個別で絵カードを見せて伝えることも必要です。

　また，自由遊びのあとに製作があることはわかっていたとしても，自由遊びを終わる少し前に「あと少しで（長い針が6になったら）終わりね」のように

伝える，タイマーで音を鳴らして終わりをわかりやすくするといった工夫も有効です。みんなが片付けていることに気づかずに遊び続けているときは，「早く片付けて」と言ってしまうのではなく，近づいて同じ目線に立って，「みんな見てみて」と指さして，片付けていることに気づいてもらって，「じゃあ，Ｃくんも片付けようか」と声をかけるなど，周りが何をしているのかに気づいて行動する力を高める関わりが望まれます。

　みんなが片付けていることに気づいていて，なかなか気持ちを切り替えられないときは，次の活動で使うものや次の活動の絵カードを見せながら，「次はこれするから，お片付けしよう」と伝えることもよいでしょう。また，「あと何回する？」「じゃあ，あと1分してから片付けよう」と質問したり提案したりしてみましょう。その後，気持ちを切り替えられたときは，「もっと遊びたかったと思うけど，終わってくれてありがとう」といったことを伝えてあげましょう。それでも気持ちを切り替えられないときは，癇癪を起こすこともあるかもしれませんが先生が片付ける，癇癪が起きて担任の先生だけで対応できない場合は，ほかの先生にしばらく見てもらうなどの対応をとるようにしましょう。気持ちを切り替えられずに，教室に入れない，集団活動に参加できないときも，「今は粘土しているよ」と粘土を見せに行く，友だちとお迎えに行くなど，集団に戻るきっかけを作ってあげることを忘れないようにしましょう。集団に戻ってきたときには，「あなたのことを待っていたよ」という思いが伝わると，ASDの子どもも戻りやすくなっていきます。

② 大きな変化の際には写真や動画の活用も

　また，行事やその練習など，普段と違う活動をするときに，それらの活動になかなか入れない場合は，昨年の行事の写真や動画を一度観てもらうと安心できる子もいます。用意することはなかなか難しいですが，子ども視点の写真や動画があると，より安心しやすいかもしれません。

③ 癇癪への対応の工夫

　癇癪については，癇癪になる前や癇癪になってから，クールダウンできるスペース（段ボールで仕切ったものでも大丈夫です。子どもは段ボールで作った狭い空間が好きなことが多いようです）を教室や別室，職員室に作っておくことも一つの方法です。そのスペースにずっといることになっては，集団活動に参加する力もつかないため，そのスペースを使う頻度を少なくしていく，その

スペースにいる時間を短くしていく意識を先生も持っておくことが大切です。

④ 偏食への対応の工夫

　偏食については，①味，②感触（口に入れたときにパリパリしたものであれば何でも食べられるなど），③見た目（複数種類の食材が混ざっていると食べられないが，一つひとつの料理や素材を小分けにすると食べられる，家で使っているお皿では食べられるなど）のどれか，もしくはこれらが混ざったかたちで偏食が形成されています。そのため，どのような味，どのような感触，どのような見た目・出し方であれば食べられるのかを精査することが大切です。ここでわかったことから，味噌汁の具材を別皿に出すなどの工夫をしていきます。連絡帳や食事専用ノートに食べられるようになったもののシールを貼る（絵を描く）と，子どもも達成感を持ちやすく，「これは食べられるのか」と実感しやすくなります。場合によっては，家で使っている皿やコップを持ってきてもらうと，食べられないと思っていたものでも食べられることもあります。

⑤ 友だち関係への対応の工夫

　友だち関係では，ASD の子どもが，友だちと遊びたいと思っていないのか（友だちにあまり興味を持っておらず，一人遊びに没頭することが多いのか），友だちと遊びたいのに遊べなくて困っているのかによって対応は変わってきます。まだ，友だちと遊びたいと思っていない場合，まずは先生との関係をもつことから始めることになりますが，ここでは人と関わることが楽しいという経験を積むことが大切です。たとえば，その子が床の木目を見ることに没頭しているのであれば一緒に見てみる，木目の絵を描いて見せてみるなど，その子の一人遊び，没頭していることと同じ世界に入ってみることが大切です。そうすると，その子は体験を共有しようという意識が出てきたり，一緒にいること・することが楽しいと思えたりするようになってきます。先生とそのような経験を積み重ねると，友だちにも興味を持つようになっていきます。

　また，友達と遊びたいのに遊べなくて困っている場合は，その子が好きなものや得意なことを通して，友だちと関わるきっかけを先生が作ることが望まれます。Ｃのように，恐竜が好きなのであれば，恐竜のクイズをみんなの前で出してもらう，ブロックで作った恐竜をみんなに見てもらうなどの方法があるでしょう。友だちの表情や気持ちを汲み取りにくく，友だちとうまくいかない場合は，先生が友だちの気持ちを代弁して，「○○だから，こうするのがいい

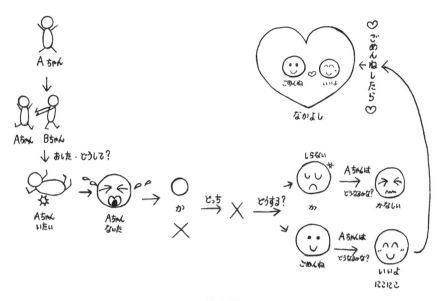

図1-13

　と思うよ」と具体的に伝えてあげるとよいでしょう。また，「Cくんはどうし
たかったの？」と聞いて，そのためにはこうするとうまくいくのではないかと
一緒に考えることが大切です。"コミック会話"といって，うまくいかなかっ
た場面の前後を4コマ漫画調で描き，うまくいくようなシナリオを4コマ漫画
で描き直すことで，状況や相手の気持ちを視覚的に理解し，次からどうしたら
よいかを考えやすくすることもできます（図1-13）。

（7）ASDを抱える子どもの保護者への関わり・対応

① 保護者の状況を想像しながらねぎらう

　保護者への関わりとしては，こだわりや癇癪の対応へのご苦労をねぎらった
り，お話を聴くことで孤独感を軽減したりする，園生活を充実させるために連
携したりすることなどがあるでしょう。子どもは，園にいるときよりも家庭に
いるときのほうが，こだわりや癇癪が激しいことが多いことを意識しておく
と，先生も心の底から保護者をねぎらいやすくなりますし，そのことで悩まれ
ているお話を聴きやすくなります。また，本節（4）でも記載しましたが，
シールを貼るなどの対応をすると，その行動がルーティン化してしまうことが

あります。そのため，トイレや食事のことでシールを貼るなどの対応を助言する際には，「今度はシールを貼らないと怒ったりするかもしれないですが，それでも大丈夫そうでしょうか」と言えるぐらい思いを馳せておくことが大切です。

② 感覚の問題への対応で園と保護者が協力する

　偏食を含む，感覚の問題については，保護者との連携が必要不可欠です。偏食については，食べるのを嫌がっているときに，どの程度まで食べさせようとしてもよいのか，まったく食べなくても大丈夫なのか，といったことを話し合っておきます。園でまったく食べられない場合は，栄養面を考えて午前保育にする，早くお迎えに来てもらうなどの話し合いも必要です。また，家庭で使っている皿やコップを持ってきてもらう，給食を食べられないときのために子どもが食べられる白ご飯のおにぎりや市販のものを持ってきてもらうなどの対応も検討します。また，同じ料理でも味付けや見た目，出し方によって食べられるかどうかが変わってくるため，家庭や園で食べられるもの・食べられるようになったもの，その味付けや見た目，出し方を共有して，食の幅を広げていきましょう。皮膚感覚の問題で，制服や上靴などに抵抗感がある場合は，「ここは履かなくてもいいが，ここだけは必ず履いてほしい」など園の要望も伝えながら，話し合いをする必要があります。音に過敏な場合は，イヤーマフをつけることが有効な場合もあるので，家から持参するようにしてもよいですし，家庭でまだ使ったことがない場合は，「こんなものがありますよ」という情報提供から始めましょう。

③ 大きな変化の前には園と保護者が協力して見通しを持たせる

　行事などの普段と違う活動をするときに，子どもにその写真や動画を観てもらうことに加えて，遠足やお泊り保育のときには，家庭でもその場所を調べて一緒に見ていただく，場合によっては下見に行ってもらうなどの工夫もよいでしょう。

④ 子どもの強みに着目して話す

　また，状況や相手の気持ちを読み取りにくいこと，感覚過敏があることなどは，強みや良いところにもなりうると伝えることも大切な関わりになります。子どもも大人も，周りにどのように思われるのかを気にして，自分がしたいことができない，言いたいことが言えないことはよくあるでしょう。言い換える

と，ASD の子どもは，周りにどう思われるかを気にせずに，自分のしたいことをすることができ，言いたいことが言えるのです。これは，自分の軸があるという強みにもなります。また，ある分野について精通していることも強みです。感覚についても，現在の生活で子どもにとっては苦しいことも多いですが，音を聞き分けられる，匂いをかぎ分けられるなど，繊細な感覚を必要とされる場で活かせる可能性もあります。そうした能力が重要な職業も実際にあります。集団に合わせるという面では，弱みのように見えるものでも，その力を発揮する環境さえ用意することができれば，強みにもなりうることを保護者が理解できると，子どもに対してのイライラ，「みんなと同じようにさせないといけない」といった焦りを軽減できる場合があります。

（8）ASD を抱える子どもに関する見通し
① 状況を学ぶこととその微調整を繰り返すことが重要

　ASD の特徴である，状況や相手の気持ちの読み取りにくさ，こだわり，感覚の問題は，何か対応をしてもなくなるというわけではありません。しかし，状況や相手の気持ちの読み取りは，「このときはこんな風にすればいいのか」といったことを学んでいくにつれて，より適応的になっていきます。ただ，状況や相手の気持ちというのは，刻一刻と変わりますし，まったく同じ状況や気持ちというのはありえません。そのため，同じ言動をしても，昨日は大丈夫だったのに今日は避けられた，この人は笑ってくれたのにあの人は怒った，ということがありえます。こうした状況の不確実性をきらい，ASD を抱える子どもが，最初から人と関わることを避ける，言いたいことを言えなくなる，それらの結果不登校になるといった二次的，三次的な問題が起こることもあります。対人関係や集団活動でうまくいかないことがあっても，その都度誰かと一緒に考えて，微妙な修正を繰り返していくことが大切です。
② 医療機関とつながるという選択肢

　こだわりや癇癪については，集団生活を通して，我慢できることが増えて，癇癪も少なくなっていきます。癇癪になる前に，その場から離れるといった行動を身につけることもあります。園や学校では我慢できても，家に帰ると，我慢していたストレスが爆発し，癇癪がひどくなるといったことも起こりえます。園や学校で頑張っている分，家庭では我慢せずにいられることは，子ども

にとっては安心できることではあります。しかし，子どもの年齢が上がるにつれて，子どもの力が強くなると，保護者やきょうだいが恐怖心をいだき始めることもあります。癇癪が激しい場合は，医療機関に相談したうえで，薬を処方してもらうことも選択肢の一つになります。

③ 必要な配慮は関わる大人同士で引き継ぐ

感覚の問題については，質や程度は変わっていきますが（たとえば，野菜がまったく食べられないということはなくなるものの，ぬめり感があるものはどうしても食べられない，人が多いスーパーマーケットには入れるようになったが，人が乗っているエレベータにはどうしても乗れないなど），何かしらのかたちで残り続けることが多いです。園から小学校に上がるときには，友だち関係や学習面に加えて，給食や制服・上靴などの配慮についても，忘れずに引き継いでおくことが大切です。

④ 小学校を見据えて

発達に遅れがない場合，学習の理解に心配はないですが，授業のペースについていけるかどうか心配な面はあります。ノートをきっちり（自分の納得いくように）書けるまで次に進めない，計算ミスをして気持ちを切り替えられないなど，授業のペースについていけずに，結果として学習が遅れる場合もあります。そのため，発達に遅れがない場合でも，個別のペースに合わせて学習を進めることができる支援学級や通級指導教室の利用を検討してもよいでしょう。

ADHD の項目でも述べましたが，園としては，年長の時点で小学校に入学したあとの子どもを想像して，保護者にどのように伝えるのかを考える必要があります。「C くんは，理解力はあるのですが，間違えると気持ちを切り替えにくい面があるので，授業で置いていかれないか心配です」といったように先生の感じる心配として伝えてみて，保護者も同じような感覚をいだいていることが話されたり，どうすればよいのかと質問されたりした場合には，役所での相談や医療機関の受診を勧めてみるとよいでしょう。保護者の反応が，先生の感覚と違う場合には，無理に役所や医療機関を勧める必要はありません。小学校に入ってからのことについて先生が心配していることだけでも伝えておくことで，小学校に入って園の先生がお伝えしていたようなことが実際に生じたときに，「園でも言われていたな」と保護者が思い返し，そのときに小学校の先生や教育センターへの相談，医療機関の受診などの行動につながれば充分で

す。本章第3節でも述べましたが，たとえ在園している間に役所や医療機関につながらないとしても子どもや保護者のペースに合わせることを覚えておきましょう。

第5節　愛着障害を抱える子ども

（1）愛着障害の概要
① 愛着（アタッチメント）

　近年，筆者が園や学校に行った際に，「あの子は愛着に問題がありそう」「あの子は愛着障害ではないか」という言葉を先生方から聞くようになりましたが，そもそも愛着とは何なのでしょうか？

　愛着とは，文字どおりの意味では，絆です。ここでは，愛着を「ある人と愛着対象（人物）との間の絆やつながり」とします。愛着は，愛情という言葉に言い換えられるものではなく，安全，安心，保護への欲求にもとづいたものになります。つまり，乳幼児にとっては生き残るために必要不可欠なものといえます。

　子どもが主な養育者と愛着を形成するためには，食欲などの生理的欲求が満たされればよいというものではもちろんありません。ハーロウ（Harlow）が行った子どものアカゲザルの実験（図1-14）では，子どもはミルクを出せる針金で作られた母親ザルの模型（A）よりも，ミルクは出せないけれどもタオルで覆われた母親ザルの模型（B）に抱きついている時間が長く，恐怖を感じる場面でも，Bの模型に抱きつき助けを求める様子が確認されています。つまり，乳幼児にとっては身体接触によるぬくもりが愛着の形成において重要な要素の一つだったのです。これが，ただ母乳やミルクをあげるのではなく，そのときに顔を見合わせること，話しかけることなどが重要であることの証です。

　愛着が形成された初期には，愛着の対象（主な養育者）がそばにいないと，不安や恐怖が高まりますが，発達や愛着形成が進むにつれて，愛着の対象から離れ

図1-14

ることができます。それは，離れていても安心できるという感覚を持てるようになるからです。言い換えると，愛着の対象が，子どもにとっての安全基地になっていきます。愛着理論で有名なボウルビィ（Bowlby）が安全基地についてわかりやすく述べているので以下に引用します。

　　その基地から，子どもや青年は，外の（未知の）世界へと出撃することができます。そして，その基地に戻ってくるとき，次のような確信を持って戻って来ることのできるところです。その確信とは，たどり着いたときには自分は歓迎されるだろうし，身体にも心にも栄養を与えられるだろうし，もし苦しんでいるのなら安らぎを与えてくれるだろうし，恐怖感があるのなら安心感を与えられるだろうというものです。ですから，基地の役割とは，本質的に，在るべきところにいてくれて，励ましや支援を求めたときにはすぐにそれに応答してくれる準備があり，それでいて明らかに必要だというときにしか積極的に介入しないという役割を持つところなのです。

（Bowlby, 1988, p.11）

　子どもが求めていないのに，主な養育者（以下，保護者）が積極的に介入してしまうことは安全基地の役割ではないというのは重要な指摘であるといえるでしょう。

② 愛着障害

　ここまで，愛着とは何かを述べてきました。それでは，愛着障害とは何なのでしょうか？

　愛着障害は，保護者との愛着形成が不安定な状態であるといえます。保護者との愛着形成が不安定であると，自分がここ（育っている家庭や生きている世界）にいてもよいと思うことができないでしょう。また，自分が何かあったときに守ってもらえるという安心感を持つことができずに不安が高い（高くなりやすい）状態ともいえます。乳幼児は，経験していないことが多く，経験していても理解できないことも多いために，不安や恐怖を感じることが多いです。そんなときに誰かが自分を守ってくれるという安心感を持つことができなければ，不安や恐怖でいっぱいな状態で日々を暮らすことになります。詳細は，本

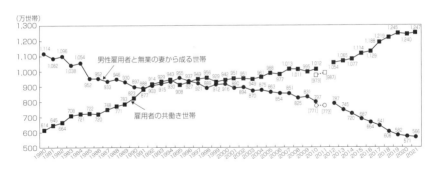

図1-15　共働き等世帯数の推移（厚生労働省，2022a）

節（2）で述べていきますが，結果として，過度に他人と関わろうとしなくなったり（生きている世界に警戒心が強い），過度に関わろうとしたり（なんとか安心感を得ようとしている）など，対人関係においてさまざまな態度が表れます。

　読者のみなさんも容易に想像できると思いますが，子どもが保護者から虐待（身体的，性的，心理的，ネグレクト）を受けていたり，虐待を受けていても守ってくれない状況であったりすると，保護者との愛着が不安定なものになるでしょう。本書では，それを "直接的な愛着障害" と定義したいと思います。

　一方で，社会情勢の変化などによって夫婦共働きの世帯が増加しています（図1-15）。それに伴い，子どもと保護者がともに過ごす物理的な時間が減少していると考えられます。共働きの家庭では，朝の時間が慌ただしく，子どもを起こすことや子どもに朝ご飯を食べさせることなど子どもを急かすことが多いでしょう。また，子どものお迎えが18時ごろやそれ以降であれば，早く寝かさないといけないということに追われ，夕ご飯やお風呂など，それらの行動もすべて急かすことになります。保護者からすると，仕事や家事の時間に追われて，子どもが急いでくれないことに対してイライラして子どもを怒ってしまうことが多くなるかもしれません。子どもからすると，自分のペースではなく保護者に急かされながら生活せねばならず，自分なりに頑張っていても怒られてしまうなど，不満や愛されていない感覚を持つこともあるでしょう。さらに，子どもの体調不良の際には，保護者は仕事を休みにするなどの調整をしなければならないため，子どもがしんどくなっているときに，子どものしんどさに寄り添う前に（よりも），仕事の調整をしなければいけないイライラや焦りが

図1-16

勝って，子どもに対して寄り添えない，それどころか体調不良である子どもに対してイライラしてしまうときもあるかもしれません。

また，日常生活の利便化が進み，何かを作る，準備する際に子どもと保護者で一緒にする機会が少なくなったこと，子どもにとって保護者がいなければできないことが少なくなり（買い物はネットで済む，ゲームや動画を子ども一人でも楽しめるなど），子どもと保護者の交流や子どもが保護者を尊敬できる機会が減少していると考えられます。それに加えて，保護者がスマホを見る時間が増えて，子どもを見る，子どもと関わる時間が少なくなったり，質が落ちたりしていることも考えられます（図1-16）。これらの要因によって，愛着が不安定である状態を"間接的な愛着障害"と定義したいと思います。保護者が子どもを嫌っているわけでも，虐待をしているわけでもありません。それでも，ここまで挙げたようなさまざまな要因によって，親子で関わる時間や質が変化し，その結果子どもは愛されているのかわからない，守ってもらえるのかわからないといった不安をいだきやすくなっていること，つまり愛着障害が増えやすい世の中になっているのではないかと思われます。

愛着は不安定な状態になると，その後も安定させることができないかというと，そうではありません。子どもと保護者との愛着を安定させることも大切ですが，園の先生方の関わりによって，子どもは愛されている，守ってもらえるという感覚を持つことができ，それが愛着障害からの回復，愛着を安定させることにもつながります。

ケース1-4に示すのは，保育園や幼稚園の生活で出会うことのある愛着障害を抱えた子どもの特徴をもとに作成した架空のケースです。

ケース1-4　愛着の形成が不安定である子ども
年長（6歳），男児D。

【外見的特徴】

髪は長く，片目が隠れている。細身で身長はやや高い。

【家族について】

母，Dと弟（2歳）の3人家族。近所に離婚した父方の祖母が住んでおり，母が仕事などで家にいないときは，祖母が子ども二人を見ている。母は夜の仕事に就いており，ある程度の収入はあるが，月によって差がある様子。日中は，母は家で休んでいるが，子どもは保育園に預け，保育園にお迎えに来るのは祖母が多いため，平日は一緒に過ごす時間がほとんどない。

【全体指示のときの様子】

集中して聞けるときもあるが，先生が話している途中で，自分の言いたいことを言ってしまうときが多い。

【人との関わり】

友だちよりも大人のほうが好きな様子で，先生の近くにいることが多いためか，新しい先生や実習生が来ると，誰よりも先にその人のところに近寄っていく。

【友だちとの遊びの様子】

自由時間が始まると，たくさんのおもちゃを自分のものにしようとする。自分が使っていないものでも友だちが使おうとすると怒る。友だちを仕切って遊ぼうとするが，うまくいかないことも多く，友だちから避けられることもある。

【給食の様子】

基本的になんでも食べるが，給食で初めて食べるものが多いためか，食べ始めるのに少し時間がかかる。

【運動面について】

運動は好きで，鬼ごっこやボール遊びなどで友だちを仕切ろうとすることも多い。体育などで，できないことがあるとすぐに諦めてしまう。

【会話のやり取り】

自分の言いたいことを言う場面が多い。先生に質問をするが，先生がその質問に答えても会話は続きにくく，答えを聞いているかどうかがわからない。ふとしたときに，静かな声で「疲れた」と言うときもあり，そのときはゆっくり考えて話せる様子。

（2）愛着障害の特徴は具体的にどのように表れているか

① 虐待を受けた子どもの存在にも留意が必要

　先述したように，愛着障害を抱える子どものなかには，虐待を受けている子どももいます。虐待を受けている子どもは，常に周囲に対して緊張している“過覚醒”状態であることが多いため，眠りにくくなったり食欲がなくなったりすることもあります。また，虐待を受けている場面をありありと思い出して恐怖をいだく“フラッシュバック”，大人や暗いところを避けるようになったりする“回避”といった症状が表れ，それらの症状に苦しむこともあります。虐待を受けている子どもについては，「第2章第1節（4）虐待をしている保護者の子どもへの影響」で詳しく述べることとします。ここでは主に，間接的な愛着障害，つまり虐待を受けているわけではないけれども，子どもと保護者で過ごす時間や質が変化し，愛着の形成が不安定である子どもについてみていきたいと思います。

② 対人関係の距離が過度に遠いまたは近い

　愛着障害を抱える子どもは，対人関係の取り方や一人でいるときの態度など，さまざまな場面で特徴が表れます（図1-17）。愛着形成が不安定で安心感を持てないために，他人を過度に警戒したり，他人と関わることに過度に不安を感じたり，その結果他人と関わろうとしない場合もあります。このタイプの子どもたちは，時間はかかりますが，この人は大丈夫そうだと感じられた限られた人にだけ，距離を近づけることもあります。この現象は，保護者がイライラしていたりして，頻繁に怒られている場合を考えると想像しやすいかもしれません。保護者の機嫌によって左右されるため，いつ，どのような状況で怒られるかわからない状況で育っていれば，他人や生きている世界全体に対して警戒心をいだくのは当然です。一方で，今は大丈夫かなと思えると，保護者に甘えたり話しかけたりするでしょう。大人の表情や態度を見て，自分の言動を変える，これが保護者の愛情を得て生きていくための術になっているのです。

　一方で，初対面の大人に対して警戒心がまったくなく，過度に馴れ馴れしく話しかける，抱きつきにいく，身体接触を求めるなど，他人（特に大人）との距離が近すぎるといった場合もあります。これは，保護者から愛情を感じられていない分を，他人に愛情を求めて満たそうとするタイプです。最初は警戒心

図1-17

をいだいていたとしても，自分のことを見てくれそう，愛してくれそうと感じ
た瞬間に（他人の表情や態度からこのような感覚を判断することに子どもは非
常に長けています），急に距離が近くなることもあります。このような子ども
は，自分を愛してくれる人を独り占めしたい気持ちが強いです。そのため，大
人がその場を離れようとしても手を放さない，自分と大人が一緒にいるときに
ほかの子どもが近づいてくると過度に怒ってその子どもを引き離そうとする，
そうならないように大人を二人きりになれる場所に連れて行こうとする（自分
の遊びや場所に引き込もうとする）といった行動に出ることもあります。

③ ASD や ADHD に似た様子がみられることもある

　ここまででお気づきの方もいるかもしれませんが，愛着障害を抱える子ども
も自閉スペクトラム症（ASD）の子どものように自分の世界にこもっている
ような症状が出るときもあり（他人を信用できない，怖いために距離を取
る），注意欠如多動症（ADHD）の子どものように落ち着きのない症状が出る
ときもあります（いつ怒られるかわからない状況では，神経が過敏になるた
め，物音などに敏感に反応しやすい，じっとしていることができない）。

発達障害と愛着障害との違いを，米澤が以下のように述べています。

　　発達障害は，ADHD も ASD も，先天的なこどもの脳機能障害であっ
　て，それは生まれつき持っている「特性」の問題です。しかし，愛着障害
　は生まれたあとに，後天的にこどもと関わる特定の人との「関係性」の障
　害です。発達障害と愛着障害とでは，その行動の問題にいたる原因がまず
　違っているのです。　　　　　　　　　　　　　　　（米澤，2019，p.16）

　他人と関わろうとしない，落ち着きがないといった子どもの状態を発達障害
と決めつけてしまわずに，その背景に愛着障害が（または愛着障害も）あるか
もしれないということを念頭に置いておくことが大切です。

（3）愛着障害を抱える子ども自身や友だちは何に困っているのか

　自分は愛されている，何かあったときに守ってもらえるという感覚がある
と，自分がこの世界に存在していてもよい，言い換えると，生きていてもよ
い，生きている世界は安心できるところだと思えます。わからないことや不安
なこと，恐怖をいだくことがあっても，自分の味方になってくれる人がいると
思えると，生まれたばかりで知らないことが溢れている世界でも生きていくこ
とができます。しかし，愛されている，守ってもらえるという感覚が不安定で
あれば，いつ，どうなるかわからないといった不安を抱え続け，生きているこ
と自体が不安になります。そのため，家庭や園で日々を過ごしていても，どこ
か不安定で，安心できない毎日を生きることになります。そのような背景があ
るため，友だちや先生と過度に距離を取ること，または過度に距離を近づける
ことが，生きていくための必死の術となっているにもかかわらず，そのことを
注意されたりすると，ますます生きにくくなってしまうでしょう。
　愛着障害を抱える子どもは，特定の大人（子どもよりも大人のほうが，自分
のペースに合わせてくれるし，安心感を得ることができるため）との関係性を
作ることに必死で，友だち（子ども）を気遣う余裕がないことも多いです。子
ども同士だけで遊んでいるときはうまく遊ぶことができても，先生などの大人
がいるときは，子どもと遊べず先生の気を引こうと必死になる場合もありま
す。また，愛着障害を抱える子どもは，家では我慢していることが多い分，園

では自分の思いどおりにしたい気持ちが強くなる子もいます。そのため，みんなのおもちゃを自分一人で使おうとしたり，友だちを自分の思いどおりに動かそうとしたりしてトラブルになりやすく，そのことで愛着障害を抱える子どもも周囲の友だちも困り感をいだくかもしれません。

　愛着障害を抱える子どものこのような一面だけを見ると，友だちのことやその場面のことを考えられない子どものように見られてしまうかもしれません。愛着障害を抱える子どもは，そのように思われて先生に怒られたり注意をされたりすることで，愛されている感覚や守ってもらえる感覚を得られないどころか，自分が拒否されているという感覚をいだき，ますます生きることが不安になるかもしれません。また，大人から愛されることに必死で，友だち関係を気にする余裕もないかもしれませんが，やはり友だち関係がうまくいかずに困り感をいだくことはあると思われます。

（4）愛着障害を抱える子どもの保護者は何に困っているのか

　直接的な愛着障害である虐待をしている保護者も，虐待をしたくてしているわけではなく，虐待の背景に家族関係や貧困などのさまざまな問題を抱えていることが多いです（第2章を参照）。その場合は，子どもの愛着障害そのものというより，その根っこにある虐待をしてしまう現状や背景に苦しんでいる可能性があります。

　虐待をしているわけではなく，子どもと保護者で過ごす時間や質の変化で子どもが間接的な愛着障害となっている場合は，子どもがおとなしすぎる，落ち着きがないといった二次的な子どもの態度に保護者は困っている可能性があります。そのような場合は，保護者は愛着の形成が不安定であるといった視点があまりないときもあります。

　また，愛着の視点がない場合は特にですが，子どもがおとなしいときと落ち着きのないとき，距離を取っているときと甘えてくるときの態度や気分のギャップや波の大きさについていくことができずに，対応に困ることもあるかもしれません。さらに，家庭ではおとなしいのに（保護者に見捨てられないように，良い子を演じている場合もあります），園では友だちとの激しいトラブルがあるなど，家庭と園とのギャップを理解することができずに，とまどうことがあるかもしれません。

（5）愛着障害を抱える子どもの先生は何に困っているのか

　過度に先生や友だちと距離をとる，過度に甘えてきて落ち着きがないといった子どもの態度や行動の背景に愛着障害があるかもしれないと気づいていない場合は，子どもの態度や行動そのものへの対応に困ることがあると思われます。友だちと距離をとることに対して，先生がほかの友だちとの間を橋渡しする，落ち着きのなさに対して時間や予定などの見通しを伝えるといった対応をしても，背景に愛着の問題があるので，効果があまり出ず，さらに困り感をいだく場合もあるかもしれません。

　一方で，子どもの態度や行動の背景に愛着障害があるかもしれないと気づいている場合はどうでしょうか。もし，保育する子どもがその子ども一人であれば，充分に甘えさせてあげることもできますし，その子どものペースやタイミングに合わせて声をかけることもできます。そうすることで，子どもは愛されている感覚や守ってもらえる（自分のことを気にかけてくれる）感覚を持てるようになるかもしれません。しかし，それがわかっていても，集団保育のなかで，設定保育を進めなければならない状況では，甘えさせてあげられなかったり，その子どものペースやタイミングに合わせてあげたりすることが難しいことも多いでしょう。このように，「その子どものためにはこうしたほうがいい」ということはわかっているのにできないといったもどかしさをいだくことがあると思われます。

　また，子どもの態度や行動，さらにはお迎えのときに子どもと保護者が一緒にいるときの様子を見て，愛着障害があるのではないかとの思いを強めても，それを保護者にどのように伝えればよいのか悩むことがあるでしょう。

（6）愛着障害を抱える子どもへの関わり・対応
① 距離が遠い子どもへの関わり

　愛着障害を抱える子どもは，過度に他人と距離を取ろうとすることがあります。その場合は，先生が話しかけたり遊びに誘ったり，友だちとの橋渡しをしようとすることはよいですが，良かれと思って，その子どものペースやタイミングを無視してしまうことのないように注意しましょう。その子どもが，みんながいるところから少し離れたところで立っているなら，「暑いね」のように

軽く話しかけて，その子どもの隣にそっといてみてあげてください。その子どもが砂をいじっているなら，無理に先生が何かを作ったりさせようとしたりせずに，その子に合わせて一緒に砂をいじってみてあげてください。そのような時間を過ごせることで，先生は安心できる存在である，自分のことを守ってく

図1-18

れる存在であると思えるようになっていきます（図1-18）。そう思えると，少しずつ表情が柔らかくなったり言葉数が増えていったりして，一緒にいられる人も先生から友だちへと広がっていきます（以下は，「第2章第1節（7）虐待をしている保護者の子どもへの支援」と重複するところがあります）。

② 距離が近い子どもへの関わり

　また，ここまで述べたタイプとは違って，愛着障害を抱える子どものなかには，先生に過度に甘えてくる，身体接触を過剰に求めてくる子どももいます。ここでいう身体接触とは，足に抱きついてきたり，背中に飛び乗ってきたり，ひざの上に座ってきたり，髪の毛を触ってきたりすることなどです。「おんぶはダメ」「年中さんなんだからダメ」のように，何も考えずに甘えさせないのは子どものためになりません。かといって，どのような状況でも甘えさせてよいのかといえば，そういうわけではありません。甘えさせるにしても，目的や意図，目標を考えて，それらも状況が変われば柔軟に変更する意識を持つことが大切です。たとえば，愛着障害を抱えていると思われる子どもが，保護者との愛着が不安定な状況にあるので，大人（他者）への信頼を形成できるようにするためにも，とりあえずは1週間，子どもの身体接触の要求に応えてみて，どのように変化するかを見てみようと考えることがありうるでしょう。そして，身体接触以外の方法で「先生はあなたのことを見ているよ」「先生はあなたのことが好きだよ」といったメッセージを伝えるようにしてみます。その方法で身体接触を求める頻度が下がっていけばよいし，不安になって，身体接触を求める頻度が増えたら，もうしばらく身体接触で甘えさせてあげる時期を伸

ばすという対応も考えられます。ここに記載したのはあくまで一例ですが，このように目的や意図，目標をできるだけ具体的に考えます。そうすることで，無意味に甘えさせることが減り，先生も見通しを持てることで自信を持って関わることができます。

③ 子どもに関わる先生自身にとって大切なこと

　ここで，一つ大事なことをお伝えしておきます。筆者は，子どものために先生は何でも我慢しなければならないとは思っていません。先生も子どもと同じように大事な存在です。そのため，身体接触を不快に感じた場合は，それを無理して我慢せずに断ることがあってもよいのです。不快に感じる身体接触とは，たとえば，飛び乗られると腰が痛い（腰痛が悪化する），服の中に手を入れられて気持ち悪いといったことが挙げられます。その場合は，「それは嫌だからやめて」と伝える代わりに，「このやり方だったらいいよ」と伝えてあげることが大切です。いきなり飛び乗られるのは嫌だけど，「おんぶして」と言ってくれたら準備もできるし大丈夫なのであれば，それを伝えてあげてください。服の中に手を入れられるのは嫌だけど，手をつないだり指をムニムニ触られるのは大丈夫なのであれば，それを伝えてあげてください。「あなたを見放したわけではなく，その方法が嫌なだけだから，代わりの方法だったらいいんだよ」といったメッセージが伝わることが大切です。愛着障害を抱える子どもは，甘えることが上手ではない子どもが多いです。ゆえに，甘え方を教えてあげて，うまく甘えられるようにしてあげることも，子どもの支援として重要な点になります。

④ 自己肯定感の持ちづらさを意識して関わる

　補足として，愛着障害を抱える子どもは，愛されている感覚や守ってもらえる感覚が不安定であるため，生きていることに安心できず，それが結果として自己肯定感の低さにつながっていることがあります。つまり，保護者から認めてもらえると思ったのに認めてもらえない，愛されている感覚がな

図1-19

い，生きていてもいいと思えないことによって，自分がすることやうまくできたことにも自信を持つことができず，自分を認めることもできません。そのため，できていることを褒めるだけではなく，何かをしている過程で声をかけて，「あなたに関心を持っているんだよ」「100％できなくても認めているよ」ということを伝え続けてあげてください。また，たとえば太陽を青色で描いたときに，「青色もいいね」のように声をかけます。模範解答とされている赤色や黄色で描けたときだけ「上手だね」と言うのではなく，その子どもが自分で考えたことを認めてあげるような声かけを意識できるとよいでしょう（図1-19）。

（7）愛着障害を抱える子どもの保護者への関わり・対応
① まずは保護者の困っている子どもの行動について話し合う

　先述したように，保護者は，自分の子どもが愛着に問題があるとは気づかないことが多く，おとなしすぎることや落ち着きがないこと，態度や気分の波が激しいことに困っていることが多いものです。そのため，まずはそうした子どもの状態への対応を伝えてみます。それに取り組んでもらうこと自体が，子どもとうまく関われることにつながり，愛着の安定につながっていきます。

　おとなしすぎることについては，子どもが保護者のことを気にして，自分の言いたいことやしたいことを言えていないのかもしれません。その場合，保護者が選択肢を出して子どもに選んでもらうようにします。ここで「お家で食べる？　お外に食べに行く？」と保護者が聞いたにも関わらず，いざ子どもが「食べに行く」と言うと「昨日も外で食べたのに」と保護者が言ったりして，結局子どもが「家で食べる」ことを選ばざるをえなくなる聞き方になってしまうこともあります。このように子どもを特定の答えに誘導するのではなく，本当にどちらを選んでも大丈夫なように聞いてもらうことをお伝えすることもよいでしょう。落ち着きのなさについては，見通しを伝えることや，子どもが落ち着いている間に声をかけるなどの関わりをしてもらうことができます。どちらの対応も，これまでよりも子どもを見る必要がありますし，子どもに合わせて関わる必要があります。そのこと自体が，愛着を安定させるうえで大切な要素となります。子どもの落ち着きのなさを軽減するにあたって，保護者が子どもと関わろうとしたり子どもに合わせてみようといった意欲を高めたりするこ

とが，見通しなどの具体的な対応と同じくらい，もしくはそれ以上に効果的な場合もあります。

② 保護者への提案は家族の生活を踏まえて具体的にできるとよい

多くの保護者は，自分の子どもが愛着障害を抱えているかもしれないことに気づいていないため，先生が保護者に愛着に関してお伝えすることは難しいと思われます。そのため，保護者の困り感に合わせて，子どもとうまく関われるように一緒に考えたり助言をしたりすることで，結果として愛着にもアプローチするほうがやりやすいでしょう。

また，食事（何時ごろに誰とどのような席の位置で食べているのかなど）やお風呂（何時ごろに誰とどのような方法で入っているのかなど），睡眠（何時ごろに誰とどのような位置で寝ているのかなど）といった家庭での生活の様子，平日の夜や休日の遊びの様子や家族関係など，生活場面や家族関係のことを日ごろから少しずつでも聞いていきます。生活の具体的な場面を想像できた状態であれば，効果的な助言をすることもできます。

たとえば，愛着障害を抱えている子どもが5歳のお姉ちゃんで，下に1歳の妹がいるとします。お風呂は，お母さんとお姉ちゃんと妹が一緒に入っていて，お母さんとお姉ちゃんが話す時間や触れ合う時間がほとんどないのかもしれません。その場合，週に何度かはお父さんとお姉ちゃんが二人で入る，お父さんが妹をお風呂に入れて，お母さんがお姉ちゃんと二人でゆっくりお風呂に入る，お母さんには手間かもしれませんが，妹とお母さんが先に入り，妹は先にあがってお父さんに見てもらい，お母さんとお姉ちゃんが二人でお風呂に入るなどの提案をすることができます。「お姉ちゃんとの時間を増やしてください」といった杓子定規な助言とは，比べ物にならないほど効果的になる可能性があることがわかると思います。このような点を意識して，保護者を支えて，一緒に子どもの愛着を安定させていくことが望まれます。

（8）愛着障害を抱える子どもに関するまとめ

ここまで，愛着障害を抱える子どもや保護者への関わりなどをみてきました。筆者の印象ではありますが，社会の利便化やスマホの普及などによって，子どもと保護者が過ごす時間や質が変化したことにより，程度の差はありますが，愛着障害を抱える子どもたちが増えているように感じます。それと同時

に，子どもや保護者への関わりなど，先生方が担う役割も大きいものになっているでしょう。このような，虐待やネグレクトによるものではない，"間接的な愛着障害"の場合は特にですが，多くの保護者は，自分の子どもが愛着障害を抱えているとは気づいていない（気づくことができない）と思われます。保護者も故意に関わる時間を短くしたり関わる質を低下させたりしているわけではないため，保護者を責めるだけでは愛着の問題は解決しません。

　そのため先生方には，子どもに対しては，問題行動の背景に愛着障害があるかもしれないという意識を持って関わっていただくこと，保護者に対しては，愛着障害を前面に出して伝えるよりも，保護者が抱えている子どもの悩みを糸口にして寄り添い，結果として，子どもと保護者との愛着が安定するように橋渡しをすることが望まれます。

　発達の遅れや発達障害だけではなく，愛着障害の視点も持ちながら子どもや保護者と関わるのは，多くの知識や技術，心配りが必要となります。そのため，本書で何度もお伝えしていますが，先生が一人で抱えるのではなく，先生同士で支え合いながら，子どもと保護者を支えていきましょう。

第6節　吃音・緘黙を抱える子ども

（1）吃音・緘黙の概要

　言葉の発達は，子どもの成長を実感できることでもあり，意思疎通を図るために欠かせないことでもあり，非常に重要なものであることは言うまでもないことかと思います。吃音や緘黙というのは，その表現は一人ひとり違いますが，この重要な言葉の発達がうまくいっていないのではないかと，子ども自身も保護者や先生方も不安になるものだと思います。そこで，まずはDSM-5（日本精神神経学会，2014）で診断の定義を確認したうえで，どのような特徴があるのかを確認していきます。

① 吃音

　DSM-5においては小児期発症流暢症ともいわれており，年齢に不適切な，会話の正常な流暢性と時間的構成の障害とされています。具体的には，音の繰り返し（連発ともいう，例：「か，か，か，からす」「おかおかおかおかあさん」），音の引き延ばし（伸発ともいう，例：「ぼーーーくはね」），話したい言

葉が頭に浮かんでいるようなのに言葉詰まってしまうブロック（阻止，難発と
もいう，例：「……っちから）が特徴として挙げられます（森，2021）。また，
なんとか声を出そうとして顔面や身体に力を入れて，手足を振り下ろしたり目
を硬くつぶったりすることがあります（随伴運動）。一方で，吃音ではない子
どもでも非流暢な発話は見られ，語句のまとまりの繰り返し（例：「おかあさ
ん，おかあさん，おかあさんがね」），文脈から外れた意味上不要な語音や語句
の挿入（例：「えーと，えーと」「あのー」「まあー」），語や文を言い間違えて
言い直したり途中でやめてしまったりする言い直し（例：「くるまが，くるま
でいった」）があります（森，2021）。吃音が最も出やすいのは2〜3歳であ
り，幼児期には100人のうち5〜10人が吃音になるとされ，幼児期の吃音の95％
は4歳までに治るとされています（酒井，2021）。

② 緘黙

先述のDSM-5においては選択性緘黙といわれていますが，近年は場面緘
黙の名称のほうが適切であるとされています（日本不安症学会，2018）。その
特徴としては，診断基準に「ほかの状況で話しているにもかかわらず，話すこ
とが期待されている特定の社会的状況（例：園や学校）において，話すことが
一貫してできない」とされているとおり，他者に話しかけられても話し始めた
り応答したりしない，社会的交流において発話しないなどがあります。緘黙は
通常5歳未満で見られ，近年の調査においては，発症率は0.21％と報告されて
いるものもあります（かんもくネット，2022；梶・藤田，2019）。

吃音と緘黙はどちらも言葉を発することに関連するものであり，共通して強
調するべき点としては，どちらも育て方だけが原因ではないことです。吃音，
緘黙のどちらにおいても，環境要因の一つとして育て方の影響は考えられます
が，育て方に限らずある特定の原因によって引き起こされるものではなく，発
達段階の一つの過程であるという説もあり，育て方のみを原因とする根強い誤
解が解消されることが望まれます。

以上のような特徴が考えられる吃音と緘黙ですが，以下で具体的にどのよう
に表現されるものであるかを確認していきます。

ケース1-5に示すのは，保育園や幼稚園の生活で出会うことのある吃音・
緘黙を抱えた子どもの特徴をもとに作成した架空のケースです。

ケース1-5　吃音・緘黙を抱えた子ども
年長（6歳），女児E。

【外見的特徴】
身体は小さく，表情はあまり変わらないことが多い。
【家族について】
　母，父，Eと妹（3歳）の4人家族。母，父ともに明るくサバサバしている。両親ともに働いているが，園には協力的。家では，Eと普通に話しており，両親からすると，Eはうるさいぐらいである。
【全体指示のときの様子】
　基本的に集中して聞けている。わからないことがあると，聞くことはできないが，周りを見て行動することはできる。
【人との関わり】
　園では，先生が近くにいるときや先生と関わるときは無表情で言葉を発しない。友達同士で遊んでいるときには，笑顔になるときもあり，何か声を出しているように見えるときもある。
【遊びの様子】
　外で走り回って遊ぶこともあるし，部屋でお絵描きをして遊ぶこともある。特に，これが好き，これが嫌いといったものがあまりわからない。
【朝の会や日直での様子】
　クラスのみんなで円形になった状態で名前を呼ばれたときに返事をすることはできない。また，日直で給食の歌をみんなの前で歌うときには，表情は変わらず歌うことができない。誰かと一緒であれば，みんなの前に出ることはできる。

（2）吃音・緘黙の特徴は具体的にどのように表れているか

　吃音と緘黙はどちらも言葉に関わるものであり，共通することとしてはほかの子どもとのコミュニケーションを取る社会的な場面に表れやすいことが考え

られます。

① 吃音の表れ方

　吃音が出始めた最初のころは，発話をするときに常に出ているというわけではないと思われます。本節（1）①で記載した音の繰り返しや引き延ばし，話したい言葉が頭に浮かんでいるようなのに言葉に詰まってしまうことに気づきやすい場面の一つとしては，緊張する場面が考えられます。たとえば，クラスで一人ずつ発表する場面において，クラス全員が順番に発表していく際に，自分の番になって話し始めると「き，き，き，き，きのうね……」と音の繰り返しが出るようなことです（図1-20）。これとは少し異なる状況として，このような音の繰り返しは，これまでにも友だちや先生との1対1または少人数でやり取りするなかでも見られていたかもしれません。そのような場合には，本人は無自覚であったり，あまり気にしていなかったりすると思われます。しかし先述したクラスで一人ずつ発表する場面のような，自分の話し方を意識せざるをえないような状況のときに，自分の話し方を意識してしまうために，自分の吃音をはっきりと自覚するようになります。吃音の初期には気にせず普通に話せていた1対1や少人数でのやりとりなど緊張の少ない場面においても，自分の話し方を意識するようになったことで不安が高くなり，吃音の程度が強くなることが考えられます。

図1-20

② 緘黙の表れ方

　もしかすると，緘黙だと感じる症状が出始めるより幼いころ，保護者と離れる際に一切離れようとしなかったり，極端に引っ込み思案だったりすることがあったかもしれません。緘黙と気づく前にはこのように非常に不安になりやすい子だと考えられていることが多いようです。また，子どもによって話すことができる場面とできない場面は多種多様です。たとえば，家族の前では大きな声で年齢相応に話すことができるものの，園では特定の友だち

と小さな声でしか話さず，それ以外の場面ではまったくしゃべらないというような姿を示す子もいれば，園では誰とも話さないけれど，絵本を読むことはできるといった姿を示す子もいます。このように，緘黙の子であればこのような特徴がある，ということを明確に表すことは難しいですが，ある特定の場面において話せなくなる，ということが共通しています。先に挙げた例でいえば，特定の友だちと小さな声で話す以外の場面では話せないといえるでしょう。なかには園の生活場面全般で話せないという子もいるでしょう。

　ここまで述べてきたように，吃音であっても緘黙であっても，社会的な場面において，言語に関する特徴的な姿があると想定できます。

（3）吃音・緘黙を抱える子ども自身や友だちは何に困っているのか

　本節（2）のような姿が見られたとき，その当事者の子ども，周囲の友だちは何に困るのか，それぞれみていきましょう。

① 吃音を抱える子どもの困り感

　先述のように，当初は本人が自分の吃音に気づいていなかったとしても，クラスの前で音の繰り返しのような，吃音に特徴的な発話が見られることをきっかけに，本人も吃音を意識せざるをえなくなることが考えられます。そのような場合，発話がうまくできないことや，正しく言えるかどうか不安になったりすることに困り感を持つと考えられます。また，このような自分の状況について，子ども自身はどのように解決すればよいかわからず，話すことそのものに不安や恐怖を感じるようになることも考えられます。さらにこのような状況が長く続いた場合には，成長とともに吃音が固定化されるケースもあり，より一層発話に対する不安や恐怖が増していくと考えられます。

② 吃音を抱える子どもの友だちの困り感

　普段一緒に過ごしている友だちに生じる可能性のある困り感を考えていきます。吃音がある子と関わっていても，特に症状の出初めのころは常に出ているわけではないことが多く，リラックスした場面では，症状が出たとしてもやり取りに支障が出るほどの吃音ではないことも多いです。そのような関係のなかで，本人が話しているときに吃音が出た際，「なんて言おうとしたん？」「なんて言ったんか教えて」のように，友だちが聞いてしまうことがありうるでしょ

う。友だちからすれば，吃音の子に対する優しさから出た悪気のない言葉であったとしても，吃音の子からすれば，そのときの場面を思い出して緊張してしまい，その友だちとのやりとりでは吃音が出るようになってしまうことがありえます。そうなると，一生懸命聞こうとしてもうまく聞き取れないことがあり，友だちとしては困ることがあるかもしれません。

③ 緘黙を抱える子どもの困り感

次に，緘黙の子どもについてです。特定の場面以外で話せない緘黙の子は，本節（2）でも触れたように非常に不安になりやすい面があり，このことが困り感になっていることも多いと考えられます。また，話そうと思ってもどうしても声が出せない状態こそが緘黙ですが，周りから見たときには，その状態がわざと話さないようにしている，あるいは，反抗しているように見えることがあるかもしれません。そのように思われてしまうと，どうしても声が出せない緘黙の子にとってみれば，自分のことをちゃんと理解してくれていないと感じて，さらに不安や緊張が高くなるでしょう。そのことによって，困り感や孤独感を強めてしまうことがあるかもしれません。

④ 緘黙を抱える子どもの友だちの困り感

吃音の子どもの友だちと同様，友だちは本人に対して純粋に疑問に思ったことを聞くことが想定できます。それはたとえば，「なんで話してくれへんの？」「○○って言ってみてよ，さっき絵本読んでたやん」のような言葉になるかもしれません。これらの言葉は，話したくても話せない緘黙の子どもにしてみれば，話すようにプレッシャーをかけられていると感じても不思議ではありませんし，そのようなプレッシャーを感じた場合には，緘黙の子の不安になりやすい特性が相まってさらに不安になり，本人が話せる対象でなかった友だちの前ではさらにしゃべらなくなる，というかたちで悪循環に入っていくこともありうるでしょう。

ここまで見たように，吃音，緘黙を抱える子どもそれぞれの困り感も考えられますが，その子に関わる友だちについても，どのように本人に関わればよいのかわからず，悪気なく相手にとってつらい言葉を言ってしまうことで本人との関係が難しくなって困る可能性があるといえるでしょう。

（4）吃音・緘黙を抱える子どもの保護者は何に困っているのか

　本節（2）のような子どもの様子が表れた場合に，保護者は何に困るかについて，吃音，緘黙それぞれについて確認します。共通するのは，園と家の姿のギャップであると考えられます。

① 吃音を抱える子どもの保護者の困り感

　吃音の子どもの保護者の場合には，子どもの症状が出始めた最初のころは，あまり意識することがないかもしれませんが，その状態が続いたり，程度が強くなったりすると，気になることが増えてくると思われます。また，家では普通に話すことができる場合，担任の先生から園で発表するときに吃音があったと聞いた際には，家と園での様子の違いに驚くことがあるかもしれません。さらに，ほかの子が出ていないのになぜ自分の子だけに症状が出ているのかなど，ほかの子どもとの比較のなかで不安が生じてくる可能性も考えられます。また，自分の関わりが吃音に影響したのではないかと考えてどのように子どもに関わっていけばよいかわからなくなり，対応に困ることもありうるでしょう。

② 緘黙を抱える子どもの保護者の困り感

　緘黙の子どもの保護者の場合には，家庭で子どもが話をしている姿と，園の先生方から聞く，話そうとしない子どもの姿とがあまりに異なるため，子どもがどういう状態にあるかを理解しづらいことで困ると考えられます。たとえば，家では「○○ちゃんとお話しできて今日も楽しかった」「先生のお話聞くの好き」のように，園に対する楽しい気持ちを話していたとしても，園の先生方から聞く様子は「お友だちと過ごすときはほとんど○○ちゃんに話していて，ひそひそ声で話していました」「こちらからの問いかけにうつむいたままで何も話そうとしませんでした」のような，園で楽しく過ごしているとは思えないような内容で，大きなギャップを感じられるかもしれません。また，絵本を読んだり歌を歌ったりする場面ではほかの子と変わらず過ごしていても，友だちと話す場面になると発話しなくなる，というような特定の場面で話すことに苦手さを示す子どもの姿に戸惑うことがある可能性もあります。このように，子どもの状態をつかみ取ることの難しさに困ることがあると思われます。

（5）吃音・緘黙を抱える子どもの先生は何に困っているのか

　本節（2）のような子どもの姿が現れたとき，先生が困ると思われることについて，吃音，緘黙についてそれぞれでみていきます。

① 吃音を抱える子どもがいるクラスの先生の困り感

　吃音の子がいるクラスの先生が困ることの例として，吃音の子どもとクラスの友だちとのやり取りが挙げられると思います。自分たちとは違う話し方をする相手に対して，「どうしてそうやって言うの？」と友だちが悪気なく聞いたり，まねをしようとしたりすることがありえます。友だちは，ほかの子たちとは違う話し方に対する純粋な疑問を持ったために質問をしたり，普段の関係性から親しみを持った関わりとしてまねをしたりしたのかもしれませんが，そのように聞かれたりまねをされたりしてしまった結果，吃音の子どもは話すことをより意識することになり，さらに話しにくくなったり吃音の症状が強くなったりする，という悪循環に入ることが想定できます。したがって，吃音のある子どもが過ごしにくくならないように，吃音に対する配慮が求められます。ただその一方で，先に述べたクラスの子どもたちの反応も自然なものであると思われ，純粋な疑問や普段の関係性を無視して，クラスの子どもに対して強く注意することは難しいように思います。このように，吃音の子どもだけでなく，吃音に対してさまざまな考えや思いを持つクラスの子どもへの配慮をも求められるという複雑な状況に困り感を持ちやすいのではないでしょうか。

② 緘黙を抱える子どもがいるクラスの先生の困り感

　緘黙の子どもがいるクラスの先生の困り感の一つとして，意思確認のしづらさが挙げられると思われます。例として，友だちとは話すことができるけれども先生とは話せない状態の緘黙の子どもを考えていきます。クラスの子ども一人ひとりに意見を聞きながらクラスでの活動を進めようとした際，先生からクラス全体に問いかける前は，緘黙の子どももほかの子どもたちと同様に話しています。ところが，先生からクラス全体に問いかけて一人ずつ話を聞いていく場面になった際に，緘黙の子どもの意見を聞こうとしても緘黙の子どもは話すことができず，クラスみんなの意見を聞きながら活動を進めようと思っていたことがうまく進まなくなることが想定できます。また，このような様子が気になって，あとから個別に声をかけても緘黙の子どもは話すことができません。

しかし，その後友だちのところに戻っていくと，普通に楽しそうに話していま
す。このような状況は，先生からすると，緘黙の子どもがわざと話さないよう
にしている，反抗的にしていると見えるかもしれませんし，友だちだけに話し
ている様子が気になるかもしれません。ここまででも述べてきましたが，緘黙
の子どもが示す行動の特徴はさまざまであり，先生が緘黙に関する知識を充分
持っていない場合には，先生にだけは話さない不思議な子ども，わがままな子
のように誤って緘黙の子どもを捉えてしまい，このことが困り感につながるこ
とが想定できます。

　このように，吃音，緘黙どちらについても，その症状を持つ子どもに配慮を
しながらクラス全体をどのように運営していくかが，先生の困り感の一つとし
て挙げられると思います。

（6）吃音・緘黙を抱える子どもへの関わり・対応

　本節（3）のような子どもの困り感や，本節（5）のような先生の困り感に
対して，どのように関わっていくかについて，吃音と緘黙それぞれについて述
べていきます。

① 吃音を抱える子どもへの個別的な関わり

　主な方針としては，「できるだけなめらかに話せる場面を増やし，吃音の話
し方が定着しづらくする」ことであり，具体的な関わりは以下のとおりになり
ます。

　　1．周りの大人がゆっくり（ゆったり）話す
　　2．周りの大人が簡単な文，ことばで話す
　　3．目の前（現在）のことについて話す
　　4．質問を減らす
　　5．子どもの気持ちが落ち着いている状態で話す
　　6．話し方のアドバイスはしない
　　7．言い直しを要求しない　　　　　　　　　　　　　　（酒井，2021）

　上に示した具体的な関わりについて，資料（酒井，2021）に記載されている
内容を含めながら確認していきます。最初に主な方針に関わる子どもへの関わ

り方の留意点として 6. と 7. を見ていきます。なめらかに話せる場面を増やすといっても，子どもはそのようなコントロールができないために吃音で困っていると考えられます。したがって，「ゆっくり話してね」「落ち着いて」「深呼吸して」と子ども自身に話し方のアドバイスを伝えても，うまくいかないことが多いです（上記 6.）。ではどのように話し方をコントロールする方法を身につけていくかというと，子どもの学習方法の一つである，大人の行動を見てまねることを利用していきます。具体的な関わり方は後ほど 1. ～ 5. に触れる際にまとめて確認していきます。話し方のアドバイスをしないことに加えて，話すこと自体が苦痛にならないように，言い直しを要求しない（上記 7.）ことも大切です。言い直しをさせられることは大人にとっても好ましく感じられるものではないため実感しやすいかと思いますし，言い直しを要求されたことで自分がダメな話し方をしてしまったのかもしれないと思ってしまうこともあります。できるだけなめらかに話せる場面を増やすためには，子どもが自分から話したい，話すと自分にとって楽しいことがあるという積極的な気持ちを引き出すことが大切になります。これらが吃音の子どもへ個別に関わる際の留意点です。

　次に個別に子どもへ関わる際の行動の例として 1. ～ 5. をみていきます。これらは，どの行動を取っても，「吃音の話し方を定着しづらくする」ということにつながると考えられます。子どもの成長には，大人の行動を見て学習し，その行動の模倣を通して学ぶ側面があります。したがって，大人から子どもへの言葉かけとして，ゆったりと（上記 1.），簡単にわかりやすく（上記 2.），話しやすい現在のことを話す（上記 3.）ことで，子どもが大人の行動をまねて，なめらかに話せるようになることが期待できます。また，大人から質問したり話題を振ったりすることで緊張が生じることもあるため，こちらからの質問を減らして（上記 4.）子どもの話したいことに沿って会話することや，落ち着ける状態で話すこと（上記 5.）によって，吃音自体が減少して，吃音の話し方を定着しづらくすることが有効な関わり方と考えられます。

② 吃音を抱える子どもがいるクラスへの関わり

　やはり方針としては，本節（6）①で述べた主な方針である「できるだけなめらかに話せる場面を増やし，吃音の話し方を定着しづらくする」に沿うことになります。例として本節（5）①で挙げたような，クラスの友だちからの質

間への対応を確認していきます。まず，吃音に対して質問が出た際には，吃音の子どもも安心できるように，しっかりと向き合うことが大切です。「どうしてそうやって言うの？」と悪気なく聞いたり，まねをしようとしたりすることに対しては，「わざとじゃないから笑ったりまねしたりしないでね」「ときどき，あああってなることもあるけど，話し方の癖だから，お話をしっかり聞こうね」のように，どのように関わればよいかをクラスの友だちに伝えることが必要になるでしょう。また，吃音の子どもが話した内容を先生が聞き取れない場合もあるかもしれません。そのようなときは，個別的な関わりでみたようなことを心がけながら，「誰と？」「いつ？」「どこで？」などのように，本人が短い言葉で返せるように工夫して質問することで話せることもありますし，確認することが難しい場合には，無理に全部を聞き取ろうとせずに，聞き取れた部分だけを繰り返して，「お話ししてくれたことが嬉しいよ」と伝え，本人が話そうとしたことを認めていくことが求められます。ここまでみてきたように，個別的にも集団的にも「できるだけなめらかに話せる場面を増やし，吃音の話し方が定着しづらくする」ことを主な方針として意識しながら関わっていくことがよいでしょう。

③ 緘黙を抱える子どもへの個別的な関わり

　主な方針の一つは，「目標は話すことではなく，不安を減らすこと，自信をつけること，人と楽しい交流体験を持つこと」になるでしょう。以下では，資料（かんもくネット，2006，2018）の内容を含めて確認していきます。具体的な関わりとしては，発話を強要せずにうなずきや指差し，交換ノートや筆談など，話すこと以外のコミュニケーションを認めて関わることが考えられます。緘黙の症状があり話せない状態であったとしても，本人は仲間に入りたい，関わりたいという気持ちは持っています。その気持ちを大切にして，本人が取れるコミュニケーションの手段を尊重してあげることは，関わるときの手立ての一つになると思われます。

④ 緘黙を抱える子どもがいるクラスへの関わり

　本節（3）で示した「なんで話してくれへんの？」「○○って言ってみてよ，さっき絵本読んでたやん」のような，クラスの友だちによる悪気のない純粋な疑問が出た場面を例として考えていくと，緘黙について理解してもらうために，「お家ではとても上手にお話しできているけど，慣れるのにもう少し時

図1-21　話してもらうことよりも意識すべきこと

間がいるんだよ」「みんなも慣れるのに時間がかかることはあるよね？」のように伝えていくことが考えられます。またほかにも，名前を呼んで返事ができないなど，園生活で求められる行動ができない場合には，言葉以外の方法，たとえばにこにこ顔で先生を見る，うなずく，手を挙げるなどで，返事をすることを認めることも大切になるでしょう。

　緘黙の子どもへの個別的な関わり，緘黙の子どもがいるクラスへの関わりについて，それぞれ述べてきましたが，改めて強調しておきたい点があります。それは，主な方針の「目標は話すことではない」にも関わることになりますが，周囲が緘黙の子どもに発話を期待しないことが大切になるということです。本節（２）で少し触れましたが，緘黙の子どもの抱えるしんどさの一つに極度に強い不安があることが指摘されています。したがって，話すように促す，物でつる，話さないことを責める，本人を他の子どもたちに注目させるなど，話すことを期待して本人を追い詰めるような支援は望ましくありません。

主な方針のなかにある「不安を減らすこと，自信をつけること，人と楽しい交流体験を持つこと」が重要になることを改めて強調したいと思います（図1-21）。

　以上のように，吃音，緘黙それぞれにおける個別的，集団的関わりを確認してきました。どの関わりにおいても，子どもが話しやすい環境を整えるということは共通していることであり，積極的に支援していくことが求められます。

（7）吃音・緘黙を抱える子どもの保護者への関わり・対応

　吃音，緘黙のどちらにしても，コミュニケーションを取るうえで欠かせない言語面でのつまずきであり，保護者も相当心配し，そのことが子どもにも影響を及ぼすことが想定されます。したがって，保護者の持つ心配や不安を受け止めることが共通して必要になります。

　先生が保護者に子どもへの関わり方を伝える際は，本節（6）で確認してきたことと重複するため詳細は割愛しますが，吃音においては「できるだけなめらかに話せる場面を増やし，吃音の話し方が定着しづらくする」，緘黙においては「目標は話すことではなく，不安を減らすこと，自信をつけること，人と楽しい交流体験を持つこと」がそれぞれの主な方針になることを強調したいと思います。

　また，保護者への関わりにおける重要なことの一つとして，園と家庭それぞれが子どもの様子を共有して，園や先生，保護者が同じ方向を向いて支援していくことが挙げられます。そのためには，子どもがどのような様子で過ごしていたのか，個別，あるいは集団で行ったその日の関わりのなかでうまくいったことなどを，先生と保護者の間で積極的にやり取りをすることが望ましいと思われます。園だけでもなく，保護者だけでもなく，両者の支援があることによって，子どもに望ましい支援を展開しやすくなると考えられます。

（8）吃音・緘黙を抱える子どもに関する見通し

　ここまで子ども，保護者，先生それぞれの困り感の表れ方や対応について確認してきました。子どもへの対応を進めていくなかで，場合によっては，医療機関などの専門機関との連携が必要になります。吃音にしても緘黙にしても，

保護者と先生の間で子どもの姿を共有するなかで，一定期間気になる様子が続くようであれば，専門機関との連携が望ましいでしょう。資料によってその期間はさまざまですが，たとえば吃音では1年以上，もしくはその1年のうちに症状が悪化している（酒井，2021），緘黙では1カ月以上（かんもくネット，2006）とされているものもあります。いずれにしても，そのままにしておいて大丈夫であるとは考えずに，適切に支援をして，場合によっては専門機関と連携していくことが望まれます。

　また，子ども，保護者，先生それぞれに改めて強調したいことは，吃音，緘黙どちらにしても，症状の消失を焦らずに，じっくり取り組むことです。どちらも言葉の発達に関係し，日々のコミュニケーション場面で見られるものであるため，子どもも大人も焦ってしまい急いで対応しようとすることが考えられますが，身体の成長や大人を観察すること，子ども同士で遊ぶことによって，子どもは日々いろいろなことを感じ成長していきます。その時々で，子どもの状態がどのようなものであるか，専門家を交えて多角的に見立て，その子どもに合った適切な支援を進めていくことが目標になるでしょう。

第7節　外国にルーツを持つ子ども

（1）外国にルーツを持つ子どもの概要

　外国にルーツを持つ子どもや外国にルーツを持つ保護者というと，どのような子どもや保護者を思い浮かべるでしょうか？　本項目を述べるにあたっては，言葉の使い方も大事になってくるため，本題に入る前に，まずは用語を整理しておきたいと思います。さらに，日本にいる外国人（在留外国人）の現状についてもご紹介しておきたいと思います。

① 用語

　日本国籍を持たず，外国籍を持つ方を「外国人」といいます。本節内で後述しますが「外国にルーツを持つ子ども」のなかには，言葉や文化的背景の違いから，保育者による支援やていねいな関わりを必要とする子どもが存在しています。ここで，外国にルーツを持つ子どもとは，「外国人である子ども」をその内に含みつつも，それと完全に重なり合う概念ではないということに注意が必要です。よって幼稚園・保育園・認定こども園の子どもたちと関わるという

文脈において，単純に日本国籍の有無で子どもを区別して対応しようとすると，支援を必要とする子どもが取りこぼされる可能性があります。それは日本国籍を取得していても，主に使用する言葉や家庭様式が，外国のものであることがあるためです。こうした事情を踏まえ，支援を必要とする子どもをできる限り取りこぼさないように，本書では，田中（2022）の定義を援用しつつ，外国籍の子ども，日本国籍と外国籍の二重国籍の子ども，無国籍の子ども，外国出身の保護者と共に暮らす子どもを，「外国にルーツを持つ子ども」「外国にルーツを持つ保護者の子ども」と表現しています。また，外国出身の保護者のことを「外国にルーツを持つ保護者」と表現します。

　ひとくちに，外国にルーツを持つ子どもといっても，両親が外国人の場合もありますし，両親のどちらかが外国人の場合もあります。外国人といっても，日本語が流暢である場合もありますし，日本語をあまり使えない場合もあります。また，日本にどれほどの年月住んでいるか，一人ひとりの愛国心や性格などによっても，生活様式や文化にどれほど出身国の色が出るのかも異なるでしょう。

　日本のなかでも，出身地によって文化が異なります。同じ日本語でも方言という違いがあります。どのような宗教を信仰されているかも一人ひとり異なります。同じように，「外国にルーツを持つ子ども」や「外国にルーツを持つ保護者」とひとくくりにするのではなく，たとえば中国という出身国が同じであったとしても，一人ひとりの性格や考え方，文化や宗教，現在の家庭環境や生活様式に違いがあることを忘れてはいけません。

② 日本における外国人

　ここからは，出入国在留管理庁が公表している外国人のデータ（図1-22）を確認し，日本にはどのような外国人の方がいるのかをイメージしやすくしてみましょう。

　図1-22のように，新型コロナウイルスの感染拡大により，令和2（2020）年度から令和3（2021）年度にかけて日本にいる外国人の方は減少しましたが，令和4（2022）年度には再び増加に転じて過去最高を更新し，令和4年末時点で日本には，307万5,213人の外国人の方がおられ，日本の総人口の2.46％になります。また，どのような国の方がいるのでしょうか（図1-23）。

　2020年6月末時点では，アジア出身者の方が約85％を占めていました。その

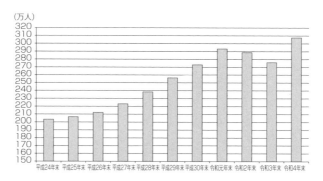

図1-22　在留外国人数の推移（総数）（出入国在留管理庁，2023）

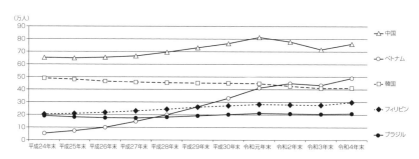

図1-23　在留外国人数の推移（国籍・地域別，上位5カ国）（出入国在留管理庁，2023）

なかでも，最も多いのが中国人の方々で，日本にいる外国人の約30％になります。また，外国人の約40％が東京都，愛知県，神奈川県，大阪府（外国人の方が多い順）に住んでおり，すべての都道府県に外国人の方が住んでいます。

　ケース1-6に示すのは，保育園や幼稚園の生活で出会うことのある外国にルーツを持つ子どもの特徴をもとに作成した架空のケースです。

ケース1-6　外国にルーツを持つ子ども
年少（4歳），男児 F。

【外見的特徴】
身長が高く，ぽっちゃりしている。

【家族について】

　母，F，妹の3人家族。父，母ともに中国人。家では中国語を使っている。母は日本語を聞き取ることはできるが，あまり話すことができない。両親は離婚しているが，週末に父と子どもが会っていたり，父も行事を見に来たりはする。

【言葉について】

　園では有意味語を発することはない。何か言っているようであるが，それが中国語なのか意味のある言葉なのかどうかはわからない。母の送迎の際には，母が中国語で話しかけて，返事をしている場面を見ることもある。

【全体指示のときの様子】

　先生のほうに身体を向けること，先生の顔を見ることは少なく，宙を見ていることが多い。急に立ち上がり，廊下に出ることもある。

【普段の活動の様子】

　教室を移動するときは，すぐに移動することができない。教室にあるお気に入りの動物のパズルで遊んでいることが多い。

【遊びの様子】

　園庭では，その場をぐるぐる回っているときもあれば，砂遊びをしているときもある。鬼ごっこをしている子どもたちを見て，追いかけることもある。

【友だちとの関わり】

　一緒に何か作ったり会話をしたりすることはないが，波長の合う友だちは一人いる。その子のことはよく見ているようで，その子がトイレに行くと部屋を出ようとすることもある。クラスの友だちが手をつないだりしても嫌がることはない。

【行事での様子】

　運動会では，朝から泣いていて，母から離れることが難しかった。先生に手を引かれながらではあるが，かけっこに参加することはできた。それ以外の時間は，砂で遊んでいたり，母の近くにいた。

【給食の様子】

　日によって，食べるときと食べないときがある。最初は食べられるものが少なかったが，徐々に食べられるものが増えてきている。

> 【運動面について】
> 　走ることや外で遊ぶことは好きな様子。ブロックの掴み方，組み立て方を見る限り，不器用さは感じられない。周りが見えておらず友だちとぶつかって泣かせてしまうときはある。

（2）園で出会う外国にルーツを持つ子どもと保護者

　園で出会う外国にルーツを持つ子どもの家庭には，一定の傾向がみられるようです。それは，地域によっても多少の違いはありますが，保護者のうち少なくとも一人は日本語が流暢である場合が多いということです。両親のどちらかは外国人でもどちらかが日本人であること，もしくは両親ともに外国人であっても，どちらかが日本に住んでいる期間が長く日本語を流暢に話せたりすることが多いようです。しかし，ときには両親ともに外国人で，両親ともに日本に住んでいる期間が短く，日本語も流暢ではない場合もあります。その場合は，子どもにとっての祖父母のどちらかが日本に長く住んでいたり日本語が流暢に話せたりすることもあります。一方で，日本人と結婚したものの離婚して，外国にルーツを持つ保護者が一人で子育てをしている場合もあります。

　このように，園で出会う外国にルーツを持つ子どもや保護者の家庭環境はさまざまでありつつも，全体的な傾向として多いのは両親のどちらかが日本に長く住まれていて，日本語をある程度理解でき，たどたどしいとしても話せるという家庭のようです。しかし，外国にルーツを持つ保護者が日本語を流暢に話せない場合，その方と結婚されたり交際されたりしている日本人や日本語を流暢に話せる外国にルーツを持つ方は，家庭では外国語を話すことが多いです。そのため，子どもが家庭で話す，聞く言葉は日本語ではなく，両親のどちらかもしくは両方の出身地の言葉となります。

（3）外国にルーツを持つ子どもは何に困っているのか

① 言葉の違い

　先述したように，両親のどちらかが日本語が流暢であっても，多くの場合，家庭で主に用いられる言葉は外国語です。そのため，当然のことながら日本語

の習得に遅れが生じてしまいます。同年齢のほかの子どもと比べて，先生の指示を理解できない，友だちとの会話についていけない，自分の言いたいことをうまく伝えられないといったことを経験する可能性が多いです。すると，Fのように，一人で遊んでいることや一見変わった行動をすることが多くなります。それが，一人で遊びたくて遊んでいるのか，本当は友だちと遊びたいと思っているけれども遊べないのか，一人でいたい気持ちもあるし友だちと遊びたい気持ちもあるのか，一人でいたくもないし友だちとも遊びたくない（園に来たくない）と思っているのか，これらの区別がなかなかつきませんし，子ども自身もこのような自分の気持ちも含めてわからないことだらけなのです。そんななかで，言葉を介さずともわかり合えるような友だちがいると安心感を持てます。それが一緒に走り回る友だちかもしれませんし，一緒に絵を描く友だちかもしれません。そのような友だちを見つけることができるかどうか（見つけようとするかどうか），それは子どもの特性や力を見極める点で重要なポイントです。

② 宗教・食習慣の違い

　また，外国にルーツを持つ保護者の出身地にもよるのですが，宗教によっては牛や豚を食べないこともありますし，国によっては日本と食べるものや味付けが似通っていない場合もあります。その場合は，Fのように，その日の給食によって食べられるものもあれば食べられないものもあるなど，給食でも不安が高くなる場合もあるでしょう。宗教による場合は，家庭からお弁当を持参することもありますが，ほかの子どもと違う食事は，それをどう思われるかを子ども自身が気にすることもあるかもしれませんし，そのような不安を言葉で表現することが難しいこともさらなる不安につながるでしょう。

③ 行事などによる生活の変化への対応の難しさ

　また，毎日の園生活は，先生の指示がわからなくてもなんとなく覚えていくことができ，徐々に安心して園生活を過ごせるようになっていきます。しかし，運動会や生活発表会，内科健診や遠足などの普段とは違った行事が入ってくると，日本人の子どもでも不安になる子もいることを考えると，日本語が理解しにくい外国にルーツを持つ子どもの不安もかなり高いものになることが想像できます。

（4）外国にルーツを持つ子どもの保護者は何に困っているのか

① 園からの連絡を理解するのが難しいことがある

　園の送迎などによく来る保護者が，あまり日本語を理解することができず，日本語が流暢ではない場合を考えてみましょう。もちろん先生も伝えたいことがうまく伝わらず困るのですが，先生からの口頭での連絡や報告，配布プリントの連絡内容を充分に理解できない保護者も当然のことながら困りますし不安も高くなります。保護者によっては，自分が理解できなくても，もう一人の保護者（その方のパートナー）が日本語を理解できるので，そこまで困り感を持たない方もいます。しかし，やはり自分が日本語を充分に理解できないこと，子どもの様子などを日本語で充分に伝えられないことで，毎日は困らなくても困るときが出てきます。

② 文化の違いにとまどうことがある

　また，日本に住んでいる期間が短い場合は，文化の違いにも苦労することがあるでしょう。もちろん国籍や出身地にかかわらず一人ひとりには個性があります。そのため，一概に「日本人は○○」「外国人（たとえば，中国人や韓国人）は○○」といったことはいえませんが，多少なりとも国によっての特色はあります。そのため，外国にルーツを持つ保護者からすると，日本の園は連絡が多すぎると感じているかもしれませんし，持ち物の管理などが細かいと感じているかもしれません。また，保育運営に関しても，もっと自由に遊ばせたらいいのにと思っているかもしれません。さらに，送迎の時間やバスの時間，一日のスケジュールなど，時間に関する感覚が日本の園は融通が利かなさすぎると思っているかもしれません。保護者も自分のことであれば，文化の違いはそこまで気にならなかったり向き合わなくて済んだりするかもしれませんが，子どもが園に通っていると，どうしても先生とのコミュニケーションが増えたり園の規則どおりにしなければいけなかったりするという事情から，文化の違いに直面せざるをえず，不満を持つことや苦労することもあるでしょう。

（5）外国にルーツを持つ子どもの先生は何に困っているのか

　ここでは，保護者対応の場面と子どもの保育場面に分けて考えてみることにします。

① 保護者対応で困ること

　保護者に対して困る可能性があることを考えてみましょう。先述したように、園の送迎などによく来る保護者が、あまり日本語を理解することができず、日本語が流暢ではない場合、先生が伝えたいことをうまく伝えることができず、持ってきてほしいものを持ってきてもらえなかったり、提出期限を守ってもらえなかったりすることで困ることがあるかもしれません。また、保護者のあいづちから「伝わったのかな」と思ったことでも伝わっていないときがあるなど、何がどこまで伝わったのかがわからない不安もあるかもしれません。また、どの程度日本語が理解できるかわからないため、どの程度簡単な日本語にしていいのかを悩むこともあるでしょう。日本語を簡単にしすぎてしまうと、保護者からすると子ども扱いされたような感覚をいだき、不満や怒りの感情を持たせてしまうかもしれないからです。普段はコミュニケーションを取ることが少ないとしても、懇談があるときには、その日が近づいてくるほど緊張も高まるかもしれません。

② 子どもの保育で困ること

　次に子どもに対して困る可能性があることを考えてみましょう。先述したように、子どもの言動に影響する要因や背景は何か、どのような要因が混ざり合って子どもの姿に影響しているものなのかを見立てるのが難しいことが挙げられます（図1-24）。つまり、日本語を理解できないことによるものなのか、子どもの発達の遅れや障害、愛着によるものなのか、文化の違いからくるものなのか、それらがすべて混ざり合っているものなのかなど、日本人の子どもの言動を考えるよりも考えなければいけない要因が増えるために難しくなるとい

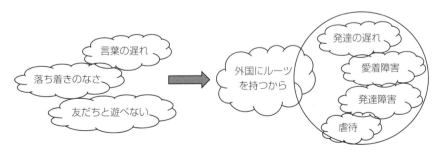

図1-24　外国にルーツを持つこと以外の背景も考える

うことです。見立てがうまくできないと，どのような支援をすればよいかも考えにくくなります。そうであっても，子どもが困っているのなら，何か支援をする必要があります。そのため，子どもに影響しているさまざまな要因のうち何が大きな要因か，またどのような要因が混ざり合って子どもに影響しているのかがはっきりとはわからなくても，手探りで支援をしていくことでしょう。すると，「この関わりでよいのか」と不安が高くなることもありますし，自信を持って子どもに関わることが難しくなってしまう場合もあるかもしれません。

（6）外国にルーツを持つ子どもへの関わり・対応
① すべてを言葉の違いが原因と決めつけずに考える

　外国にルーツを持つ子どもは，家庭で主に用いられる言葉が外国語であれば，日本語の習得（日本語を理解すること，日本語を話すことなど）に時間がかかるのは当然のことです。しかし，そのことを意識しすぎると，「言葉が出ない」という現象を発達の遅れに起因する言葉の遅れではなく，母国語の違いによる問題としてだけ捉えてしまい，発達の遅れや発達障害，愛着の問題などを見逃してしまう可能性があります。

　一方で，外国にルーツを持つ子どもがまだ園生活や日本での生活に慣れていないとしても，入園してしばらくすると「もう慣れてきただろう」と思ってしまい，母国語や文化の違いから生じる問題（強みといえる場合もあります）を意識しなくなることが多いです。そのため，「友だちと関わろうとしない」といった現象を発達障害として捉えてしまうと，母国語や文化の違いの問題であるかもしれないのに，発達障害という眼鏡を通してでしか，その子どもを見られなくなってしまいます。

　つまり，発達の遅れ，発達障害，愛着の問題，母国語や文化の違いによる問題など，すべての可能性を念頭に置いたうえで，子どもを見立てて関わることが求められます。もし自分が，「母国語や文化の違いの問題だろう」といった視点でしか子どもを見ていないことに気づいたら，「発達の遅れや発達障害，愛着の問題やその他の問題もあるかもしれない」といった視点を再度持つように心がけましょう。

② 子どもが母国語を話している姿を見てみる

　子どものことをより理解するために，子どもと保護者で母国語を使って話しているときの様子を見ることが大切です。園生活で見られた子どもの気になる様子に影響しているのは，日本語を理解できていないこと，日本語を話せないことが大きいのか，それ以外にも何かあるのかといったことを知るヒントになることが多いからです。送迎バスや長時間保育などで，親子間の関わりの様子をほとんど見られない場合もあるでしょう。その場合は，保護者には子どものことをより理解するためにということをお伝えして，保護者の同意が得られれば，家庭での様子などを動画で見せてもらうこともできます。そこには，ありのままの子どもの様子を見られる可能性が高く，言葉以外の面も含めて，子どもの全体像を知ることができるヒントがあるかもしれません。

③ 絵カードで言葉を補う対応が有効なこともある

　また，母国語や文化の違いによって，「言葉を話さない」「友だちと遊べない」といった可能性が考えられる場合は（母国語や文化の違いが影響しているのかどうかわからない場合も含めて），ジェスチャーを多めに使ったり，表情を豊かにすることを意識してみたりすることも大切です。また，先生が指示を伝えるときに絵カードを用いる，子どもが自分の意思を伝えるときにも絵カードを使えるようにすることもよいでしょう。

④ 言葉の違いを関係づくりに活かす視点

　子どもと関わるうえで最も大切なことは，「あなたのことを想っているよ」という先生の思いが子どもに伝わることです。そのため，たどたどしい話し方や間違った単語を使ってしまうとしても，子どもの母国語を使ってコミュニケーションを取ろうとしてみることも，子どもとの関係を作るためには重要なことです。先生が子どもの母国語を使ってみたときの子どもの反応も，子どもの全体像を知るうえで参考になります。嬉しそうな表情をするのか，あまり反応しないのか，恥ずかしそうにするのかなど，自分が外国語を使って余裕がないときかもしれませんが，子どもの様子を見ることも意識しておきましょう。

　その際，注意しなければいけないことがあります。日本では高校までは英語を習っている方が多いため，挨拶や簡単な単語であれば，話せる人が多いです。そのため，英語以外の外国語に比べて，英語は適当に（知ったかぶりで）使ってしまう可能性があります。挨拶一つをとっても，一度も習ったことがな

い外国語であれば，発音も含めて練習したり文字でも書いてみたりすると思います。しかし，英語の場合は，「Hello」という挨拶を知っている人は多いですが，発音までは意識せずに，間違った発音をしてしまっているかもしれません。先述しましたが，大事なことは「あなたのことを想っているよ」という先生の思いが子どもに伝わることです。それは言葉だけではなく，先生の必死さや表情などでも子どもに伝わっています。少し知っている外国語だからこそ，ただその言葉を使えばよいというのではなく，丁寧に使うことを意識すると，先生の思いがより伝わると思います。

　もちろん，先生が子どもの母国語を使ってみることと合わせて，翻訳機を用いることも有効です。翻訳機というと，大げさに聞こえるかもしれませんが，現在はスマートフォンのアプリでも簡単な会話であれば，正確に翻訳してくれるものもありますので，一度試してみてもよいでしょう。ただし，子どもとコミュニケーションを取れることと良好な関係性を作ることは異なります。翻訳機を使うからこそ，先生の表情やジェスチャーを意識する，子どもの言葉を真剣に聴くように心がけることが大切です。

（7）外国にルーツを持つ子どもの保護者への関わり・対応
① 保護者もコミュニケーションに困っている

　外国にルーツを持つ保護者が，日本語を充分に理解できなかったり話せなかったりすることで，そのような保護者と先生との間で，コミュニケーションがうまく取れないときがあるでしょう。その際，コミュニケーションがうまく取れないことを保護者の性格に関連づけてしまい，この保護者は「冷たい」「協力的ではない」のように思わないようにしてください。日本語をあまり理解できず，流暢に話せない保護者の立場に立って考えるとわかることですが，自分の話す言葉に不安があると，相手の表情を見たり，相手の話を聞こうとしたりすることがうまくできないでしょうし，相手との接触をできるだけ避けようと思うことは自然なことです。そのため，外国にルーツを持つ保護者のなかには，先生と話すことを避けようとする方もいます。しかし，それはその方が「冷たい」わけでも，先生のことを嫌っているわけでもありません。日本語に自信を持てないために，「冷たい」ように感じられたり，避けたりしている可能性もあることを覚えておきましょう。

② 保護者に歩み寄ってみる

　ゆえに，外国にルーツをもつ子ども
の支援と同様に，保護者と先生との間
にある言葉の壁を，先生のほうから歩
み寄ってみることが大切です。保護者
は大人であるため，保護者が用いる外
国語を先生が無理に使う必要はありま
せんが，その国の挨拶を教えてもら
い，挨拶はその国の言葉ですると，心
理的な距離が近づきやすく関係性を作

図1-25

りやすいです。また，子どもの支援と同様に翻訳機を用いることもできます。
日本語をほとんど話せない場合は，初めから翻訳機を使ってもよいですが，日
本語をある程度理解したり話せたりする場合は，平常時は翻訳機を使う必要は
ありません。しかし，懇談会のような大事なことをお話しする場面では，「基
本的に日本語でお話ししますが，私の言っていることがわかりにくいときは，
翻訳機を通してお伝えすることもできるので，おっしゃってくださいね」と伝
えておくとよいかもしれません（図1-25）。自治体によっては，回数は限られ
ているかもしれませんが，通訳の方が園や学校まで来てくれるサービスもあり
ますので，場合によっては活用してみてもよいでしょう。

③ 日本語が流暢な保護者とだけ関わらないよう気をつける

　両親のうち，どちらかの親が日本語を充分に理解して話すことができ，もう
一人の親が日本語をあまり理解できず話せない場合もあるでしょう。その場
合，日本語を理解できる，日本語を流暢に話せる保護者だけと関わるのではな
く，もう一人の保護者のことも気にしている，もう一人の保護者にも子どもの
様子を伝えたいと思っていることが，その保護者に伝わることが大切です。日
本語に自信がないために，その保護者があまり園に来られない場合は，簡単な
日本語で子どもの様子を書いて伝えてみる，一言でもいいのでその国の言葉で
子どもの様子を書いて伝えてみるなどするとよいかもしれません。

④ 子どもの見立てと保護者への伝達には時間をかける

　先述したように，外国にルーツを持つ子どもは，日本語の理解や表現に課題
があるのか，日本語か母国語かに関係なく言語面に遅れがあるのかなど，子ど

もの発達特性を見立てることが難しいです。そのため，園ではほとんど話さない，一人遊びが多いなどの行動が見られても，すぐに発達に遅れがある，発達障害があると判断しないことが大切です。それと合わせて，園でほとんど話さない，一人遊びが多いという事実を保護者にお伝えするとしても，発達に遅れがあるのではないか，発達障害があるのではないかと，早期に保護者に伝えないことが大切です。つまり，「発達に遅れがあるかもしれない，発達に特性があるかもしれないので，役所や病院でご相談してみてください」といったことを伝えるためには，日本人の保護者に伝えるよりも，時間をかけることを意識しておきましょう。

　また，外国にルーツを持つ子どもが，日本語よりも母国語のほうが堪能である場合は，日本語ではなく母国語で検査を受けたほうが，子どもの発達特性を正確に測ることができます。その場合は，出身国の言葉で検査を受けられる医療機関を役所に問い合わせる，母国に帰る期間に病院受診や発達検査などを受けることを検討してもらうこともできます。

⑤ **必要な場合は公的支援につなぐ**

　一般的に外国にルーツを持つ家庭は，日本人の家庭よりも経済面や就労面，住居面などで支援を必要とすることが多いのですが，それらの困り感をうまく伝えることができないことも多いです。そのため，何か困りごとの相談を受けたときには，園でお話を聴くことも大切ですが，公的な支援を受けられるように，速やかに役所につなぐ準備をしておくことも大切です。

（8）外国にルーツを持つ子どもに関するまとめ

　ここまで，外国にルーツを持つ子どもや保護者への関わりなどを述べてきましたが，最後に筆者自身の体験もお伝えしようと思います。

　私自身，外国にルーツを持つ子どもを大きく見立て間違えたことがあります。「この子は自閉スペクトラム症の特性がある」と見立てていた（確信していた）年中の子どもが，1年後に日本語をある程度理解でき話せるようになると，自閉スペクトラム症の特性と思われていた言動がほとんどみられなくなっていました。そこから筆者は，特に外国にルーツを持つ子どもの発達特性を早期に決めつけてはいけないこと，日本人の子どもよりも慎重に長期的に考えなければならないことを意識しています。それと同時に，「言葉の問題」と安易

に決めつけてしまっては，その子どもが本当に必要な支援を受けられなくなっ
てしまうため，言葉だけではなく，その背景にある発達特性や家庭環境，出身
国の文化などもあわせて考えることを，日本人の子どもを見立てるときよりも
意識するようにしています。

　日本語が理解できない・話せないといった表面的かもしれない問題だけを見
るのではなく，発達特性や家庭環境，出身国の文化なども含めた，子どもの全
体像を捉えることを先生方には意識してほしいと思います。

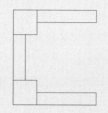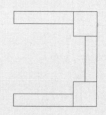

コラム 2
あのころは自然に育っていたもの

　筆者は，幼稚園から小学校を卒業するまでは，日常的にテレビを観ていました。ここで言うテレビというのは，決められた時間にしかやっていない番組をリアルタイムで観るということです。中学生になってからは，クラブや塾で忙しかったこと，携帯（スマホではなくガラケー）を持ち始めたこともあり，テレビをリアルタイムで観ることは少なくなりました。

　今は，テレビ視聴のあり方はかつてとはまったく変わってしまいました。自分の好きな時間に好きな番組（動画）を観ることができるようになり，好きな時間に観られるものしか観なくなったように思います。それを思うと，あのころのテレビで育てられたことがたくさんあるように感じます。

　番組の時間が決まっていたので，それまでに宿題やごはんを終わらせなければなりませんでした。また，途中で観ない時間があると内容がわからなくなるので，番組が始まる前や CM の合間にトイレに行っておくなど，いつまでに何をするかといったことを考えて行動する力が自然と身についたように思います。

　また，嫌でも CM を観なければいけなかったので，待つ力，我慢する力，もうすぐ始まるかなと期待する力が自然と身についたように思います。しかし，今は CM を飛ばすこともできるし，面白くなければほかの番組（動画）にすぐに変えることもできるため，それらの力が身につきにくくなっているかもしれません。

　さらに，現在のようにいつでも好きな番組（動画）を観られる状況だと，保護者が子どもの観る時間を制限する必要があり，お互いにストレスが溜まったり関係性が悪くなったりすることもありますが，番組の時間が決まっていると，保護者ではなくテレビが区切りや終わりを作ってくれていました。

　近年の動画でも，一本という区切りはありますが，それぞれの動画一本で時間の長さが違うこともあり，観ている時間の長さは同じでも，「昨日は 5 本観

られたのに，どうして今日は4本しか観られないのか」といった感覚を生み，子どもは保護者に不満を持ちやすいかもしれません。

　また，テレビの場合は，番組の時間が決まっているため，決まった番組を観ることも生活パターンの一部に組み込まれ，その番組が始まる前にごはんを食べる，番組のあとにお風呂に入るなど，生活リズムも作りやすかったかもしれません。

　しかし現代では，あのころのテレビが育ててくれていた力を（もちろんマイナス面もあったと思いますが）保護者や先生が子どもに教える必要があります。このような現象は，テレビに限らずほかのことにも見られます。

　電子マネーを使ってネットで買い物ができるため，保護者が目の前で物を買ってくれる体験が減り，子どもは保護者に対する尊敬やありがたみを感じにくくなっています（昔，給料が手渡しではなく振込になり，親を尊敬する機会が少なくなったと言われていたことと似たような現象かもしれません）。また，セルフレジが増えてきたことで，店員との交流が少なくなりつつあります。店員にお金を渡し受け取る場面や「ありがとうございます」と言ってもらえたり笑いかけてもらえたりする場面も少なくなると，コミュニケーション力が身につく機会も同時に少なくなるでしょう。

　もちろん，いつでも好きな動画を観られる，セルフレジを活用できるようになることも，今後子どもたちの生きていく力を高めることにもつながりますが，今の保護者や先生が子どものころには自然と身についていたものが，今の子どもにはそのような機会が少なく，意識的に教えなければいけないかもしれないということを念頭に置いておくとよいかもしれません。そのような意識を持つことで，子どもにイライラしてしまうことが少なくなり，保護者や先生のストレスも軽減するかもしれません。

第 **2** 章 保護者を理解して関わる

「はじめに」でも述べたように，先生方には子どもに関わるだけではなく，保護者と協力すること，保護者を支援することが求められています。"保護者"と記載してしまうと，子どもを保護する者という意味になるのですが，保護者は保護者でもありそれぞれお名前がある "○○さん" でもあります。「子どものために○○してあげてください」と先生が伝えて行動してくれる保護者もいれば，そうではない（そのときはその余裕がない）保護者もいます。子どものためを思って伝えているのに行動してくれない保護者のことを良くない保護者であると決めつけてしまうのではなく，保護者も一人の人間でそのときに子どものために行動できない背景が何かあるはずだと考えられることが大切です。

子どものための行動を取りにくい保護者のなかには，虐待や DV（Domestic Violence）の問題を抱えている人がいるかもしれません。虐待をしている保護者にも，過去に自身が虐待を受けていたり現在は経済的に困窮していたりするなど，さまざまな背景が考えられます。また，子どもと同様に，保護者にも発達特性があり，精神疾患を抱えている方もいます。さらに，昨今は "クレーマー" と呼ばれる方の対応によって，先生方が疲弊されることもあるでしょう。

そのような保護者にどのような点を意識して関わればよいのか，そのヒントを以下の項目でお伝えしていきたいと思います。保護者と関わるヒントを得ら

れると，先生方も自信を持って，保護者と関わることができることにつながるでしょう。

第1節　虐待，DV

（1）虐待，DV の概要
① 虐待

　虐待は，対象によって，児童虐待，高齢者虐待，障害者虐待，動物虐待などに分けられますが，ここでは児童虐待について述べることとし，虐待と記載があるときには，児童虐待を指していることとします。

　虐待は，こども家庭庁の報告によると，令和4年度の虐待相談対応件数は21万件を超えており，増加傾向にあります（図2-1）。

　児童虐待の防止等に関する法律（以下，児童虐待防止法）は2000年11月に施行され，2004年10月の改正によって，通告義務の対象を，虐待を受けている児童だけではなく，虐待を受けていると"思われる"児童へと拡大しました。傷痕や虐待現場を目撃するなどのはっきりとした証拠を見つけられなくても，虐待が疑われる場合は，園として通告をする義務があります。児童虐待防止法の定義によると，虐待は，身体的虐待，性的虐待，ネグレクト，心理的虐待の4種類に分けられます。それぞれ定義を確認すると，身体的虐待は，「児童の身体に外傷が生じ，又は生じるおそれのある暴行を加えること」。性的虐待は，「児童にわいせつな行為をすること又は児童をしてわいせつな行為をさせること」。ネグレクトは，「児童の心身の正常な発達を妨げるような著しい減食又は

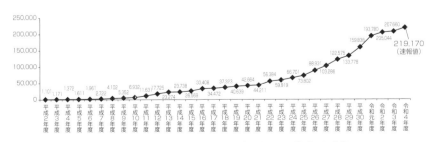

＊平成22年度の件数は，東日本大震災の影響により，福島県を除して集計した数値。

図2-1　児童虐待相談対応件数の推移（こども家庭庁，2023）

長時間の放置，保護者以外の同居人による前二号（身体的虐待や性的虐待）又は次号に掲げる行為（心理的虐待）と同様の行為の放置そのほかの保護者としての監護を著しく怠ること」。心理的虐待は，「児童に対する著しい暴言又は著しく拒絶的な対応，児童が同居する家庭における配偶者に対する暴力（配偶者（婚姻の届出をしていないが，事実上婚姻関係と同様の事情にある者を含む）の身体に対する不法な攻撃であって生命又は身体に危害を及ぼすもの及びこれに準ずる心身に有害な影響を及ぼす言動をいう）そのほかの児童に著しい心理的外傷を与える言動を行うこと」とされています。心理的虐待には少し補足が必要です。定義にもあるように，子ども自身が暴言や暴力を受けていなくても，両親間の喧嘩や暴言暴力（DV を目撃する），親からきょうだいへの暴言暴力を見る・聞くことも心理的虐待となります。

　虐待にいたる背景はさまざまです。望まない妊娠であった，親族や地域から孤立している，経済的に厳しい，一人親で負担が大きい，保護者自身に疾患や障害がある，保護者も子どものときに虐待を受けていた，子どもの障害や育てにくさなどのさまざまな理由が考えられます。虐待という行為は許されない行為ですが，虐待にいたる背景には，保護者のさまざまな事情による悩みや苦しみが存在していることがほとんどです。本節（3）で詳しく，虐待をしてしまっている保護者がどのようなことに困っているかをみていきます。

② DV

　次に，DV（Domestic Violence：配偶者や恋人など親密な関係にある，又はあった者から振るわれる暴力）について説明したいと思います。DV 相談件数は，内閣府男女共同参画局の報告によると，令和2（2020）年度は約18万件で，虐待と同様に増加傾向にありました（図2-2）。なお，令和3（2021）年度と令和4（2022）年度は令和2（2020）年度に比べて微減傾向にあります（内閣府男女共同参画局，2022b）。

　配偶者間暴力防止法（DV 防止法）は2001年10月に施行され，2014年1月の改正によって，婚姻関係にないパートナーからの暴力も DV の対象となりました。DV とされる暴力の内容は，現在ではさまざまな暴力に分けられていますが，おおまかに身体的暴力，心理的（精神的）暴力，経済的暴力，性的暴力の4種類に分けられます。身体的暴力とは，叩く，蹴る，つねる，物を投げるなどの行為のことです。心理的暴力とは，大きな声で怒る，罵倒する，人格を

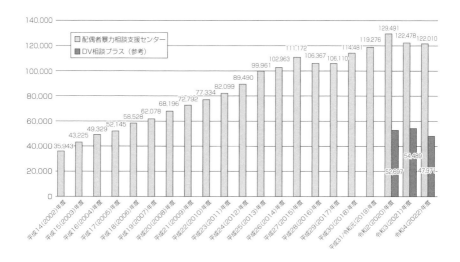

図 2-2　DV 相談件数の年次推移（内閣府，2023）

否定する言葉を浴びせる，なんでも従わせようとする，おどす，見下す，交友
関係や外出を制限する（社会的隔離）などの行為のことです。一般的に，モラ
ルハラスメントといわれるものと似ています。経済的暴力とは，収入があるに
もかかわらず生活費を渡さない，パートナーの収入や貯金に勝手に手をつけ
る，衣類などの買い物を自由にさせないなどの行為のことです。性的暴力と
は，同意がないのに性行為等をする，避妊に協力しないなどの行為のことで
す。内閣府の報告によると，女性の 4 人に 1 人，男性の 5 人に 1 人は被害を受
けたことがあり，女性の10人に 1 人は何度も被害を受けていることが明らかに
なりました。DV は，女性だけが被害を受けているのではなく，男性も被害を
受けていることを忘れてはなりません。

　DV にいたる背景もさまざまです。望まない妊娠による結婚や交際，経済的
な厳しさ（貧困），親族や地域からの孤立，パートナーのギャンブル依存やア
ルコール依存などです。DV も虐待と同様に許されない行為であり，子どもが
直接的に暴言暴力を受けていなくても，子どももとても苦しい思いをしていま
す。ただ，DV をする保護者自身も，その背景には貧困や依存症などが隠され
ていることが多く，なんらかの支援を受ける対象であるかもしれないことを念
頭に置いておく必要があります。

　ケース2-1に示すのは，幼稚園や保育園の生活で出会うことのある，子どもへの虐待のある家庭の保護者の特徴をもとに作成した架空の事例です。

ケース2-1　子どもに虐待をしている保護者
20代前半，母親G。

【特徴】
髪の毛は明るく，ネイルが整っている。良くも悪くもさばさばしている印象。

【家族について】
　G，子ども（年少）の2人家族。祖母が近くに住んでいる。Gの仕事中や休日にGが出かけるときには，祖母が子どもを見ている。離婚した元夫も休日にときどき会うが，最近はGと子どもと一緒に新しいパートナーと会うことが多い様子。

【送迎時の様子】
　朝の送迎時は，仕事に行く前で急いでいることもあって，Gが子どもに「はよせえや」と怒鳴ったり頭を叩いたりする場面を数人の先生が目撃している。お迎えのときは，Gが前を歩いていき，子どもがついていく。

【子どもの様子】
　朝は泣いていたり不機嫌であったりすることが多いが，午後になるにつれて，集団活動に参加したり友だちと遊んだりできるようになる。朝は教室に入ることを嫌がる日が多いが，帰りは帰りたがらない日が多い。

【会話のやり取り】
　Gは担任の先生とはあまり話したがらない。子どもの様子を伝えても，「そうなんですね」とあいづちを打つだけであまり関心を持ってくれないように見える。主任の先生とは打ち解けているようで，子どもに対してイライラしたこと，叩いてしまったことなどを話してくれるときもある。

（２）虐待をしている保護者の特徴は具体的にどのように表れているか

　虐待を受けている子どもにどのような言動や特徴が表れているかについては，「第１章第５節　愛着障害を抱える子ども」や本節（４）を参照していただくとして，ここでは虐待をしている保護者と虐待を見ている（止められずにいる）保護者に，どのような言動や特徴が表れるかをみていきたいと思います。

① 虐待をしている保護者の言動や特徴

　虐待をしている保護者でも（虐待をしている保護者だからこそ），世間体が良い保護者もいて，先生方も「まさかこの人が虐待をしていたなんて」とあとから驚くこともあるかもしれません。先生と話しているとき，先生が見ているときは，子どもに愛情を持って関わっているように見えても，園から出た途端に，子どもへの言葉遣いや当たりがきつくなることもあります。先生の前では，子どもに対してイライラしていても我慢しているので，先生の目がなくなった途端に，そのイライラが爆発するのかもしれません。そのような保護者は，子どもに対してのきつい言動を周囲に知られると困ると思っており，虐待と思われる行為を隠そうとするため，発見が遅れることもあります。ただ，このような保護者でも，子どもに対して罪悪感や自責の念を抱いています。そのため，抑うつ的になり，子どもの準備物を忘れることが増えたり，気分が沈んでいたり疲れていたりする様子がみられることがあります。

　一方で，先生やほかの保護者が見ている前でも，子どもに対してきつい言葉を言っていたり，叩いたりする行為が見られる保護者もいます。そのような保護者は，最初は子どもに対するきつい言動が虐待かもしれない（良くないことをしているかもしれない）と感じていたかもしれませんが，その言動が常態化して虐待をしている（良くないことをしている）自覚が薄くなっていたり，周囲を気にする余裕もないぐらい疲弊していたりするともいえます。

② 虐待を見ている保護者にも変化が見られることがある

　また，虐待を見ている（止められずにいる）保護者についても考えていきます。虐待を止められずにいることは本当につらく，子どもに対して罪悪感を抱き，自責の念が強くなります。そのため，虐待をしている（してしまってい

る）保護者と同様に，虐待を見ている保護者が抑うつ的になり，子どもの準備
物を忘れることが増えたり，気分が沈んでいたり疲れていたりする様子が見ら
れることがあります。また，DV を受けている保護者も同様の症状が表れるこ
とがあります。虐待を止められないということは，虐待を止められずにいる保
護者も，配偶者やパートナーから被害を受けている可能性があります。特に，
一人親で新しいパートナーができたときには，先生は子どもと保護者の状態を
注視する意識を持っておくとよいでしょう。

（3）虐待をしている保護者は何に苦しんでいるのか

　虐待をしている（してしまっている）保護者も，当然のことながら，子ども
に対する思いや虐待に対してどのように思っているのかなどは，一人ひとり異
なります。

　子どものことが好きで大切である思いもある一方で，子どもに暴力を振るっ
てしまったり，暴言を吐いてしまったりして，後悔したり変われないことに苦
しんだりしている保護者もいます。読者のなかには，「子どものことが好きで
大切ならば，暴言や暴力をやめればいいのに」と思われた方もいるかもしれま
せん。それは虐待をしている保護者も同じことを思っています。だからこそ苦
しいのです。虐待をしてはいけない，子どものために良くないことはわかって
います。それにもかかわらず，虐待をやめられない，状況を変えられないこと
に保護者は苦しんでいます。この苦しみがあるからこそ，虐待をやめられる可
能性が充分にあります。このような保護者の場合は，その苦しさをわかってく
れる，一緒になってなんとかしようと考えてくれる人に対して，協力的になれ
ることが多いです。もちろん，虐待をしてしまっていることを話せない，話し
たくないといった思いもあるので，虐待をしてしまう苦しさを話してくれるま
でに時間がかかることもあります。

　一方で，虐待の期間が長期化している，貧困や孤立，DV などの虐待にいた
る背景が深刻であるなどの事情によって，虐待が日常化してしまい，後悔によ
る苦しさを感じなくなっている，なんとか状況を変えなければいけないといっ
た思いが薄くなっている保護者もいます。虐待をしていることそのものには苦
しんでいないかもしれませんが，貧困や孤立，DV などによって，苦しさを抱
えています。

（4）虐待をしている保護者の子どもへの影響

次に，身体的虐待や性的虐待を受けていたり，DV を目撃しているなどの心理的虐待を受けていたりする子どもについて考えていきます。虐待を受けている子どもには，さまざまな症状や特徴が表れます。

① 過覚醒

虐待をする保護者の機嫌に左右され，いつ何をされるのかわからない状況で過ごしていると，常にアンテナが張った状態になり，かすかな物音や変化に敏感になります。これを"過覚醒"といいます。過覚醒になると，眠りにくくなったり，食欲が湧かなくなったり，イライラしやすくなったりします。

② フラッシュバック

また，虐待を受けているときのことや DV を見ているときのことを，今体験しているかのようにありありと思い出す，"フラッシュバック"といった症状が表れることもあります。今体験しているかのように思い出す（感じる）ので，パニック状態になることもあります。身体的虐待を受けている子どもであれば，先生が手を上にあげると殴られるかもしれないと思い，それをきっかけにフラッシュバックが起こることがあります。性的虐待を受けている子どもであれば，トイレや着替えの際に，先生が身体に触れたことをきっかけに，フラッシュバックが起こる可能性があります。

③ 対人距離の過剰な近さ・遠さ

また，先生を含めた大人との距離感が近くなりすぎることや遠くなりすぎることも特徴の一つです。近くなりすぎる場合は，先生に過剰に身体接触を求めたり，ほかの子どもが先生に近づくとキレたりします。これは，自分を守ってくれる大人を確保しなければいけないといった思い，常に先生のそばにいないと先生にも嫌われる（捨てられる）かもしれないといった思いからきているのかもしれません。反対に，大人との距離感が遠くなりすぎることもあります。表情が乏しくなり，先生（や友だち）と関わろうとしない。警戒心が強く，教室に知らない人が入ってきたりすると，誰よりも早くその人の存在に気づき，ずっとその人が何をするかを観察していたりします。表情や行動が，まさに"大人しく"なるため，"子どもっぽさがない（なくなる）"という表現がわかりやすいかもしれません。

④ 帰りを渋る，または過度に良い子になる

　また，虐待を受けている子どもは，保護者がお迎えに来たときに，帰りたくなくて（帰る怖さがあり）泣くこともあります。ただし，泣くことで保護者をイライラさせることでも，あとから叩かれたり暴言を吐かれたりするため，保護者に対して過剰に素直になっている子どももいます。それも，"子どもっぽさがない"といえます。

⑤ 傷は最も基本的な虐待のサイン

　基本的なことですが，身体的虐待であれば，顔や身体に傷があることがサインにもなります。顔の傷であれば，誰から見てもすぐにわかるので，保護者からケガの理由を伝えてくれる場合もあります。そのときに，「こけたんです」のように嘘をつく保護者と「リモコン投げたら当たりました」と正直に言う保護者がいます。子どもの身体の傷に対して，嘘をつく（ついているであろう）保護者への関わりはのちの項目で記載することとします。

（5）虐待をしている保護者に対応する先生は何に困っているのか

　虐待に関しては，対応に悩む先生も多いのではないでしょうか。というのも，どの程度の強さで怒っていたり叩いていたりしたら虐待に当たるのかといった基準が明確ではないからです。たとえ，保護者が子どもの頭を平手で叩いている場面を目撃したとしても，日常的に行われているのかどうかはわからないですし，どの程度の強さで叩いていたら，虐待といえるのかどうかもわからないからです（図2-3）。

　また，保護者が子どもを叩いたり，子どもに暴言を吐いたりする背景には，保護者の抱える困り感があります。子どものためにも，保護者のためにも，保護者の困り感に関する話を聞いたほうがよいとは思っても，家庭のことや保護者のプライベートのことなどを，どこまで聞いてもよいのか，どんなふうに聞いたらよいのかがわからないといった先生の困

図2-3

り感もあるかもしれません。

　さらに，虐待を受けている子どもは，過度に甘えるようになったり落ち着きのなさが目立つようになったりすることもあります。保育する子がその子ども一人であれば，いくらでも甘えさせてあげることもできますし，落ち着きがない行動が見られても，先生も余裕を持って対応することができます。しかし，集団保育でほかの子どもたちもいるなか設定保育を進めなければならない状況で，どこまで甘えさせてあげてよいのか（甘えさせてあげられるのか），落ち着きのない行動を注意しなくてもよいのかといった，子どもへの関わりに関する悩みを抱えるかもしれません。

（6）虐待をしている保護者への関わり・対応

　ここからは，保護者への関わり・対応について，児童相談所への通告前と通告後とに分けて述べていこうと思います。というのも虐待について児童相談所に通告をすれば園での対応はそれで終わりかというと，実際はそうではないからです。令和3（2021）年度の福祉行政報告例によると，児童虐待相談対応件数が約20.7万人であるのに対し，一時保護（最長でも2カ月）件数は約2.6万人となっており，約12％となっています。さらに，一時保護後に児童養護施設等に入所する子どもは，約7,000人であり，児童虐待相談対応件数の約3％となっています。つまり，通告をしても，ほとんどの場合は一時保護にも児童養護施設等の入所にもいたらないため，通告後も虐待を受けていると思われる子どもやその保護者との関わりは続いていくのです。

　ただし，園や先生として，通告前にしなければいけないことと通告後にするべきことが混在してしまっては対応を間違えてしまう可能性があるため，通告前と通告後で分けて述べていきたいと思います。

① 通告前 —— 一人で抱えずに対応する

　それでは，通告前の段階についてです。虐待に関する対応で，最も大事なことを伝えておきます。それは，虐待を疑った先生が一人で抱えないこと，先生一人で「これぐらいだったら大丈夫だろう（虐待ではないだろう）」と判断をしない（見なかったことにしない）ことです。虐待の可能性が少しでも感じられたら，すぐに主任や管理職の先生に報告してください。そして，子どもの命と未来を守るために，苦しんでいる保護者を助けるためにも，保護者が虐待を

していると（子どもが虐待を受けていると）"思われる"時点で，園として管理職の先生が児童相談所に通告してください。担任の先生は，虐待を受けていると"思われる"ぐらいで管理職の先生に言ってもよいのかとためらわれるかもしれませんが，担当の子どもが30人いるとして，全員に対して，この子どもは虐待を受けていると疑うことはまずないでしょう。つまり，虐待を受けていると疑いを持った時点で，普通の状況や状態ではないのです。

　通告を行い，子どもの保護につなげるためには，子どもの状態や家庭環境等をできるだけ把握しておくことが必要です。そのため，園での子どもの様子，友だちや先生に対する対人面，食事の様子，着替えや水筒などの持ち物の管理など，虐待を受けていると思われる子どもの様子や生活面をほかの子どもよりも細やかに観察し把握しておきましょう。

　ただし，先述したようにほとんどの場合は，通告を行ったあとも，園と虐待を受けていると思われる（思われた）児童とその保護者との関係は続いていきます。園と保護者との関係性がある程度良好で，虐待をしている保護者に寄り添うことができ（虐待に関する苦しさの話を聞くことができ），虐待をしている状況を少しでも改善できそうな可能性がある場合，園が保護者に黙って通告することで関係性が壊れてしまい，その結果として保護者が子どもを退園させることになり，虐待を受けている子どものためにならないことがあります。そうならないように，通告する際には，園と保護者との関係性や状況も伝えたうえで，園からの通告であるということを伏せてもらうように伝えることもできます。もちろん，児童相談所の方々も誰からの通告であったかは基本的に言わないですが，念を押しておくことが大切です。通告後，園が通告したのではないかと保護者に疑われたり敵意を持たれたりする場合があります。その場合，家庭での生活や買い物のときに，保護者から子どもへの暴言や暴力があるという情報があり，自宅の近所の人や，買い物の際に居合わせた人が，虐待と疑われる行為を見て通告したのかもしれないと言えるような状況であれば（そのような情報をできるだけ集めておけば），保護者に園が通告したのではないかと疑われたときも，園は通告はしていないが，通告があったという事実を受けて，子どもと保護者の力になれることはないかと考えていると伝え，より建設的な方向へ，話を向けられるかもしれません。

② 通告後 —— 継続して関わる

　先述したように，通告を行ったあとも，ほとんどの場合は虐待を受けていると思われる子どもとその保護者との関わりが続いていきます。こうしたケースとはすなわち，児童相談所が調査を行い，さまざまな事情を考慮したうえで，現時点では一時保護や児童養護施設等に入所する基準に満たないと判断したということです。実際に虐待と思われる行為がなかったのかもしれませんし，虐待と思われる行為はあったが程度や頻度が低かったのかもしれません。また，虐待と思われる行為はあったが，保護者が改善する可能性が高かったのかもしれません。実際に虐待と思われる行為をしていてもしていなくても，園と保護者の関係性は続いていきます。通告前も通告後も，担任の先生は，管理職の先生やキンダーカウンセラーなどとも頻繁に情報共有を行い，子どもと保護者の様子や変化を，複数の視点から注意深く観察する必要があります。それが今後，保護者と関わり，虐待的な行為を軽減（消失）させていくうえでの手がかりや糸口を見つけられることにつながります。

　子どもを叩いたり，子どもに暴言を吐いてしまったりする保護者は，なんらかの困り感を抱えていることは間違いありません。仕事が忙しく心身ともに余裕がない，子どもの育てにくさがありイライラしてしまう，親族や地域，ママ友やパパ友関係から孤立している，保護者自身の精神疾患が悪化しているなど，さまざまな可能性が考えられます。保護者が抱えている困り感を軽減することで，子どもに対する虐待的行為も軽減（消失）していく可能性があります。保護者の抱えている困り感を軽減するために，保護者と先生が話しやすい関係性を作ることができれば，保護者の苦しさに関する話や子どもへの虐待的行為に関する話を聞くことができます。虐待が疑われたからといって，その段階から保護者の困り感や虐待に関する話ができるような良好な関係性を作ろうと思っても時間がかかるかもしれません。そのため，日頃からの保護者とのコミュニケーションを意識しておくことが大切です。担任の先生が，クラス全員の保護者と良好な関係性を作ることができなくても，主任や管理職の先生，前学年の担任の先生など，ほかの先生がその保護者と良好な関係性を作る，維持することができていれば充分です。つまり，一人の保護者に対して，どなたか一人の先生とは気軽に話せる関係性を作っておくことを目指すとよいでしょう。

　虐待をしている保護者であっても，仕事が忙しいのかもしれない，疾患の状態が悪いのかもしれない，一人で子どもを育てていて大変なのかもしれないなど，保護者自身も苦労している，何かしんどいことがあるのではないかと思いを馳せてみてください。そうすると，保護者に話をするときに，「お母さん，最近しんどそうですけど大丈夫ですか？」「お父さん，毎日朝早く夜遅くで大変じゃないですか？」といったような，保護者のしんどさや苦労を労う言葉が自然と出てきます。社交辞令ではなく，自然と出てきた労いの言葉や心配は，それ自体が保護者と良好な関係性を作ることにつながります。

　虐待をしてしまう背景にある保護者のしんどさ，貧困やDV，リストラやハラスメント，親族や地域からの孤立など，それらが見えてきた場合は，その支援や福祉的サービスを受けられるところへ保護者をつなぐことが大切です。虐待の背景にある保護者のしんどさが少しでも落ち着くことで，子どもへの虐待的行為が軽減する可能性が高くなります。

　保護者の抱えるしんどさの話ができるようになったら，もしくは虐待的行為を目撃したり，虐待に関する相談が保護者からあったりした場合は（もちろん通告後の話ではありますが），子どもへの関わりや子育てに関するしんどさの話をしていきます。虐待をやめさせようという視点ではなく，虐待をしてしまうぐらいしんどいことがあるのかもしれない，虐待をしてしまっていることをしんどいと思っているのかもしれないと思いながら話を聴いてみましょう。「そんな状況だったら本当にしんどいですね」「そんななか，いつもご飯作ったり，頑張られているんですね」といった言葉が自然とかけられるとよいですが，無理に何かを言おうとする必要はありません。虐待に関する話を誰かが聞いてくれること自体に意味があるので，何も言えなくても，「私でよければ，またいつでも話してください」「お母様のことが心配なので，私のほうからもまたお声がけさせてください」「一緒にどうすればいいか考えていきましょう」と保護者を見放さず一緒にいることが大切です。

　また，虐待をしてしまうときとしないときとでは，何が違うのかを一緒に考えることもよいでしょう。虐待をしないときは，仕事が忙しくなかった，家事を予定どおりの時間に済ますことができたなど，何か違いがあることが多いです。それをヒントにして，虐待的行為を防ぐことを目指すことができます。先生は，保護者の頑張りや些細な変化を褒めたり労ったりすることが大切です。

虐待的行為がいきなりゼロになることは難しいです。そのため，1日に3回程度暴言を吐いていたのが1回程度になった，1週間で考えたときに暴言を吐かない日が増えた，暴言を1分ぐらい吐き続けていたが，一言で終わることができたなど，これらの変化や頑張りを見逃さずに（当たり前と思わずに）褒めたり労いの言葉をかけてあげたりしてください。これらの関わりによって，虐待的行為が軽減（消失）していく可能性があります。

　「虐待を一度してしまったら終わりではなく，一緒に立て直していく」

　この意識を持って保護者に関わっていくことが大切です。

　補足として，本節（4）で触れた，身体的虐待が疑われる保護者が，嘘をついている（であろう）と思われる場合の対応について述べておきます。嘘を追求することはリスクが高いです。というのも，保護者は嘘を追求されると責められたように感じてしまいます。そのことで，園と保護者の関係性が悪化し，子どもと保護者が園に来なくなったり引っ越しされたりすると，結果的に虐待を受けている子どもを助けることができないからです。

　そのため，保護者が嘘をついているかもしれないという意識は持っておき，子どもの身体を定期的に確認したり（わざわざ服を脱いでもらったりすると，子どもも不信感を抱くかもしれないため，着替えのときに見ておくことがよいかもしれません），子どもから家庭の話を少しずつ聞いたり，子どもと保護者の様子を普段以上に観察したりすることが求められます。それと同時に，保護者のしんどさや苦労を聴き，その後に子どもの虐待に関する話もできるようになることを目指しましょう。

（7）虐待をしている保護者の子どもへの支援

　虐待を受けている子どもへの支援は，「第1章第5節　愛着障害を抱える子ども」でも記載しています。詳細はそちらを参照していただき，以下ではいくつかのポイントに絞って，子どもへの支援を考えてみたいと思います。

　　距離が遠い子どもへの対応
　　・先生が子どもを遊びに誘うよりも先生が子どもの遊びに合わせること。
　　・無理にほかの子どもと関わらせようとしないこと。

- 一緒にいる，そばにいることを大切にすること。

距離が近い子どもへの対応
- 甘えさせるとしても，目的や意図を考えて，状況が変わればそれらも柔軟に変更する意識を持つこと。
- 身体接触以外の方法で甘えられるようになることも目指すこと。
- 先生は子どもの要求になんでも応える必要はなく，身体接触を不快に感じた場合は，代わりの方法を教えること。

① 子どもとの関係を作っておくことが重要

　また，虐待を疑っていると，子どもが保護者と楽しい時間を過ごしていることが想像しにくくなるかもしれません。保護者と楽しい時間をほとんど持つことができていないケースもありますが，子どもと保護者が楽しい時間を持てているケースもあります。そのため，「お母さんに怒られたりせえへんかった？」「晩御飯も食べれた？」のように，虐待ありきで子どもに聞いてしまうと，子ども自身もしんどくなってしまうこともあります（図2-4）。そのため，「お休みの日は何したの？」「ご飯は何食べたの？」といったように，ほかの子どもに聞くのと同じように聞いてあげてください。そのときに，子どもが辛そうな表情をしたり，黙り込んでしまったりしたら，無理に答えを求めずに「先生はハンバーガー食べたよ」のように，先生の話に切り替えてあげてもいいでしょう。大人は子どもに聞くことが多いので，大人が先に答えることで，子どもも答えてくれることもあります。

　子どもの支援においては，子どもがつらい思いをしたときに，それを話せる，助けを求められる関係を作っておくことが何よりも大切です。そのためにも，ここまで記載したような身体接触（甘えさせ方）や話の聞き方などを目的や意図，

図2-4

目標を持って，日々子どものペースに合わせて関わることが求められます。

（8）虐待をしている保護者への対応に関する見通し

子どもの成長，保護者の状況の変化，園や外部機関の関わりなどによって，虐待が軽減していくこともあります。しかし，あってはならないことですが，現実には虐待がひどくなっていくケースもあります。そうならないために，できるだけ早く通告を行い外部機関も入れるようにしておくこと，園と保護者との良好な関係性のもとで，虐待をしてしまう苦しさやその背景にある苦しさを一緒に耐えて乗り越えることが大切です。

「子どもと保護者を孤立させない」。これを続けていくほどに，虐待が軽減していく可能性が高くなります。

また，場合によっては，在園中や小学校進学以降に，子どもが一時保護されることもあります。その後に，子どもが家庭に戻るのか，児童養護施設に入所するのか，それはそのときの状況で判断されます。

将来的に，子どもと保護者の関係性や子どものトラウマのケアをどのようにしていくのかは，児童養護施設や学校，医療機関などが関わって検討していくことになります。

ただ，子どもと保護者が園にいる間に，ここまで記載してきたような関わりや支援を，悩みながら，一人で抱えることなく，諦めない姿勢で継続していくことが，子どもと保護者の関係性をできるだけ早くより良いものにしていくこと，また，子どもがトラウマを背負わないようにすることにつながっていきます。

第2節　精神疾患（うつ病，不安症，強迫症）を抱える保護者

（1）精神疾患の概要

園で出会う保護者のなかには，さまざまな障害や疾患を抱えておられ，そのなかで子育てや仕事を頑張っておられる方もいます。保護者の抱える障害や疾患には，身体障害や知的障害や発達障害，身体疾患や精神疾患などがありますが，本節では精神疾患について詳細に見ていきたいと思います。精神疾患といっても多種多様ですが，園の先生が関わられる可能性が高い保護者の抱える

疾患としては，うつ病や不安症，強迫症が挙げられるでしょう。まずはそれぞれの疾患の定義や特徴を記載することとします。

① うつ病

　うつ病については，「知ることからはじめよう　こころの情報サイト」（国立精神・神経医療研究センター，2023）に，わかりやすく書かれているので，そこから引用します。うつ病とは，「一日中気分が落ち込んでいる，何をしても楽しめないといった精神症状とともに，眠れない，食欲がない，疲れやすいなどの身体症状が現れ，日常生活に大きな支障が生じている場合，うつ病の可能性があります。うつ病は，精神的ストレスや身体的ストレスなどを背景に，脳がうまく働かなくなっている状態です。また，うつ病になると，ものの見方や考え方が否定的になります」。このように，気分の落ち込みといった精神症状だけではなく，身体症状も現れることは，覚えておく必要があります。つまり，子どもと関わろうと思っても，その意欲が湧かなかったりイライラしやすくなったりするだけではなく，眠れなかったり食欲がなかったりして，身体的にもしんどくなり，そこからさらに精神的にもしんどくなるという悪循環になります。

　また，症状の一部にうつ状態を含むものの，うつ病とはタイプが異なる双極性障害という疾患もあります。うつ状態と躁状態（気分が異常にかつ持続的に高揚し，開放的または怒りやすくなる。普段よりよくしゃべる，何を話そうとしているのかわからない，注意散漫な状態となる，といった症状が表れる）が移り変わる場合もあります。うつ状態のときと比べると，躁状態のときは元気に見える，それどころか元気すぎる状態に見えるときもあるので，うつ状態のときの遅刻や欠席が，病気のせいではないかのように周囲に感じさせてしまう場合もあります。さぼっている，甘えているのではなく，うつ状態と躁状態が移り変わる，双極性障害というものがあることも念頭に置いておく必要があります。

② 不安症

　不安症については，「こころもメンテしよう——若者を支えるメンタルヘルスサイト」（厚生労働省，2011）にわかりやすく記載されているので，そこから引用します。不安症とは，社交不安障害（社交不安症），パニック障害（パニック症），全般性不安障害（全般不安症）の三つに大別されます。

　社交不安障害とは，「人に注目されることや人前で恥ずかしい思いをすることが怖くなって，人と話すことだけでなく，人が多くいる場所（電車やバス，繁華街など）に，強い苦痛を感じる病気です。怖さのあまりパニック発作を起こすこともあります。（中略）自分でも，そんなふうに恐怖を感じるのは変だなとわかってはいるけれど，その気持ちを抑えることが難しくなります。徐々に，恐怖を我慢しながら生活したり，外出や人と会うこと（怖いと感じること）を避けるようになったりします」。

　また，パニック障害とは，「突然理由もなく激しい不安に襲われて，心臓がドキドキする，めまいがしてふらふらする，呼吸が苦しくなるといった状態となり，場合によっては死んでしまうのではないかという恐怖を覚えることもあります。このような発作的な不安や身体の異常な反応は「パニック発作」と呼ばれており，パニック発作がくりかえされる病気をパニック障害と呼んでいます。（中略）パニック発作になったときの苦しさや怖さから，「また発作が起きたらどうしよう」と心配になることが多く，これを「予期不安」といいます。予期不安を感じて，電車や人混みを避ける，頼れる人がいない状況や一人で出かけることを避ける，あるいはエレベーターなど逃げられない場所を避けるようになることがあります」。

　社交不安障害もパニック障害も，登園するために外に出ること，園で先生と挨拶することや話すこと，買い物に行くことや子どもと公園に行くことなど，さまざまなことに対して不安や恐怖を抱き，生活に支障が出ます。

　もう一つの全般性不安障害とは，「学校のことや家族・友だちのこと，生活上のいろいろなことが気になり，極度に不安や心配になる状態が半年以上続きます。不安だけでなく，落ち着きがない，疲れやすい，集中できない，イライラする，筋肉が緊張している，眠れないといった症状も見られます」。

　全般性不安障害は，対人関係や集団場面に関することだけではなく，子どもの園生活や友だち関係，自分や子どもの将来などに対して不安を抱くため，外出したり話したりすることには支障がない場合もありますが，常に漠然と不安を抱え，焦っていたりイライラしていたり，疲れやすい状態となっています。

③ 強迫症

　強迫症は，うつ病と同様に，「知ることからはじめよう　こころの情報サイト」（国立精神・神経医療研究センター，2023）から引用します。強迫症は，

「自分でもつまらないことだとわかっていても，そのことが頭から離れず，わかっていながら何度も同じ確認などを繰り返すなど，日常生活にも影響が出てきます。意志に反して頭に浮かんでしまって払いのけられない考えを強迫観念，ある行為をしないでいられないことを強迫行為といいます。たとえば，不潔に思い過剰に手を洗う，戸締りなどを何度も確認せずにはいられないなどがあります」。ここで書かれているように，つまらないことだとわかっているからこそ，保護者自身も苦しいのです。

　また，ここには書かれていませんが，自分だけではなく，他人（主に，家族やパートナーといった親しい人）にも手洗いや確認をさせようとする「巻き込み」という状態もあります。つまり，子どもも保護者の強迫行為を理由もわからずにさせられている場合や保護者の影響で過剰に不安になって（ばい菌が身体中についていて，身体がくさってしまったらどうしようと思っている，など）強迫行為をしてしまっている場合があります。

④ 診断の有無

　ここまで，各疾患の定義や特徴について述べてきましたが，各疾患の特徴を示していると思われる保護者が実際に診断を受けて，定期的に通院していたり服薬していたりする場合と，病院には行っておらず服薬もしていない場合とがあります。その違いによっても，保護者の気分的な波や見通しの持ち方が変わってきます。また，本節（2）で，具体的に症状が生活のなかにどのように表れているのか，どのように困っているのかについて見ていきますが，同じ疾患でも，一人ひとり困り感や苦しさは異なります。そのため，不安が高い保護者には全員事前に園のことを細かく伝えておくほうがよいと決めてかかるなど，パターン化した対応をしないことが大切です。不安が高い保護者によっては，事前に細かくわかるほうが安心される方もいれば，細かくわかるほうがかえって不安の種が増える方もいるからです。保護者も子どもと同様に，一人ひとりに合わせた関わりを目指すことが求められます。

　ケース2-2に示すのは，幼稚園や保育園の生活で出会うことのある，精神疾患を抱える保護者の特徴をもとに作成した架空の事例です。

ケース２-２　精神疾患を抱える保護者
20代前半，母親 H。

【特徴】
　髪の毛は明るく，メイクも整っている。機嫌良く先生と話すときもあれば，気分が沈んでいて先生と話せる雰囲気ではないときがあり，その日によって波がある様子。

【精神疾患】
　うつ病の診断を受けている。園にもそのことは伝えてくれている。気分に波があり，状態が良いときは，外出することもできるし人と会話をすることもできる。状態が悪いときは家から出ることができない。睡眠リズムが不規則で，朝起きられないときが多く，園が伝えている入室時間までに間に合わないときもある。

【家族について】
　母親 H，父親，子ども（年長）の３人家族。基本的には，H が送り迎えをしている。父親は協力的で，H の状態が悪いときは，父親がお迎えにきたり料理を作ったりしている。父親は，朝は仕事を調整することが難しい。

【送迎時の様子】
　H が園に来るときは，笑顔が見られることも多い。園に来るときは状態が良い様子。子どもの帰りの準備が遅いときなどに，急に子どもにキレることがある。H が朝起きられないため，１週間のうち２，３日は，遅刻や欠席になっている。

【子どもの様子】
　遅刻や欠席が多いため，園に行きたくない気持ちがある様子。園に来るまでは嫌がっているが，教室に入ると友だちと楽しく遊ぶ様子が見られる。朝は眠そうであることが多い。

【会話のやり取り】
　園に来たときは，愛想よく話すことができる。先生から，子どもの生活リズムの改善等を伝えても，「わかってるんですけど」と答えるだけである。

（2）精神疾患の特徴は具体的にどのように表れているか

　ここでは，精神疾患を抱える保護者の症状や状態が，具体的にどのように表れているのかを見ていきましょう。

①うつ病を抱える保護者

　まずは，うつ病やうつ状態（診断を受けていない場合や気分が落ち込んでいる状態）を抱える保護者です。うつ病では，その病型によって異なる場合もありますが，午前に気分の落ち込みがひどく，午後以降に気分の落ち込みが回復してくることが多いです。また，睡眠障害（寝つきが悪い，何度も目が覚める，夜中や早朝に起きてしまい再度眠ることができないなど）があると，朝になっても疲労が取れていない，睡眠薬の影響によって午前中は身体が重いといった症状が出る場合があります。そのため，保護者が送迎する場合は決まった時間に送迎できない，「9時30分までには登園してください」というルールがあってもその時間を守ることができずに遅刻や欠席が多くなることがあります。また，バス通園や集団での徒歩通園の場合も同様で，集合時間に間に合わないため，遅刻や欠席が増えてしまいます。バス通園や集団での徒歩通園の場合のほうが，先生やほかの子どもや保護者もいたり，時間がはっきりと決まっていたりするため，プレッシャーは強くなるでしょう。そうなると，毎朝の準備や送迎によって，気分の状態が悪くなりやすかったり，子どもに対してイライラしやすくなったりします。

　また，気分の落ち込みに加えて，身体のだるさなどもあるため，家事や日常生活動作が思うようにできないときがあります。それは，食事をする，お風呂に入ることなどが含まれます。つまり，子どもの食事を作る（食べさせる），子どもをお風呂に入れるといったことも，やらないといけないとはわかっていても思うようにできない，それによってさらにイライラしたり気分が落ち込んだりするときもあります。なんとか食事を作る，食べさせることはできても，ご飯のあとで子どもと遊ぶ力は残っていないかもしれません。

　うつ病の状態がひどいうえに，家族のなかで子育ての協力を得られない状況にある場合は，子どもの食事を作らない（作れない），1日3食ではない日が1週間に数日ある，食事が惣菜パンやカップラーメンだけの日が続く，子どもをお風呂に入れるのが2日に1回になるといったことがあるかもしれません。

これらの状況だけを見れば，意図的に家事や育児をしていないと見えてしまうかもしれません。しかし，保護者は毎日ご飯を作ってあげたくても作れない，お風呂に入れてあげたくても入れられないのです。そのため，保護者自身も苦しく，その罪悪感によって，さらにうつ病（うつ状態）がひどくなるという悪循環に陥ってしまうこともあります。

　ただし，これはうつ病を抱えた保護者に限りませんが，精神疾患の影響により，精神疾患を抱えた保護者の子どもに上に述べたような生活面の支障が出てしまうことがあります。つまり，子どもが消極的ネグレクトを受けている可能性があります。このような場合，保護者との日頃からの会話やときには面談の機会を作ることを意識し，さらには管理職への報告もこまめに行うことが必要です。保護者のケアに配慮しつつも，ネグレクトの可能性があると判断した場合は，管理職が児童相談所へ通告する必要があります。

　また，心身ともにエネルギーが低下しているため，普段なら傷つかないようなことでも傷ついたり，普段ならしばらくすると立ち直れることから立ち直れなかったりすることがあります。先生に悪気はなくても，遅刻が多い保護者に対して，「もう少し早く来られないんですか？」と言われると，責められているように感じて，翌日から先生に会うことが怖くなってしまい登園しなくなるといったこともありえます。また，お迎えに行った際に，ほかのママ友やパパ友同士は話をしているのに，エネルギーが低下していることもあって誰とも話すことができずに孤独感を強めてしまう，誰かと話せたとしても傷ついてしまう，それらによって子どもを登園させる気力が低下してしまうといったこともありえます。

② 不安症を抱える保護者

　社交不安障害やパニック障害を抱えていて，外出することや人と話すことに支障がある場合を考えていきましょう。送迎時には，挨拶することや人と話すことが何度かあります。また，バスであれば集合場所での待ち時間，その場所での会話，保護者が園に送る場合であれば駐輪場や出入口でのほかの保護者との挨拶，教室での先生との挨拶やちょっとした会話などがあるでしょう。挨拶だけなど決まっていることであれば不安や恐怖も軽減しますが，あまり話したことのない保護者や自分が苦手だと思っている保護者が話しかけてくる，昨年度までの担任だった先生とばったり会って急に話すことになるなど，予期して

いないことが起こると不安や恐怖は高まります。そして，「また話しかけられるのではないか」といった予期不安も高まります。そうなると，登園時間に間に合うように起きることができていても，登園時間に間に合うように送迎できないことや，人が少ない時間を見計らって送迎するために遅刻をしたり，お迎えが最後のほうになったりすることなどが起こるかもしれません。また，先生からすると，保護者から挨拶や会話を避けられるように感じることもあるため，自分のことを嫌っているのではないかと思われるかもしれません。しかし，そのような保護者は，たいていの場合は先生のことを嫌いなわけではありません。ただし，人と話すことに不安を感じているのに，先生が無理に関係を作ろうとして話しかけたりすると，その結果として，先生のことを嫌いになったり避けたりすることはあるでしょう。

　全般性不安障害を抱える保護者の場合は，子どもの園生活や友だち関係で不安を抱くこともあります。子どもが友だちとうまく遊べているのか，給食を食べることができているのかなど，その保護者によって不安に感じる内容は異なりますし，個々の保護者のなかでも心配の対象は移り変わります。友だち関係でうまくいかないことがあったりすると，それだけで子どもの発達に問題があるかもしれないといった不安を過剰に抱くこともあります。

　ここまで保護者の不安症がどのように表れるのかを述べてきましたが，保護者の不安が子どもにうつることもあります。子どもも外に出ることや人と話すことに不安を感じたり，不安をそこまで感じていなくても避けるようになったりするかもしれません。また，強迫症と似るところもありますが，次に何をするのかを確認しなければ不安になる，間違えることや人と違うことが不安で，全体指示を聞いたあとにその内容をわかってはいても周りの様子を見てからでないと始められないといった場面も見られるかもしれません。こうした子どもへの対応においては，子どもの不安を軽減する視点も

図2-5

大切ですが，保護者の不安が軽減することでも子どもの不安が軽減する（図2
-5）ことがあるという視点もあわせて持っておくことが大切です。こうした
対応については，本節（7）で詳述します。

③強迫症を抱える保護者

　強迫症でも，遅刻や欠席が増える場合があります。その人の強迫観念や強迫
行為の内容によって違いはありますが，送迎時の戸締りやガスの確認，起床後
からのいくつかのルーティン，菌がつかないための工夫などによって，準備に
時間がかかる場合があります。保護者だけであれば，強迫観念や強迫行為があ
りながらも，たとえば仕事に遅れることなどを朝早く起きることで防ぐことが
できるのですが，子どもがいると，強迫観念や強迫行為の対策や予防策がいつ
もうまくいくとは限りません。たとえば，朝なかなか子どもを起こすことがで
きずに登園の時間が迫ると，強迫観念のことを集中して考えることができなく
なり，その後確認行為をさらに何度もしてしまうことや子どもが手を洗ってい
ない状態で何かを触って，子どもの手も触ったものも何度も洗い直すといった
強迫行為が生じてしまうといったことなどがあります。

　先生と話すうえでは，そこまで支障はないかもしれませんが，お迎えのとき
に先生から子どもの今日一日の出来事を一言でも聞くことが習慣（強迫行為）
となってしまっている場合は，一日でも話を聞くことがなかったら不安にな
る，電話で確認をしてくる，翌日先生に対してイライラしているなどの様子が
見られるかもしれません。この場合，自閉スペクトラム症のこだわりと似てい
るところもありますが，強迫症においても，話を聞かなければ不安になり，聞
くと安心するということが起こりえます。先生からすると，保護者はいろいろ
聞いてくるものの話の内容を気にしていないように感じるかもしれません。つ
まり，話の内容に関係なく，話を聞くということで安心するためです。ほかに
も，子どものかばんの中の持ち物の位置がきっちり決まっている（お迎えに来
たときに，位置をかえるために詰め替え直す），お弁当の彩り（食材の色によ
る見た目の印象を気にしすぎている）や素材（冷凍食品や加工食品，添加物が
入っているものは絶対に使わない）にも強迫的な部分が出ている場合もありま
す。

　ただし，重要な点は，そのことによって保護者や子どもの日常生活に支障が
出ていたり苦痛を感じていたりするかどうかです。お弁当でも，保護者が楽し

図2-6

く作れていれば，どれだけこだわっていても（強迫的に見えていても）いいのです（図2-6）。先生が客観的に見て，強迫的であるかのように感じることがあれば，そのことについて話を向けてみて，保護者がどのような反応をするのか，どのような話をされるのかを聞いてみましょう。保護者との関わりは，本節（6）で詳しく述べます。

（3）精神疾患を抱える保護者は何に困っているのか

うつ病や不安症，強迫症を抱える保護者は，何に困っているのでしょうか。それぞれ考えていきます。

① うつ病を抱える保護者の困り感

ここまでの項目でも述べてきましたが，気分の落ち込みや身体のだるさなどによって，家事や育児をしなければいけないとわかっていてもできないこと，できたとしても自分の理想どおり（思いどおり）にできないことに保護者は苦しさを抱いています。うつ病の方は，自責感が強く，自分の頑張りを認めることが苦手な方が多いです。うつ病を抱えながらも家事や育児，場合によっては仕事も頑張っていることを認めることができないため，理想どおりにできなければ，さらに自分を責めてしまうという苦しさもあります。子どもと関わっていると，保護者の思いどおりにならないことが多いです。習慣化した家事など，決まったことであれば，そこまでエネルギーを使わずになんとかできることもありますが，子どもとおしゃべりをする，子どもと遊ぶことにおいては，予想できないことが多いため，子どもの話を聴いてあげたいと思っても聴くことができない，子どもと遊んであげたいと思っても遊ぶことができないといったことが起こり，そのことによっても保護者は自責感や罪悪感でつらい思いをしています。

また，園で行事やイベントがあると，決められた期限までに，物を準備したり手続きをしたりしなければならないときがあります。場合によっては，体操

服や帽子に何かを縫い付ける，ズボン
の裾を短くするなど，それらが苦手な
保護者にとっては，とてもエネルギー
の必要な作業になります。苦手であれ
ば誰かに頼ればいい，お金で解決すれ
ばいいと思われる方もいるかもしれま
せんが，うつ病を抱える方は，「親と
してやらなければいけない」のように，自分でなんとかしなければいけな
い，役割をまっとうしなければならな
いと思われる方が多いです。良い意味
で適当にする（縫い目の間隔を大きく
するなど）ことが苦手である方が多い
ため，やろうと思うとかなりのエネル
ギーが必要になります。そのため，や
らなければいけないけれどなかなか取
り組むことができずに時間だけが過ぎ

図2-7

＊「最後のわら一本がラクダの背を折る」と
　いう英語のことわざがあります。限界の状
　態のときには，どれだけ軽いものであって
　も，それがきっかけとなり崩れてしまうと
　いうことです。

ていく，それによって自分を責めてしまうといった苦しさもあるかもしれませ
ん。また，準備が間に合わなかった場合に，先生に言わなければいけない，謝
らないといけないといったことも生じるでしょう。ここに挙げたのは，あくま
でも一例ですが，一つひとつは小さいことのように見えても，それらの積み重
ねによって，気分の落ち込みがひどくなることもあります（図2-7）。

② 不安症を抱える保護者の困り感

　ここまでの項目でも述べたように，社交不安障害とパニック障害の場合は，
家の外に出ることや人と話すことに不安や恐怖を抱きます。そのため，子ども
の送迎や買い物など，人がいるところに行くこと，人と話す可能性があるとこ
ろに行くことに，とても勇気が必要です。なんとか登園させることができて
も，ふいに話しかけられてしまったりすると，不安や恐怖は高まり，場合に
よってはパニック発作を起こしてしまうこともあります。そうなると，送迎を
する保護者が少ない時間帯に園に行こうとしたり，先生に話しかけられないよ
うに子どもを預けたらすぐに園を出ようとしたりするようになるのは自然なこ

とです。ただ，周囲からどのように思われているのかも気になってしまう方も多いため，そのような行動をすることで悪く思われているのではないかと不安にもなります。そうなると，不安や恐怖はますます高まっていきます。

　子どもは，人がいるところに行くことが怖いという感覚がわかりにくいため，保護者が不安を抱えていても，公園で遊びたい，スーパーでお菓子を買いたいと言うでしょう。しかし，実際には連れていってもらえないことが多くなるため，保護者に対して怒ったり泣いたりすることが多くなります。保護者はそのような子どもの言動にイライラしながらも，子どもの期待や要望に応えてあげられないことに罪悪感を抱きます。

　これは，全般性不安障害を抱えている保護者にも同じことがいえます。自分が人がいるところに行くことに不安はなくても，子どもを公園に連れていくことに不安を持つこともあります。夕方以降の時間帯は不審者と遭遇するのではないか。感染症が流行っている時期であれば感染症にかかるのではないか，暑い時期であれば，熱中症になるのではないか，寒い時期であれば風邪をひくのではないかなど，その人によって何に対して不安が強いのかは異なりますが，公園に行く，外に行くこと一つをとってもさまざまな不安が考えられます。それらの不安に縛られてしまい，自分自身も思うように行動できない，子どもの思うように遊ばせてあげられないといったことに苦しさがあります。

③強迫症を抱える保護者の困り感

　ここまでの項目でも述べてきましたが，強迫症を抱える保護者は鍵をかけていないのではないか，汚れているのではないか，位置が変わっているのではないか，といった強迫観念で頭がいっぱいになってしまい，それに伴う強迫行為をしてしまいます。強迫症の定義にもあるように，本当はつまらない（ばかげている）こととわかっているのに考えてしまう，行動してしまうことに苦しさがあります。そのため，強迫観念や強迫行為によって遅刻してしまう場合は，遅刻したことを気にしていないわけではなく，遅刻したことに対する申し訳なさもあります。それを「もう少し早く来てくださいね」と指摘されてしまうと，「わかりました」と答えながらも，「わかっているけど（強迫観念や強迫行為があって間に合うように行動することが）できないのに」と不満を持つことでしょう。ただ，強迫観念や強迫行為がつまらないこと，ばかげていることと（周囲がそのように思っていなくても）本人が自覚しているからこそ，なかな

か先生に言うこともできません。病院で診断がついていれば，先生にまだ言い
やすいかもしれませんが，「戸締りを何度もしてしまって（園の途中でも，何
度も引き返して確認してしまって）間に合わなかったんです」と言っても，先
生にわかってもらえるのか，笑われてしまうのではないかと不安を持つのは自
然なことです。そのため，本当の理由を言うことができずに一人で抱えること
になり，先生はなかなか気づくことができない，保護者は苦しい思いが続いて
しまう場合もあります。

　また，強迫症には「巻き込み」といって，自分だけが強迫行為をするのでは
なく，親しい人にも強迫行為をさせようとする場合もあります。子どもにも，
何度も手を洗わせたり，置く位置を指定したりと，それらを子どもが守ってく
れればいいのですが，子どもは強迫行為を保護者と同じようにすることができ
ません。そのため，子どもを巻き込むことは良くないとわかりつつも，巻き込
まれてくれない子どもに対してイライラしてしまう，そのことに対して自責感
や罪悪感を抱くこともあります。

（4）精神疾患を抱える保護者の子どもへの影響

　うつ病や不安症，強迫症を抱える保護者を持つ子どもは，どのような影響を
受けるのでしょうか。どのような疾患においてもいえることかもしれません
が，子どもにとって保護者は大切な存在です。その保護者が，疾患で苦しんで
いるのであれば，どのように力になればよいのかはわからなくても，自分も力

になりたい，助けてあげたいと思うの
は自然なことです。そのため，保護者
がしんどいときには言いたいことが
あっても言わない，一緒に遊びたくて
も一人で遊んでおくなど，子どもなり
に気を遣う言動をすることがあります
（図2-8）。相手を思いやる気持ち，
人を大切にする気持ちが育つことはと
ても良いことでもあります。ただ，こ
のような状況がずっと続くことは，子
どもにとってもつらいでしょう。周囲

図2-8

からは，素直な子ども，相手を思いやる気持ちを持っている子どもと思われる
かもしれませんが，その子も自分が言いたいことを言いたいし，やりたいよう
にやりたいのです。

　保護者が精神疾患を抱える子どものなかには，家庭と園で同じような言動を
示す子どももいますし，家庭と園では言動が異なる子どももいます。家庭でも
園でも，自分の言いたいことやしたいことを抑えているように見える子どもも
います。一方で，家庭では大人しいように見えても，園では自分の要求を意地
でも通そうとする子どももいます。どちらにしても，「素直すぎるのではない
か」「要求が激しすぎるのではないか」のように違和感を抱く先生もいるで
しょう。

　また，不安症や強迫症を抱える保護者の子どもは，その不安や強迫がうつっ
ていることもあります。先生や友だちと話すことや関わることに不安を抱いて
いて，一人でいることが多かったり，緘黙になっていたりする場合もあるで
しょう。また，次に何をするのかを確認しないと不安になる，落ち着かない，
失敗や間違えることに対して不安が高く，絶対にできると思えるものしか取り
組まないなどの様子が見られるかもしれません。これらは，子どもが持つ特性
（性格や発達障害など）の影響が大きい場合もありますし，保護者の不安や強
迫による影響が大きい場合もあります。どちらか一つというよりも，複数の要
因が影響し合っていると考える視点を持つことが大切です。

（5）精神疾患を抱える保護者に対応する先生は何に困っているのか

　先生からすると，保護者がしんどそうにしている様子が見られたり，遅刻や
欠席が増えていたりする状況があっても，保護者に精神疾患に関することを聞
きにくい，聞いてもよいのだろうかといったとまどいがあるかもしれません。
そうかといって，子どもに何か影響が出ていると思われる場合は，子どものた
めにも聞く必要があり，焦りも出てくるかもしれません。

　また，これまでに先生の悪気のない言動で，保護者と先生との関係が悪くな
ることがあったり，子どもを登園させなくなったりすることがあると，遅刻や
欠席，子ども同士のトラブルなど，先生から保護者に指摘する（良くないと思
われることを伝える）必要があるときに，何をどこまでどのように伝えてもよ
いのかといったことにも気を遣うかもしれません。

　先生によっては，うつ病や不安症，強迫症に関する知識があるからこそ上記のような悩みを持つ方もいるでしょう。一方で，うつ病や不安症，強迫症についての知識不足からくる失敗，それに気づいたときの自身の対応への自責感や後悔もあるかもしれません。

（6）精神疾患を抱える保護者への関わり・対応
① まずは保護者を心配していることを伝える

　それでは，精神疾患を抱える保護者にどのように関わり，どのような対応をすればよいかを考えていきたいと思います。最も大切なことは，「あなたのことを心配している」ということが言語的にも非言語的にも伝わることです。「大丈夫でしたか？」「どうされていたんですか？」といった言葉で心配していることは言語的に伝わるかもしれません。しかし，その言葉を使えばよいというわけではありません。3日ぶりに登園されたときに，3日間どのように過ごされていたのだろうかと思いを馳せて，しんどいなかでも園に来てくれたことを感じたうえで，「大丈夫でしたか？」「どうされていたんですか？」といった言葉を伝えると，表情や声のトーンからも，あなたのことを心配しているということが伝わります。

② 保護者と一緒に考える

　そして，園の送迎や家事や育児など，うまくできていないことがあれば，それらに対して具体的な対応を一緒に考えることが大切です。「頑張ってください」「いつでもご相談してください」と伝えるだけでは，結局は状況が変わらないことが多いため，やれそうなことを具体的に考えましょう。一度にいくつも伝えたり考えたりするのではなく，まずは一つやってみましょうという感じで，一つずつ，無理のない範囲でやる意識を持てるとよいでしょう。

　具体的な対応としては，送迎の時間の融通を利かせるといったことが考えられます。園の決まりや子どものためにも（子どもは登園が遅すぎると，友だちにどう思われるかなどが気になったり，うまく馴染めなかったりするため），ある程度の登園の時間は決めなければいけないかもしれませんが，保護者がある程度自由な時間に送迎できるほうが，保護者の気持ちとしては楽であるため，気分の状態も悪くなりにくく，子どもに対してイライラもしにくくなるでしょう。その際に，子どもの気持ちも聴いてあげてください。遅れて登園する

図2-9

場合，朝の会や製作をしている時間はみんなの注目が集まりやすく教室に入りにくいことがあるかもしれません。その場合，みんなの注目が集まりにくい自由あそびのタイミングに合わせられるように，いったん職員室で先生と遊ぶなどの対応が子どもにとっては嬉しいかもしれません。

保護者に対する支援を意識しすぎて，子どもを置き去りにしないように注意しましょう（図2-9）。

③ 病院の受診を勧めることが必要な場合もある

また，精神疾患を抱えているであろう保護者が，まだ病院を受診されていない場合もあります。その際は，「あなたのことを心配している」ことを伝えたうえで，しんどさを改善するために，病院の受診を勧めることも必要です。園医の先生が，精神科や心療内科の情報をお持ちであれば，園医の先生のおすすめのところをご紹介することもできるかもしれません。それ以外の方法として，精神保健福祉センターに問い合わせることもできます。保護者がご自身でできそうであればご自身でしていただき，それが難しい場合は，園から問い合わせて，病院を紹介していただくこともできます。保護者が病院受診に抵抗を示された場合は，無理に勧めるのではなく，「今の状態が続いたり，今よりもひどくなりそうだったら，また一緒に考えましょう」のように伝えましょう。今後にあらためて話をするニュアンスを伝えつつ，いったんは引くことが大切です。病院を紹介する場合，病院を紹介したら終わりではなく，「行ってみてどうでしたか？」など，その後も継続して「あなたのことを心配している」ということが伝わるように，その保護者に思いを馳せながら関わることが大切です。

④ 保護者を支えている人を支える

そのほかには，精神疾患を抱える保護者の代わりに，主に家事や育児をすることになっている方を支えることが大切になります。精神疾患を抱える保護者

しか子どもにとっての家族がいない場合は，医療機関を受診し，ヘルパーなどの福祉的サービスが早急に必要になる場合がありますが，精神疾患を抱える保護者以外にも，子どもの保護者がいる場合も多くあります。子どもにとっての両親のどちらか，もしくは祖父母やそのほかの親族などです。精神疾患を抱える保護者の代わりに，園の送迎や家事育児などをこれまで以上にするようになったり，それまではほとんどしていなかったけれどもし始めるようになったりする方もいます。その方を支えてあげてください。家事や育児に使わなければいけない時間が増えたこと，慣れない家事や育児に取り組むようになった苦労を労います。また，わからないことや難しいことがあったら，園にいつでも相談してほしいこと，気軽に話してほしいことを伝えることも大切です。その際に，その保護者が料理に困っているのであれば，簡単に作れるようなレシピを渡す，手続きの仕方がわからずに滞っているのであれば，役所のどの窓口に行けばよいのかを伝えるなど，「ご自身で調べてみてください」ではなく，具体的に伝えてあげましょう。

（7）精神疾患を抱える保護者の子どもへの支援
① 子どもの思いを尊重するための工夫

　本節（4）で，家庭で保護者に気を遣って自分を抑えている分，園で自分がやりたいようにする，周りより自分を優先してしまいがちになる子どもがいることを述べました。そのような子どもの背景に，保護者の精神疾患が想定される場合は，ほかの子どもが嫌な思いをしたりケガをしたりしない範囲で，その子どもの意見を尊重しようとする，要求をかなえてあげようとする意識を持って先生が関わると，子どもも少しずつ適切に自分の言いたいことやしたいことを伝えられるようになっていきます。その際は，大きい声を出す，物を投げる，泣き叫ぶといった行動をしてから要求をかなえてあげるのではなく，そうなる前に「どうしたん？」と声をかけて，子どもから言葉で伝えてもらうようにする，全体で話しているときにその子の意見を最初に聞くなどの工夫があるとよいでしょう。

② 自分を抑えてしまう子どものペースに配慮する

　一方で，家庭だけではなく園でも自分を抑えてしまう子どももいます。自分の気持ちや意思を出せない子どもの場合は，その子が自分で決めたことや選ん

だことに対して，声をかけてあげましょう。「第1章第5節　愛着障害を抱える子ども」でも記載しましたが，描画の際に，太陽を青色で描いたのであれば，「青色の太陽もいいね」といったように，うまくできたという事実よりもその子の意思や表現が出ているところ（オリジナリティがあるところ）に声をかけることで，「自分がやりたいようにしてもいいんだ」と良い意味で思えるようになっていきます。先生がよかれと思って，無理に発言してもらう機会を作ったり，一番に何かしてもらったりすることは，子どもにとって負担になることもあるので，子どものペースに合わせましょう。

③ 子どもの思いを言葉にして受け止める

　また，保護者に強迫観念と強迫行為があり，家では手を洗いたくなくても何度も洗っている場合は，園では全然手を洗おうとしないといった行動に出るかもしれません。それは，子どもなりに家では保護者に気を遣って，もしくは怒られることが怖くて出せない行動を，園で出せているといえるでしょう。家庭では自分の思いを出せていないけれども園では出せるといったことは，強迫の影響がある場合に限らずあることです。先生としては，その子どもの行動に困らせられるかもしれませんが，子どもにとっては自分の思いを出せているということです。このような背景が考えられる場合は，まずは子どもの手を洗いたくない気持ちを受け止めてあげましょう。家でのつらさを話してくれなくても，「すぐに遊びたいもんなぁ」「手を洗うの，めんどくさいときもあるよなぁ」といった声をかけてあげることで，子どもはわかってもらえたと感じることができます。そのあとで，「でも，（トイレのあとは汚れているから）手は洗わないといけないから，先生と一緒に洗おう」と声をかけてあげましょう。

（8）精神疾患を抱える保護者への対応に関する見通し

　精神疾患は，すぐに治るものではなく，状態が良いときと良くないときの波を繰り返していくことが多いです。しかし，通院できるようになったり，保護者と園の先生方との関係性が良好なものになってきたりすると，状態が良くない期間が短くなったり，状態が良くないなりにもなんとか家事や育児ができたりするようになります。

　卒園してしまうと，保護者と先生とのつながりがどうしても薄くなってしまいます。そのため，小学校に上がる際には，小学校の先生に引き継ぎをする機

会に，スクールカウンセラーも紹介していただき，切れ目なく保護者が相談できる体制を整えることも大切です。

　また，保護者の心身の状態が良くなるにつれて，長期的に見ると，子どもの状態も良くなることが多いです。しかし，保護者の状態が良くなったときに，子どもの状態が悪くなるように見えることがあります。それは，今まで自分を抑えていたものが出るようになった良い兆候で，必要な通過点なのですが，行動が激しかったり，自分勝手になったりと，保護者や先生が困らせられることがあるでしょう。ただし，これは長く続くものではありません。このときに，ここまでに記載してきたように，子どもの思いを受け止めることで，子どもも落ち着いていくでしょう。

　最後に，心理職である（子どもと関わる立場であっても，幼稚園教諭や保育士，保育教諭として現場で勤務していない）私の意見ではありますが，大人の精神疾患に関する知識や対応について，先生方がはじめから熟知しておくことは難しいと思います。というのも，子どもに関することだけでも，本当にたくさんの知識や技術が必要で，日々アップデートされていくからです。だからといって，精神疾患を抱えているであろう保護者に出会われたときに，保護者のことだからあえて何もする必要がない（自分にはできないからやめておこう）と判断して逃げてしまうのではなく，保護者との関わりの経験が豊富な先生に相談し，知識や技術を教えてもらいましょう。場合によっては，担任の先生ではなく，別の先生が保護者に関わるといった方法も考えられます。それは担任の先生の力不足ではありません。担任の先生は，自分にはわからないからといって逃げたのではなく，別の先生につなぐという本当に大切なことをしていただいたということです。それは担任の先生に力があることであると私は思います。

第3節　発達の遅れ，発達障害を抱える保護者

（1）発達の遅れ，発達障害の概要

　発達の遅れや発達障害を抱えた子どもとの支援的な関わりは，就学前や小学校の段階で，子ども自身あるいは保護者が「困っている」という感覚を持った

ところで相談し，関わりが始まることが一般的な傾向といえます。しかし，子どもや保護者の困っている感覚を周囲がうまくキャッチできなかった場合や，困っていることを相談できずに子どもや保護者がなんとか乗り切ってきた場合，子どもが大人になってから発達の遅れや発達障害であると気づいたり指摘されたりすることがあり，こうした方に子どもがいるケースでは，それぞれに困り感を抱えながら子育てをしていることが想定されます。大人になってから気づいたり指摘されたりする場合には，発達の遅れの程度は軽度である場合が多いと考えられます。したがって，以下では軽度の発達の遅れを抱える保護者に焦点を当てて話を進めていきます。また，ADHD や ASD といった発達障害にも一人ひとり程度の違いはありますが，ここでは発達障害については程度の違いで分けることなく症状や対応などを述べていきます。

　なお，大人の発達の遅れや発達障害については近年議論され始めたばかりです。したがって，実際の現場でどのように理解して関わっていくのかといった経験も蓄積しづらい状況が続いていたと考えられます。

　ケース2-3に示すのは，幼稚園や保育園の生活で出会うことのある，発達の遅れや発達障害を抱えている保護者の特徴をもとに作成した架空の事例です。

ケース2-3　発達の遅れや発達障害の特徴のある保護者
30代後半，母親Ｉ。

【特徴】
　メイクは薄めである日が多いが，ネイルはいつも決まった色を塗っている。
【生育歴】
　発達の遅れや発達障害の診断を受けてはいないが，幼少期には療育に通っていたこともある。高校卒業後，就職はできずアルバイトを続けていた。アルバイト先で出会った夫と結婚。その後は専業主婦となっている。
【家族について】
　Ｉ，父親，子ども（年長）の3人家族。父親が仕事に行くため，Ｉが送り迎えをしている。父親は運動会などの行事には参加するが，普段は幼稚園に関わ

ることはない。父親は仕事，Ｉは家事と育児のように役割がわかれているようである。

【送迎時の様子】

子どもが行きたくないとごねると，なかなか離れられなかったり，子どもが帰りたくないとごねると，なかなか帰ることができなかったりする日が多い。

【子どもの様子】

みんなを引っ張ってくれるような存在でしっかりしているが，忘れ物が多い。

【会話のやり取り】

先生が言ったことがうまく伝わらないことがあったり，先生がすでに伝えたことを再度質問されたりすることが多い。

（2）発達の遅れや発達障害の特徴は具体的にどのように表れているか

発達の遅れや発達障害を抱える保護者は，さまざまな困る状況に直面することが考えられますが，共通する状況として挙げられることの一つに，園とのコミュニケーションがうまく取れないことが考えられます。

例として，園でプール遊びをする際の注意事項や持ち物を取り上げます。子どもを通じて，保護者に書類で渡したり降園時に直接口頭で伝えたりしていたにもかかわらず，実際に活動する日が近づいてきてから「何を持ってくればよいか聞いてなかったから教えてほしい」「どのようなことに注意をすればよいのか事前に説明がない」と言ってくるなど，書類や口頭で伝えたはずのことがうまく伝わっていないという場合が考えられます。また，書類も渡せているし口頭で話していたときには理解している様子を見せていたとしても，事前にお願いしていた健康観察表への記入などができていなかったり，実際に活動する日に必要な持ち物が揃っていなかったりする場合も考えられます。

このように，先生の視点に立つと，書類でも口頭でもしっかり伝えていたにもかかわらず，保護者に充分に伝わっていない，あるいは，忘れているなど，コミュニケーションがうまく取れないと感じることが，発達の遅れや発達障害を抱える保護者との間には生じると考えられます。このようにやり取りがうま

くいっていない場合に，どのような背景があるのか，どのように対応していくかについて，以下で述べていきます。

　なお，本項の冒頭でも述べましたが，上の例は共通して想定できる状況の一つの例です。発達の遅れや発達障害（ADHD，ASD）それぞれに特徴がありますし，そのことによってどの程度の困り感があるかは人によってさまざまです。したがって，発達の遅れや発達障害（ADHD，ASD）という眼鏡を通して見るだけでなく保護者一人ひとりを見ることを意識しましょう。

（3）発達の遅れや発達障害を抱える保護者は何に困っているのか

　本節（2）では軽度の発達の遅れ，発達障害（ADHD，ASD）に共通して考えられる状況についてみてきましたが，それぞれの特徴を踏まえて，保護者が何に困っているかをみていきます。

① 発達の遅れを抱える保護者の困り感

　想定できる困り感の一つとして，渡される書類について充分に理解ができないことがあります。たとえば，注意事項をまとめた書類を見た際に，行事の日時のような，一目見て理解できることはわかっていたとしても，行事が中止になる条件や当日の注意事項といった細かい部分についてはわかっていないままになっていることがありえます（図2-10）。

　また，降園の際に先生が保護者に対して口頭で確認して，その場では理解しているように見えていても，家に帰ってから書類を見て混乱してしまい，行事当日に必要な持ち物を忘れる場合が考えられます。このように，発達の遅れを抱える保護者は，理解することの難しさを困り感として抱えていることが考えられます。

② ADHD を抱える保護者の困り感

　想定される困り感の一つとして，聞いていたことや注意事項を忘れてしまうということが考えられます。降園時に先生から保護者へその日の子どもの様子，園で取り組んでいる活動，明日控えている行事に必要な持ち物などを一度に伝えていた場合，家に帰りながら子どもとその日の様子を話していると，先生から伝えられていた行事に必要な持ち物を忘れてしまうことがあります。また，連絡事項を見直すために配布していた書類についても，子どもから書類をもらったあとにどこに置いたか覚えておらず，失くしてしまうということも考

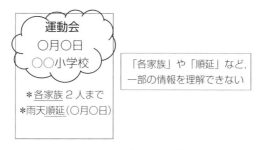

図2-10　発達の遅れを抱える保護者の情報把握

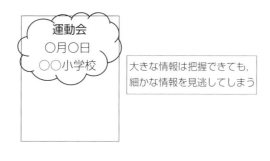

図2-11　ADHD を抱える保護者の情報把握

えられます。このように ADHD を抱える保護者は，その特徴の一つである不注意を主な原因とした困り感を抱えている可能性があります（図2-11）。

③ ASD を抱える保護者の困り感

　想定される困り感の一つとして，細かい部分が気になること（図2-12）やコミュニケーションの取りづらさから生じているものがあると思われます。先生とやり取りできれば理解できる，納得できることであるとしても，やり取りすることの苦手さから，困り感を先生へ伝えることができないまま過ごしてしまうこともあります。また，子どもが園からの連絡事項の書類を持って帰って保護者に渡したものの，その書類を読んだり確認したりすることがなかったため（たとえば保護者が家事をしているときに，子どもが書類を渡すことがあっ

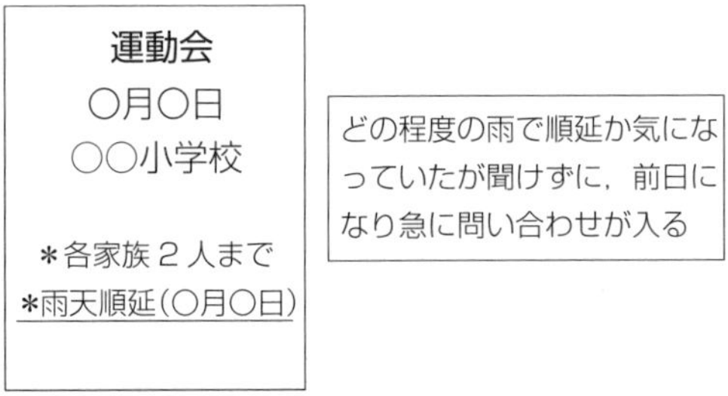

```
┌─────────────────────┐
│      運動会          │
│     ○月○日          │
│     ○○小学校        │      ┌──────────────────────┐
│                     │      │どの程度の雨で順延か気にな│
│   ＊各家族２人まで    │      │っていたが聞けずに，前日に│
│   ＊雨天順延(○月○日) │      │なり急に問い合わせが入る │
│                     │      └──────────────────────┘
└─────────────────────┘
```

図2-12　ASD を抱える保護者の情報把握

た場合，同時に複数の作業を進めることが苦手であるという ASD の特徴に
よって，確認できないことがあるかもしれません），行事等が近づいてきてか
ら急に問い合わせがあることも考えられます。

④ 保護者の自尊心が低下していることも多い

　また，見過ごしてはならないことの一つに，保護者自身の自尊心の低さがあ
ります。成人になってから，発達の遅れや ADHD，ASD の診断を受けたとす
れば，幼少期には，周囲とうまくやろうとしてもなかなかうまくいかなかった
り，その原因がはっきりしなかったりしたことで，しんどさを抱えるという経
験をしていたかもしれません。このようなしんどい状況で育ってきた場合に
は，自分のことを大切に思ったり大事にしたりしづらく，保護者自身の自尊心
が低くなることが想定できます。

　矛盾を感じられるかもしれませんが，このような自尊心の低さは，ここまで
挙げてきたような困り感を保護者が抱かないという状況を生じさせる可能性も
あります。ここまでみてきた発達の遅れ，ADHD，ASD を抱える保護者の例
は，あくまで保護者が困っていることに先生が気づくことができた場合を考え
ています。自尊心が低い場合には，悪い状況でも仕方ない，別になんでもよい
というように，積極的に良くしようと考えない場合もありうるでしょう。さら
には，助けを求めても助けてくれないといった他者への不信感の強さなどもあ
り先生が保護者の困り感に気づきにくい場合もあるでしょう。

（4）発達の遅れや発達障害を抱える保護者の子どもへの影響

　本節（3）でみてきたような困り感を抱える保護者のもとで子どもが育って

いくとき、子どもにどのような影響があるかについて考えていきます。

　まず想定できる例の一つとしては、先生と保護者がうまくやり取りできていないことによって、準備が充分にできないまま行事を経験することが挙げられます。子どもだけでは行事に必要な準備を把握することは難しいですが、先生が準備物を保護者に伝えても、保護者が充分に対応できないことがあるかもしれません。また、ほかに想定できるものとして、身だしなみなどの生活習慣があるでしょう。たとえば、保護者が自分自身の困り感に対応することに精一杯で、子どもの普段の生活習慣まで気が回せない場合には、持ってきている着替えが昨日の降園時に入れたままのものになっていることもありうるでしょう。このような状況は、保護者が意図的に家事や育児をしていないように見えるかもしれませんが、その背景には、ここまで述べてきたような保護者の発達の遅れ、ASD、ADHD が隠れている場合もありうるでしょう。

　ただし、「本章第2節（2）精神疾患の特徴は具体的にどのように表れているか」でも述べたように、保護者の発達の遅れや発達障害の影響により、子どもの生活面に支障が出てしまう消極的ネグレクトを子どもが受けている可能性があります。このような場合、保護者との日頃からの会話やときには面談の機会を作ることを意識し、さらには管理職への報告もこまめに行うことが必要です。保護者のケアに配慮しつつも、ネグレクトの可能性があると判断した場合は、管理職が児童相談所へ通告する必要があります。

（5）発達の遅れ、発達障害を抱える保護者に対応する先生は何に困っているか

　本節（2）（3）でみてきた保護者のコミュニケーションの取りづらさについては、保護者とコミュニケーションを取る先生にとっても、困ることがあると考えられます。コミュニケーションの難しさは、どちらか片方だけに起こるものではなく双方のやり取りのなかに生じるものだからです。

　たとえば、ほかの保護者と同じように説明しているのに、なぜかこの保護者には伝わらない、前もって書類も渡しているし特に大事なことは降園時に直接伝えているのに、行事の直前になって説明されていないと言われた、などの状況が考えられます。このような状況になった際には、先生方自身が、自分の説明に不充分な点がなかったか、保護者との関係が悪くなるようなことを何かし

てしまったのではないかと考え，過度に自分を責めてしまうことにつながっていく可能性があります。

（6）発達の遅れや発達障害を抱える保護者への関わり・対応

ここまでみてきたように，発達の遅れ，発達障害（ADHD, ASD）を抱える保護者の困り感は，保護者だけのものではなく，先生方も困るものであり，子どもへの影響も考えられます。そこで，どのように保護者へ関わっていけばよいかについて考えていきます。

関わる際の前提として，まずは先生と保護者の間でうまくやり取りできるように良好な関係を築こうと取り組むことが大切です。特に，本節（3）で述べたような自尊心が低かったり他者への不信感が強かったりする保護者の場合には，そもそも自分は困っていないという姿勢を見せる方もおり，そのような状況で何かを伝えようとしてもうまく伝わらないことが多いです。まずは，その保護者が大切にしていることは何か，気にしていることはどんなことかを考え，保護者がどのような人であるかをしっかり見ていくことが重要になります。

このような前提のうえで，その保護者の抱えている困り感はどのようなものであるかを想像していくことが大切です。具体例としては，書類を渡しても，情報がうまく伝わらない傾向がある保護者には，書類を読んだかどうかを確認することに加えて，重要なことや忘れてほしくないことだけを保護者の目の前で先生が書くということが挙げられます。ほかにも，行事等の直前に連絡をしてくることがある保護者には，降園時に子どもが持って帰った書類を見たかどうかを確認し，見ていなければ口頭で必要なことだけを伝えることなども例として挙げられるでしょう。

（7）発達の遅れや発達障害を抱える保護者の子どもへの支援

本節（6）のような保護者への支援を行う場合，同じくらい子どももよく見ることが必要になると思われます。

たとえば，行事での忘れ物については，忘れたという結果のみではなく，どうして忘れてしまったのか，その過程を考えることが大切になるでしょう。子どもが自分で準備を頑張ろうとしていたけれども忘れてしまった場合，子ども

は準備を保護者に任せていたが，保護者が自分自身の困り感から準備できなかった場合など，さまざまな背景が考えられます。子どもから忘れ物をした理由を聞いていくなかで，家庭内での保護者の様子や困っていることなどが明らかになってくることもあります。

　また，家庭内での保護者と子どものやり取りのなかで，子どももしんどさを抱える可能性が考えられます。そのため，子どもが家庭でどのように過ごしているかについても，子どもの話に耳を傾け，よく見てあげることが大切になると思われます。

（8）発達の遅れや発達障害を抱える保護者への対応に関する見通し・目標

① 長期支援──保護者と関わる人が途切れないように引き継ぐ

　発達の遅れ，発達障害（ADHD，ASD）を抱える保護者について，共通している困り感の一つとしてコミュニケーションの取りづらさを挙げましたが，このような困り感を保護者が抱えている場合には，短期的支援だけではなく長期的支援も重要になってきます。なぜなら，コミュニケーションが得意ではない保護者にとっては，短期的支援でコミュニケーションを取れるようになった先生は，園とつながることができる重要な相手になりうるからです。たとえば，保護者との関係がある程度できた先生が，子どもの学年が変わったり子ど

もが就学したりした際に，保護者とは直接関わらなくなってしまうと，保護者は新たにコミュニケーションが取れる相手を探さなければなりません。コミュニケーションの取りづらさを抱える保護者にとって，そのことが大きな負担になり，結果として子どもにも影響が出ることが想定できます。

　このようなことから，学年が変わる際には園内で，就学の際には進学先の小学校に対して，保護者の抱えている困り感を引き継いで支援を続けられる

図2-13

ようにしていくことが大切です。もし可能であれば，現在主にコミュニケーションを取っている先生から，次に関わる小学校の先生を紹介して，保護者（と子ども），園の先生，小学校の先生で一緒に話すことができれば，保護者は安心感を持つことができ，より丁寧な引き継ぎが可能になると思われます（図2-13）。

② 医療機関を勧めることが必要になる場合がある

　そのほかにも，保護者自身のしんどさの緩和や困り感の解消のために，医療機関につながってもらうよう勧めていくことも，継続した支援になるでしょう。このような保護者においては，これまで支援を受ける機会が充分になかったと想定されるので，保護者と医療機関がつながることは容易ではありません。そのような状況であったとしても（あるからこそ），先生がその保護者の困り感を理解し，良好な関係を保ちながら，園や先生は保護者の味方であることを伝え続けるなかで，保護者が医療機関につながりなんらかの支援を受けることができれば，結果として子どもの育ちにも良い影響を与える可能性があることを念頭に置いておくとよいでしょう。

第4節　高齢出産の保護者，高齢で子育てをしている保護者

（1）高齢出産，高齢での子育ての概要

　晩婚化や体外受精などの生殖補助医療の技術進歩に伴って出産年齢は年々上昇もしくは横ばいとなっています。第一子を出産した母親の平均年齢は，1995年は27.5歳でしたが，2010年では29.9歳，2020年では30.7歳になっています（厚生労働省，2022b）（図2-14）。

　このように出産年齢は上がっていますが，日本産婦人科医会（2014）によれば，妊娠率や体力の低下などから，妊娠適齢期は20代から30代初めであるとされています。そこで，高齢出産の定義をまず確認していきます。

　高齢出産は，第一子と第二子以降の出産で異なりますが，第一子の場合は，35歳以上で初めて妊娠・出産する方が該当します。高齢出産における心配としては，流産率が高くなる，子宮筋腫など胎児を育てる場所に腫瘍ができやすくなる，妊娠高血圧症候群や妊娠糖尿病などの異常が出やすい，出産時に出血も多くなりやすい，20代と比べて体力がないので身体に負担がかかるなどが挙げら

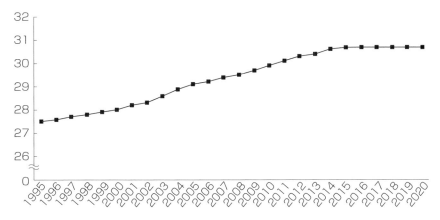

図 2-14　第一子出産時の母の平均年齢（厚生労働省，2022b をもとに著者作成）

れています（日本産婦人科医会，2014）。

　これらの心配は，妊娠・出産に関するものが多く，その後の子育てに関しては，20代と比較して体力のなさからくる身体への負担の大きさが指摘されているに留まっており，高齢出産をしたあとの子育てで生じる困り感についてはあまり詳しく述べられていません。

　また，出産後の子育てにおいては，母親の年齢だけではなく父親の年齢も影響してきます。高齢出産といわれる年齢の母親でなくても，夫である父親は高齢である可能性があります。具体的な定義があるわけではありませんが，ここでは，第一子出産時に40歳以上の父親を高齢であるとします。高齢であるほどに，子どもと一緒に身体を使って遊ぶことや休日にお出かけすることなどが体力的にも精神的にもつらくなることが多いと思われます。

　そこで，高齢出産や高齢での子育てに関して，どのような困りごとがあるかを以下に詳しくみていきましょう。ケース 2-4 に示すのは，幼稚園や保育園の生活で出会うことのある，高齢で子育てをしている保護者の特徴をもとに作成した架空の事例です。

> **ケース2-4　高齢出産の保護者，高齢で子育てをしている保護者**
> 40代後半，母親 J。40代前半，父親 K
>
> 【特徴】
> 　両親ともに落ち着いた雰囲気である。夫婦仲は良さそうであるが，考え方が
> 合わずに，J は K を見下すようなときもある。
> 【夫婦歴】
> 　40代前半で結婚。K は 2 回目の結婚である。しばらく子どもができなかっ
> たため不妊治療を開始。3 年間の不妊治療を経て，子どもを授かることができた。
> 【家族について】
> 　J，K，子ども（年中）の 3 人家族。K は仕事をしているため，子育ては主
> に J が担っている。週末は，K は疲れて家で休んでいることが多い。出かける
> こともあるが，近所のモールに行くことがほとんどである。
> 【子どもの様子】
> 　園では走り回って遊んでいて，部屋の中よりも外遊びが楽しい様子。最近
> は，地域で盛んなサッカーに興味を持ち，友だちとよくボールを蹴って遊んで
> いる。

（2）高齢出産や高齢で子育てをする保護者の特徴は具体的にどのように表れているか

　先述したように，第一子の高齢出産は35歳以上での出産です。その子どもの数の割合について，近年の数値をみていくと，2016年は約21.6％，2017年は約21.4％，2018年は約21.1％，2019年は約21.1％，2020年は約20.9％です（厚生労働省，2022b）（表2-1）。したがって，約 5 人に 1 人が高齢出産の母親から生まれた子どもということになります。

　このように一定数いる高齢出産の保護者や高齢で子育てをしている保護者について，しんどさが表れる状況の一つとして，ママ友・パパ友の少なさが考えられます。先に述べたように，第一子出産年齢の母親の平均年齢は30.7歳であり，高齢出産の母親が少なくとも35歳であるとすると，約 5 年の差がありま

表 2-1　直近 5 年における第一子の高齢出産の割合

(厚生労働省，2022b をもとに著者作成)

年次（年）	2016	2017	2018	2019	2020
高齢出産の割合（％）	21.6	21.4	21.1	21.1	20.9

す。また，平均年齢での差が 5 年になるので，実際には，5 年ではなく 3 年や10年など，年齢差に幅があると考えられます。その保護者が，人と関わることが得意であればあまり問題にならないかもしれませんが，もし苦手であれば，この年齢差はママ友・パパ友の関係づくりに影響することが想定されます。

　ママ友・パパ友の関係づくりのきっかけの一つとしては，同じ園あるいは同じクラスの子どもの親という関係のなかで，子育てに関する経験について，自分の感じていることや考えていることなどを共有，共感していくことが挙げられると思います。子育てに関する経験というのは，たとえば，園や家庭で起きた出来事，自分の子どもとの関わりなど，子育てをしていれば多くの人が興味や悩みを持つことであると考えられます。

　ママ友・パパ友の関係づくりが始まる具体的な場面としては，お迎えのひとときが考えられます。保護者同士が自身の状況を話して関係を築いていくことは少なくありません。好きなものや大切にしていることなどの価値観は，年齢差があればあるほど合致しづらいと考えられます。そのため，うまく話題を探さなければママ友・パパ友の関係づくりがしづらくなります。また，保護者同士の年齢差があるということは，保護者自身の親の年齢差もそれだけ差があると考えられ，親の介護等，家庭状況が異なることから話題が共有しづらく，よりいっそうママ友・パパ友の関係づくりに難しさが生じることになるでしょう。

（3）高齢出産や高齢で子育てをする保護者は何に困っているのか

　本節（2）で述べたように，人によってはママ友・パパ友の関係づくりの難しさが考えられますが，このことから生じる困り感の一つとして，周囲から孤立しやすいことが考えられます。

　年齢差があると，園で起きた出来事を見聞きして感じることや考えることに

差が生じやすく，その結果，同じ園やクラスの保護者と共有することが難しくなり，孤立しやすくなると考えられます。

　また，家庭状況に違いが生じやすいことも孤立しやすさの一つの要因になりうるでしょう。親を介護していくことは，子どもを育てることと同様に大変なことであり，高齢出産の保護者や高齢で子育てをしている保護者は，平均に近い年齢で出産をして子育てをしている保護者と比較して，介護も並行していく可能性がより高いと考えられます。そのような大変な状況に対して，たとえば同様の状況でしんどさが理解し合える，共感し合える人がいれば，その人にとって大きな支えになるでしょう。しかし，同年代と年齢差がある場合には家庭状況が異なる場合も多く，そのような状況について，理解されにくいことがあると考えられます。このように，家庭環境から生じるしんどさを支え合える人があまり多くないことからも，孤立しやすい状況が想定できます。

　さらに，このような孤立しやすい状況に関連することとして，高齢出産ならではの事情も絡んでいる可能性を考えることができます。本節（1）で述べたように，高齢出産の場合には，妊娠や出産の時点から自身の身体面や子どもの発達面などさまざまなリスクを気にしながら過ごすことが多いです。しかし，そのような心配や不安を共有しにくいことも孤立しやすさの一つの要因となります。

（4）高齢出産や高齢で子育てをする保護者の子どもへの影響

　本節（1）において，高齢出産した場合の心配の一つとして体力の低さを挙げましたが，このことは，妊娠・出産に関してだけではなく，子どもが育っていく過程において，続いていくものと考えられます。母親が高齢出産といわれる年齢でなくても，父親が高齢である場合も影響はあるでしょう。

　子どもは，好奇心の高まりから活発になっていき，自分の世界を広げようとよく動くようになります。したがって，好奇心旺盛な子どもと一緒に動き，安全や安心を守る必要が出てきます。それまでの運動習慣などによって異なる部分もあると思いますが，年齢が上がれば上がるほど体力は低下していきます。そのため，高齢で子育てをしている保護者の子どもは，子ども自身が満足できるほどの遊ぶ機会や保護者と一緒に身体を動かして遊ぶ機会が，ほかの子どもと比較して少なくなるかもしれません。

　また，ママ友・パパ友がおらず，保護者が孤立している状況にあると，園で子ども同士が仲良く遊んでいたとしても，保護者がお迎えにきたらすぐに帰らなければならなかったり，降園後に近くの公園に行けなかったりするかもしれません。ほかの子どもたちと共に

図2-15

いられる時間や機会が少なくなることは，子ども同士の関係性に影響が出る可能性があります（図2-15）。

　ほかにも，満足できる遊びの少なさは，子どもが保護者に対して不満を持つことにつながるでしょう。子どもにとって重要な他者である保護者との関わりは，その成長に欠かせないものですし，保護者とどのようなことをしたか，保護者がどのようなことをしてくれたのかを子ども同士で比較することもあります。ママと好きなところへお出かけして楽しかった，公園にある遊具でパパと一緒に遊んだ，家族でテーマパークに行って一日中遊んだなど，子どもは自分が経験したことを子ども同士で話します。そのなかで，自分が満足できるほど遊べない子どもにとっては，友だちの話を羨ましく思い，自分が置かれている環境や保護者に対して不満を持つこともありうると思われます。

（5）高齢出産や高齢で子育てをする保護者に対応する先生は何に困っているのか

　本節（2）のような保護者がいるとき，先生たちがすぐに困るようなことはあまりないかもしれません。孤立しやすい状況にある保護者が，そのことについて先生に対して何か要望を伝えてくることは考えづらいからです。しかし，想定しておいたほうがよいと思われることの一つとして，ほかの保護者との関係の希薄さから生じる理解や支援の難しさが挙げられます。

　ママ友・パパ友のように保護者同士で交流がある場合には，先生が直接その保護者と話していなくても，間接的にその保護者や子どもの話を聞くことがありえます。たとえば，降園したあとに一緒の公園で遊んでいて，その公園での様子をそれぞれの保護者から聞くというようなことです。このようなやり取りを通して，どのような保護者であるかといった理解が進むと思われますが，高齢での子育てであまり交流がない保護者の場合，そのような情報は得られにくくなり，どのような保護者であるのか理解が進みづらくなります。したがって，どのようなことを大切にしているか，何を気にしているかなどがほかの保護者と比べると把握しづらくなるため，先生と保護者との関係づくりにも影響してくる可能性があります。

（6）高齢出産や高齢で子育てをする保護者への関わり・対応

　本節（3）のような困り感が保護者にあり，本節（5）のような困り感が先生に生じる可能性がある場合，保護者へどのように関わっていけばよいかを考えていきます。

　積極的に先生方に行ってほしい保護者への支援の一つとして，高齢出産や高齢で子育てをしている保護者がほかの保護者とやり取りする機会を作ることです。そのための関わりの例として，その保護者の子どもの様子を伝えることに加えて，クラスの様子やほかの子どもの姿を保護者に伝えていくことが考えられます。繰り返しになりますが，ママ友・パパ友になっていく際に重要なことの一つは，共感できるような出来事をもとにさまざまなことを共有することです。同じ園の同じクラスにおいて，最も共有しやすい出来事の一つは，日々の活動におけるクラスで起きた出来事や子どもたちの様子です。その保護者の子どもに関わる様子や出来事を伝えることは普段からされていると思いますが，そこにほかの子の様子も伝えていくことが加えられれば，ほかの保護者と話すきっかけを作ることがで

図2-16

きます。

　また，保護者同士が交流する機会として，園や先生方が茶話会などを企画することも一つの方法として考えられます。この場合には，自由に話す場になるとむしろ話しづらくなると思われることから，たとえば園で行った行事の感想など，どの保護者でも話しやすいようなテーマを選び，場の雰囲気を作っていくことが望ましいと思われます（図2-16）。

（7）高齢出産や高齢で子育てをする保護者の子どもへの支援

　続いて，本節（4）のような子どもへの影響が考えられる場合，どのように子どもを支援していくかを考えていきます。

　まず考えられる支援の一つとして，子どもの思いを受け止めていくことがあります。子どもがほかの保護者や環境を羨ましがる際には，その気持ちや考えを信頼できる大人に受け止めてもらうことで，気持ちの折り合いのつけ方やほかの子どもとの関わり方を学ぶ機会にもなります。また，子どもの話を丁寧に聴いてあげながら，保護者に子どもの気持ちを伝えることも一つの方法です。その際，保護者にとって受け入れやすいかたちや言葉で本節（6）に記載した支援につながるように保護者と関わることができれば，なお良いのではないかと思います。

　また，保護者の体力の問題で，子どもが満足いくように遊んであげられない場合，課外教室などの習い事を活用することも選択肢の一つです。一緒に身体を動かすことはできなくても，サッカーやダンス，プールなど子どもが一生懸命頑張っている姿を応援し支えることはできます。それも，保護者と子どもの関係性にとって好ましいかたちの一つです（図2-17）。そのため保護者が，自分が子どもと遊びたいのに遊んであげられないつらさを抱えている場合，課外教室を使ってみて，子どもと一緒に頑張ることも選択肢の一つであることを伝えてあげてください。園で子どもがサッカーを楽しそうにしているのを見たら，「サッカーすごい楽しそう

図2-17

にしてました。習ってみるのもいいかもしれないですね」とそれとなく伝える
こともよいでしょう。

（8）高齢出産や高齢で子育てをする保護者対応の見通し・目標

　近年，「多様性」という言葉が注目され始め，さまざまなところでこの言葉
について考え始められたように思います。こうした時代の流れのなかで，一昔
前に比べれば，高齢出産や高齢で子育てをする人が支援を受けられるように
なっていますが，まだまだ充分な支援ができている状況とは言い難いでしょ
う。子育ては非常に大変なものであり，そのときに感じる苦労，あるいは苦労
があるゆえの喜びや生きがいなど，同様の経験をしている人たちと経験を分か
ち合い，支え合うことは大変重要になってきます。そのように考えると，高齢
出産や高齢での子育てであることを理由に，ママ友・パパ友を作りにくい状況
や，その状況によって子どもがしんどくなりうる状況に対しては，何かしらの
支援が必要であると思われます。

　支援の方向性の一つとしては，本節（6）（7）で先述したように，孤立し
やすい状況を理解したうえで，孤立しないように子ども同士や保護者同士をつ
なげるきっかけを作ることが求められているように思います。また，子ども同
士，保護者同士はすぐには難しいとしても，まずは先生方が保護者と関わりを
持つことが孤立しやすい状況に陥ることを防ぎます。子育てを支援していくに
当たっては，誰とも関わらず孤立してしまう状況にならないように，つながり
を大切にしていくことが求められます。

第5節　クレームが多い保護者，クレームが強い保護者

　最初にお伝えしておきたいことがあります。園や学校などに，理不尽な要求
をする人たちのことを，「クレーマー」や「モンスターペアレント」といい，
それらの言葉が一般的となっています。ただ，「クレーマー」や「モンスター
ペアレント」という言葉は，理不尽ではない適切な要求をしている保護者に対
しても使用されている場合があり，またクレームをする保護者を園や学校の
"敵"や"普通ではない人"といったラベリングをするために用いられている
ように筆者は感じます。小野田は「モンスター」という用語について，「この

言葉は，とんでもない人格否定の意味を持ち，結局は保護者と向き合う教職員の気持ちすら萎えさせていく危険な用語」（小野田，2009）と述べています。

　クレームが多い保護者やクレームが強い保護者は，ただ単に園や先生を攻撃したいと思っているわけでない場合もあります。クレームをする背景には，保護者の孤独感や不安があり，行き場のない気持ちを適切ではないかたちで出されている場合も多いです。そのため，クレームをする人を"敵"や"普通ではない人"といった見方だけで捉えてしまうことを避けるために，本書では，定義などで用いるとき以外は，「クレームが多い保護者」もしくは「クレームが強い保護者」と記載することとします。本項目を通して，クレームが多い保護者やクレームが強い保護者について理解することで，そのような保護者と先生方が関係性を築きやすくすること，それが子どものためにもつながることを目指します。

（1）クレームが多い・クレームが強い保護者の概要

　まずは，「クレーマー」や「モンスターペアレント」についての定義を見てみたいと思います。「クレーマー」とは，定義どおりには苦情を申し立てる人ですが，特に，常識的な苦情の領域を超えて，あら探しのような苦情を企業に寄せたり，しつこく抗議を繰り返したりする人のことを指して使われます。また，「モンスターペアレント」とは，主に園や学校現場などの教育領域で用いられる言葉であり，園や学校にとっての「クレーマー」ということになります。ただし，「モンスターペアレント」が「クレーマー」と異なる点は，自身の子どもが園や学校に通っているため，自分自身のことというより，自身の子どもに関することを要求してくることが多いです。もちろんクレーマーと同様に金銭的な要求をすることもありますし，自身の子どもとは関係の薄い運営や行事に関することなどに要求する場合もあります。

　2011年に Benesse が行った調査（回答者数：約2500名／回答者の属性：20歳から60歳の Benesse メンバー）によると，「モンスターペアレントが増えている」と回答した人は，「とても増えたと思う」「まあ増えたと思う」を合わせると，9割以上となっています（Benesse，2011）。

　また，佛教大学の齋藤浩（2010）が，保護者の利己的な言動を分類しているので，表2-2に引用します。

表2-2　保護者の利己的な言動の分類（齋藤，2010をもとに著者作成）

3つの大別	8つの細分化	定　義	言　動　例
対処に困るクレーム	シゾイド型クレーマーによるクレーム	体験した出来事を常に悪意あるものとして感じる傾向	・実際にはないのに子どもがいじめを受けていると認識する
	ナルシスティック型クレーマーによるクレーム	他者を打ちのめすことで他者より優れている自己を証明	・教師の対応の不適切さなど巧妙な問題にクレームをつける
対処に困る要求	教育とは無関係な内容	学校教育や養育とは無関係なことを要求	・お金を貸して欲しい ・保険に入って欲しい
	学校教育に関係する内容	教育に関係していても自分勝手な事を要求	・学芸会で主役を希望 ・自分の子だけ優遇希望
クレームや要求を伴わないが対処に困る言動	子育ての放棄，怠慢	自分の子どもを養育する義務の放棄，怠慢	・給食費の未払い ・欠席の連絡をしない
	子育ての誤解，曲解	過保護，過干渉，偏った教育観による養育	・小さな怪我で大騒ぎ ・子どもの非を認めない
	教師や学校への攻撃言動	教師の人格を意図的に傷つけるような言動	・真夜中に教師宅に電話 ・教師の名を呼び捨て
	教師や学校への非常識言動	大人として人間としてのマナーに欠けた言動	・運動会での飲酒，喫煙 ・授業参観中のお喋り

　このように，クレームといってもさまざまな種類があることがわかります。当然，保護者のクレームの背景にあるものも少しずつ異なってきます。

　しかし，先述したように，クレームをする保護者の多くは，家族や地域からの孤立による孤独感や子どもの障害や将来に関する不安などを抱えています。それらを理解しようとすることで，そのような保護者と関係を形成することができ，同時にクレームがおさまることもあります。クレームが多い保護者やクレームが強い保護者と先生方が関係を作り，先生方も負担なく働けるようにすることも，子どものためにも大切なことです。実際，クレームによって先生方はさまざまな影響を受けています（表2-3）。

　そのため，まずはクレームに対する基本的な対応をおさえたうえで，その後に保護者との関係づくりについて考えたいと思います。

　ケース2-5に示すのは，幼稚園や保育園の生活で出会うことのある，クレームが多い・クレームが強い保護者の特徴をもとに作成した架空の事例です。

表 2-3　**具体的な仕事への支障内容**（齋藤，2010）

具体的に支障が出た仕事の内容	件	%
1．保護者の対応に時間がかかる	390	76
2．精神的にまいってしまい気が晴れない	381	75
3．保護者への説明責任を過度に気にする	232	45
4．子どもへの指導を遠慮してしまう	238	47
5．懇談会等で率直に事例を伝えられない	117	23
6．他の学級と違うことに過敏になる	84	16
7．宿題の量の増減など教育活動で保護者の意向を受けすぎる面が出てしまう	76	15
8．その他（　　　　　　　　　　）	19	4

＊　（％部分の算出方法＝件/510，小数第 3 位四捨五入）

ケース 2-5　クレームが多い・クレームが強い保護者
40代，母親 L。

【特徴】
　清楚な印象で，教育や子育てに熱心な様子。子どもが自分でできることも L がやってしまうなど，やや過保護な面もある。

【家族について】
　L，父親，子ども（年中）の 3 人家族。父親は医師で，L はパート勤務。基本的には，L が送り迎えをしているが，行事には父親も必ず来る。子どもがケガをしたときは，父親がその日中に電話をかけてきたこともあった。L は，子どもの友だち関係について，「〇〇くんを近づけないでほしい」といった要望を園に伝えてくることもあった。

【送迎時の様子】
　朝の登園時は，子どもが泣く日が多いが，L も離れられずに，余計に子どもが泣くことが多い様子。お迎えのときは，ほかの母親もいるが，ほとんど話す

ことはなく，ママ友はいない様子。

【子どもの様子】

　活発でみんなを引っ張っていく存在ではあるが，落ち着きのないときもある。友だちに譲ることや一緒に使うことが苦手でトラブルになることも多い。Lの前でも，周囲からすると，わがままと思われるような行動をすることがあるが，Lは子どもの言うとおりにしている様子。

（2）クレームの対応方法

　たとえば「Aに意地悪をされたらしく，うちの子ども（B）が家で泣いている。（年度途中であるが）Aのクラスを替えてほしい」という要求があった場合を考えてみましょう。

① 親身に話を聴くこと

　話を“聴く”ということが基本です。聴くというのは，音のように耳から入ってくるものではなく，能動的に積極的に耳を傾けようとすることです。つまり，「理不尽なことを言っているから適当に“聞いて”おけばいい」「早く終わってほしい」といった思いを持って聞くのではなく，「何に困っているのだろう」「クレームの背景には何があるのだろうか」と思いながら話を聴くことが大切です。この例の場合は，「自分（先生）は気づいていない，あるいは意地悪とは思っていなかったが，保護者が言うように，Bは嫌な思いをしているのかもしれない」「Aとの関係以外でも，Bは何かしんどいことがあるのかもしれない」のように子どもに思いを馳せることもできます。また，「Bには発達の遅れがあるため，保護者がBの友だち関係のことを日頃から不安に思われているのかもしれない」のように，保護者に思いを馳せることもできます。嶋崎（2018）は以下のように述べています。

　　多少，理不尽であると思われるクレームであっても，親の心理的事実（気持ち）に焦点を当て，客観的事実（具体的な苦情・要求内容）に真摯に対応することで，解決に向かうことが多い。教師と保護者の信頼関係の深化という「おまけ」までついて。　　　　　　　　　　　　　（嶋崎，2018）

② 整理すること

　事実や状況の確認（いつ，誰が，どこで，どのように，何をした，結果どうなったのかなど）をしながら話を聴くことも大切です。クレームの根拠となっている物事は，子ども自身が言っているのか，保護者が見て判断したのか，ほかの保護者から聞いたのかなど，情報源は何かということを知ることも重要です。保護者自身も自覚なく，未整理のまま，感情に任せて話してしまっていることがあります。この例の場合は，子ども自身がAに意地悪をされたと言っているのですが，それがどのような意地悪なのかといったことがわかりません。もしかすると，BがAのものを取ろうとしてAに少し押されたり強く言われたりしたのかもしれません。また，今日は嫌なことがあったかもしれませんが，うまく遊べている日のほうが多いのかもしれません。

　先生が親身に話を聴き，状況を整理するだけで，保護者の気持ちがおさまり，クレームもおさまる場合もあります。

③ すぐに（すべてを）謝らないこと

　この例の場合，「申し訳ございません」と謝ると，何に謝っていることになるでしょうか。BがAに意地悪されたことを防げなかったこと，あるいは意地悪されたことに気づかなかったことでしょうか。もしくは，クラス替えができないということへの謝罪なのでしょうか。相手に強く言われてしまうと，怖いという気持ちが湧いてきて謝りたくもなるため，思わず謝ってしまうのも仕方ないときがあります。ただ，この例の場合は，すぐに謝ってしまうことで，意地悪をされたことが事実でなくても，意地悪があったと先生が認めたと保護者が受け取るかもしれません。そうなると，状況を整理すればおさまっていたクレームもおさまらないでしょう。

　たとえば，クレームがあった日やその前日に，AとBのトラブルを先生が把握していて，AとBから事情を聴いて，次からどうするかなどを一緒に考えていたとします。それを保護者に報告していなかった場合，報告していなかったという事実は謝るべきでしょう。そのため，「前日にBとAの間で○○ということがありました。そのときに，○○のような対応をしました。それをお伝えしていなかったことやBが納得できていなかったことがあるかもしれません。そのことについては申し訳ございません」といったように謝るとよいでしょう。

④ 一人で対応しない（抱え込まない）こと

　担任の先生が一人で抱えていると，先生自身もどうすればよいのかわからず
しんどくなってしまいます。また，対応を考えている間に時間が経ってしまっ
たり，謝るだけで終わっていたりすることで，クレームがひどくなることも考
えられます。そのため，担任の先生に向けてのクレームであっても，管理職と
共有し，対応を一緒に考えていくことが大切です。共有しておくことで，ク
レームのために保護者が園に直接来た場合に，管理職も即座に事情を把握し
て，担任の先生と管理職との複数人で対応することもできるからです。

⑤ 時間をコントロールすること

　最初のクレーム（適切な主張も含めます）は，親身に時間をかけて聴くこと
が有効な場合も多いです。ただし，何日もクレームが続く場合は，先生の業務
に支障が出てしまいます。そのため，「次に○○（たとえば，終礼やミーティ
ングなど）があるので，今からでしたら○時までお話しできます」というよう
に終わりの時間や話せる時間を伝えておくとよいでしょう。また，保護者のタ
イミングで話を聴くのではなく，できるだけ先生のタイミングで話せるように
することで，先生の負担を軽減できます。

　たとえば，「明日の○時にこちらからお電話しますが，よろしいでしょう
か？」と伝えることができます。その際のポイントとして，週に一度，まとめ
て1時間話すよりも，できれば毎日10分話すほうが，クレームをする保護者の
怒りや不安を抑えられる場合があります。そのため，「毎日5分，10分ほどで
よろしければ，Bの友だちとの出来事やそれ以外のこともお伝えしましょう
か」と提案することもできます。先生の無理のない範囲で，話ができる頻度や
時間を設定しましょう。

⑥ 記録をとること

　いつ，誰が，どのような内容を保護者から聞いたかということを記録に残し
ておくことが大切です。記録を残しておくことで，「言った−言わない」の争
いになってしまうことを避けることができます。また，「先週の金曜日のお電
話の際に，お母様がおっしゃっていたことですが……」のように，先生も自信
を持って対応にあたることができます。

　できれば避けたいことですが，場合によっては，法的争いになることもある
かもしれません。そのときに記録がなければ，園としてどれほど時間をかけて

真摯に対応していたとしても，それを証明することができません。

　また，クレームがあったときのことだけではなく，クレームに対応するための会議や打ち合せについても記録に残しておくことが望まれます。

　ここまで，基本的なクレームの対応について述べてきましたが，嶋崎がクレーム対応のポイントについてまとめているので引用したいと思います。

　　まずは，「三つの“き”」についてです。「三つの“き”」とは，「きぜんとした対応」「きちんとした記録」「きんみつな連携」のことです。(3)すぐに（すべてを）謝らないこと，(6) 記録をとること，(4) 一人で対応しない（抱え込まない）ことでも述べていますが，「三つの“き”」で覚えてもよいでしょう。また，「心理的事実（気持ち）を受容しても，受け入れ難い客観的事実（訴え・要求）に共感してはならない」とも述べています。これは，(1) 親身に話を聴くこと，でも述べましたが，親身に話を聴くことと客観的事実に共感することは違います。そのことを念頭に置いておくと，すぐに謝ってしまうことや要求どおりにしてしまうことを防ぎやすくなるでしょう。
　　　　　　　　　　　　　　　　　　　　　　　　　　　（嶋崎，2018）

　「クレーマー」や「モンスターペアレント」という言葉が普及して久しく，先生方の苦労について理解されつつありますが，それに伴い，園や学校の先生方は以下のようなことに気をつけなくてはなりません。

　　教職員は，他者からの要望や苦情（クレーム）に対して身構える傾向がほかの職種よりも強いそうです。正当なクレームを無理難題だと認識したり，面倒なことだと感じたりしやすく，それが態度に表れてしまったために，相手の怒りを増強させることになるのです。　　（大阪府，2010）

　クレームのなかには，正当なものも間違いなく含まれますし（それはクレームともいわないでしょう），園や学校，先生方のミスによるものもあるでしょう。クレームが多い保護者でも，最初の対応をうまくできていれば，さらなるクレームに発展しなかった可能性も充分にあります。保護者からの要求を，す

べて理不尽なものであると決めつけてしまうのではなく，まずは自身の対応に問題はなかったかどうか，自分が気づいていないことがあるのかもしれないなど，自身の言動を振り返り，真摯に対応することが基本になります。

（3）クレームの背景にあるもの

　ここまで，クレームの対応方法をみてきましたが，クレームをする保護者を理解して関係を作り，先生方の負担を軽減するためにも，クレームの背景にあるものを考えていきたいと思います。

① 家族やママ（パパ）友，地域からの孤立，それに伴う孤独感

　まずは，家族やママ（パパ）友，地域からの孤立や孤独感を見ていきたいと思います。私たちが嫌な経験やつらい経験，不愉快な経験や納得のいかない経験をしたとき，それを一人で抱えることが難しいときもあります。そんなとき，1から100まですべてを話さないとしても，「今日こんなことあってさ」「ほんましんどいわ」のように，ちょっとした愚痴でも吐き出すことができると，心が少し軽くなります。それは，自分の気持ちを話せたことでスッキリする効果（カタルシス効果といいます）があったり，気持ちを聴いてくれた人がいることで安心感につながったりするからです。

　しかし，さまざまな事情で，話せる相手がいない場合があります。結婚や離婚，転勤などをきっかけにして地元から離れてしまった。子育てを主に一人で担っていたり家族関係が悪かったりする。周囲のママやパパと年齢が離れている，あるいは言葉の問題などがあり，ママ友やパパ友とうまく関係を作れない。子どもに障害などがあり，過去に人に相談したことはあるが親身になってくれず，そこから一人で抱えるようになった。ここに記載したのはいくつかの例ですが，話せる相手がいない場合，園や先生のちょっとしたミスで苛立ったり不快に感じたりした気持ちを共有する人がいないため，あるときからそのようなミスに耐えられなくなり，クレームをすることになります。このような保護者は，クレームをしたくてしているわけではなく，話せる相手や共有できる相手がいないために，怒りというかたちで園や先生に対して表出してしまいます。園や先生に怒りを向けると，結果的に園や先生方とも関係をうまく作れなくなるため，ますます孤立して孤独感を強めてしまいます。さらに，自身のクレームが招いた結果，園や先生も自分のことを嫌っている，良く思っていない

だろうという被害感を持ってしまうという悪循環に陥ることもあるでしょう。

　そのため，クレームに真摯に対応することは当然なのですが，クレームに関連したやり取りだけになってしまうのではなく，園や先生のほうから他愛のない話をしてみたり，保護者を心配しているような声かけをしたりすることが大切です。そうすることで，孤立や孤独感が少しずつ軽減し，良い意味で，先生のちょっとしたミスにも耐えられるようになり（受け流すことができる心の余裕が生まれるということです），クレームは減少していきます。

② 子どもの発達の遅れや障害からくる周囲への不信

　次に，子どもの発達の遅れや発達障害，将来に対する不安を抱えている保護者について見ていきたいと思います。健診や病院等で，実際に発達の遅れや発達障害を指摘あるいは診断されている保護者について，まずは考えたいと思います。子どもの発達に遅れや障害があると，子ども自身の苦手なことやできないこと，子育てについて指摘されることが多くなり，基本的な素地として，外部機関に（園や先生に対しても）敵対心や不信感を抱いていることがあります。そうすると，たとえ園や先生が子どものできないことや苦手なことを指摘したつもりがなくても，あるいはほとんど指摘したことがないにもかかわらず，それがクレームにつながることもあります。そのような保護者からすると，「園や先生も，どうせ子どものできないことしか伝えてこない」「誰も自分（たち）のしんどさをわかってくれない」といった思いを抱いていることでしょう。

　そのため，そのような保護者に対しては，まずは子どものできていることやできるようになったことを伝えることが大切です。ただ，できることやできるようになったことを伝えるだけでは（たとえば，初めてトイレに行ってくれました，と伝える），「ほかの子どもはすでにできていることをわざわざ伝えるなんて，自分の子どもをできない子，遅れている子と思っているのではないか」といった不信感を抱く保護者もいます。そのため，できたこと，できるようになったという目に見える結果だけではなく，楽しんでいたこと，興味を持っていたことなども伝えるとよいでしょう。

③ 子どもへの過保護的な関わりからくるもの

　本節（3）②と似た点があるかもしれませんが，子どもに対して過保護的な関わりをしている保護者からのクレームの背景を考えてみましょう。Ｌのよう

に数年の不妊治療の末に授かった子どもである，子ども以外の人と関係がうまく作れていないなどの事情で，子どものことはなんでも保護者である自分がしなければならない，自分が子どもを守ってやらなければならないといった保護者の思いが非常に強い場合があります。また，このような保護者は，子どもの言ったことがすべて正しいと捉える傾向にあります。そうなると，たとえば友だちとのトラブルで，自分の子どもにもトラブルのきっかけがあるにもかかわらず，自分の子どもが相手の子どもに嫌な思いをさせられたということだけで頭がいっぱいになってしまいます。

ちなみに筆者は，子どもが言っていることが間違っているとは思っていません。しかし，発達段階的に，言葉選びが違っていたり状況把握がうまくできていなかったりするため，話の内容を大人が整理する必要はあります。

たとえば，「Ａくんに叩かれた」と子どもが言ったとして，それだけだと急に叩かれたとも捉えることができますが，「それは嫌やったね。叩かれる前に何かしてたの？」と尋ねると，「（私が）おもちゃを取ったら叩かれた」と答えることもあります。さらに，「（ジェスチャーもつけながら）取って，いきなり叩かれたの？」と聞くと，「ひっぱった」とＡくんとの間でひっぱり合いになり，そのときに手が頭に当たったということがわかることがあります。毎回，この一連の流れのようにスムーズにいくわけではありませんが，子どもの最初の一言だけでは見えてこなかった状況が見えてくるかもしれません。

さらに，Ａくんがいきなり叩いてきたと保護者が思い込んでしまうと，Ａくんに対して怒りながら，「いきなり叩いてくるとかありえへんな」といったことを保護者が言うでしょう。すると，子どもも「いや，いきなりではないけど……」のように否定することが難しくなり，保護者のトーンに合わせなければなりません。もしくは，保護者がそのように言うのなら本当にそうかもしれないと思い込んでしまうこともありえます。

こうなると，園や先生があとから状況を説明したり，これまでの子ども同士のやり取りから「そんなことはないと思います」と伝えたりすると，子どもも保護者も納得できないことになり，さらなるクレームに発展する可能性があります。

そのため，報告が遅くなったことを謝り，まずは親身に話を聴くことが大切です。その後，状況を把握できているのであれば，子どもが嫌な思いをしたと

いう事実は大切にしながら，そのときの状況を具体的に伝えるとよいでしょう。それで対応が終わりではなく，子どもが嫌な思いをしないように見守りを続けること，このクレームの場合だと，「○○くんが言葉で伝えられるようになると，○○くんの友だち関係もより広がると思うので，言葉で伝えられるように関わっていきたいと思います」というように，子どもにとって良いことがあるという視点で伝えられると，過保護的な関わりをする保護者は納得しやすいと思われます。

　また，過保護になっている（ならざるをえない）背景として，自分の子ども以外との関係がうまく作れておらず孤立していることが考えられるので，保護者の家族や仕事などの日常に関する話なども聴いてみると，徐々に孤独感が軽減し，クレームの減少や子どもの自立にもつながるかもしれません。

　最後に，クレームをする保護者と関わるうえで大切な視点を嶋崎が示唆しています。

　　　"困った親"を"困っている"親と捉え，その"困り感"の解消を支援する姿勢が求められる。子どもはその親とともに過ごしているのだから。同様に，教師も困ったときは"困った"と援助を求めればよい。"困っている教師"に，子どもも困ってしまうであろうから。　　　　（嶋崎，2018）

（4）クレームが多い・クレームが強い保護者の子どもへの影響，子どもへの支援

　クレームが多い保護者やクレームが強い保護者の子どもはどのような影響を受けるでしょうか。幼稚園や保育園に通う子どもは，保護者が先生に文句を言っているということを理解できていないかもしれません。そのため，保護者が園や先生にクレームをしている様子を見て恥ずかしい，やめてほしいといった気持ちを抱くことは少ないでしょう。保護者がクレームをすることで子どもは困らないかもしれませんが，なんらかの影響を受けることはあります。

① 問題解決を自分でしなくてもよいという誤った学習

　子どもへの影響の一つとして，嫌なことや納得できないことを保護者に伝え

ると「自分の思いどおりにしてくれる」と勘違いしてしまうことが挙げられます。それに伴い，自分で問題をなんとかしようという意欲や自分で友だちとの関係を維持しよう，修復しようとする意欲が低下してしまうかもしれません。

　また，最初は子どもにとって思いどおりになることがよかったかもしれませんが，だんだんと，保護者に何かしら嫌だったことを報告させられるような状況になると，子どもも困ってしまいます。以前に子どもが友だちのことや先生のことで嫌な思いをした場合，「今日も何か嫌なことをされたのではないか」という前提で，保護者は子どもに毎日聞くようになるかもしれません。そうなると，特に嫌なことがないときでも，嫌なことを報告しないと保護者が納得してくれなかったり，保護者との関係が悪くなってしまったりすることを恐れて，嘘ではないものの誇張して，友だちや先生との間での出来事を伝えてしまうかもしれません。保護者はそれを聞いて，「やっぱりそうなんだ」「やっぱり問題は解決していない」という思いを強めて，クレームが続くのです。子どもはこうした状況のなかで，何かあると決めつけられて，ある意味その期待に応え続けなければいけない閉塞感や居心地の悪さを経験するかもしれません。

② 保護者の感情に影響を受ける

　また，保護者の怒りや不安が強いと，子どもも同じような感情を抱くことがあります。たとえば，保護者が先生のことを悪者扱いしていると，子どもも先生のことを悪者のように思って，先生の言うことを聞かなくなることがあります。ほかにも，「Cといると良くないから，一緒にいてはいけない」と保護者が子どもに何度も伝えることで，本当にCと一緒にいてはいけない気持ちになって距離ができてしまったり，ほかの友だち関係にもマイナスの影響を与えたりすることがあるかもしれません。ここで子ども自身には，Cと一緒に遊びたい気持ちがある場合は，保護者の意向に添うように自分の気持ちを押し殺すことになり，子どもはなおさら苦しい思いをすることでしょう。

③ 子どもの園での見られ方の変化

　そのほかの影響としては，クレームが多い保護者やクレームが強い保護者のことを先生が気になってしまい，その子どもをほかの子どもと同じように見ることができなくなることが考えられます。つまり，その子どもがトラブル（トラブルというほどでもない，小さな問題も含みます）に巻き込まれると，保護者からクレームがくることが怖いので，トラブルに巻き込まれないように先生

が目を光らせたり，子ども同士で解決できそうなことでも先生が早々に介入してしまったりするということが考えられます。また，ほかの子どもであれば我慢してもらうことでも，クレームが多い保護者やクレームが強い保護者の子どもの場合は，そこまで我慢させないなどの不公平さも生じてしまうかもしれません。それだけを聞くと，その子どもは得をするようで困らないと思われるかもしれませんが，先生に見張られているような雰囲気は居心地が悪いですし，友だちから「〇〇ちゃんはずるい」と言われたり嫌われたりするのは，子ども自身もつらい思いをするでしょう。

　筆者は，先生が保護者を恐れて，ほかの子どもと同じようにその子を見られなくなることを，先生の力不足だとは思いません。それほど，クレームを受けることは怖いことでもあり神経を使うことなのです。そのため，先述したようなクレームの基本的な対応をおさえたうえで，保護者と良好な関係をできるだけ早く作ることを目指しましょう。

（5）クレームが多い・強い保護者への対応に関するまとめ

　ここまで，クレームの基本的な対応をおさえたうえで，クレームの多い保護者やクレームが強い保護者の背景にあるものや子どもへの影響を見てきました。

　先述したように，クレームといわれるもののなかには，園や先生のミスや責任が大きいもの，理不尽ではない適切な要求（自身の子どものためだけではなく，ほかの子どものためにもなることなど）であるものもあります。それらをクレームと決めつけるのではなく，まずは親身に話を聴いて，先生方自身の言動を振り返ることが大切です。適切な要求や控えめな要求に耳を傾けなければ，それがクレームに発展してしまうこともあります。また，たとえそれがクレームと呼ばれるものであったとしても，親身に話を聴く，状況を整理する，進捗状況を報告するなどの初期対応がしっかりできれば，さらなるクレームに発展せずにおさまることが多いです。

　ただ，先生方が尽力してもなお，クレームがおさまらずに先生方の業務や健康面に支障をきたす（きたしそうになる）こともあります。その場合は，先生や園だけで抱え込むことなく，警察や弁護士などの外部機関や専門家に相談することも選択肢の一つです。

　しかし，クレームをする保護者の背景にある孤独感や不安を理解したうえで，クレーム以外のことで保護者と関わることを意識しながら，少しずつクレームをする保護者と良好な（敵対的ではない）関係を作ることを目指してほしいと思います。それが，クレームをする保護者の子どものためにもなることが多いからです。

　クレームを受けることは本当にエネルギーがいることなので，目の前のクレームの対応だけに意識を向けてしまうことも多いですが，基本的な対応をおさえたうえで，保護者の背景にあるものや子どものためにもなることを意識できると，クレームに対応する力も湧いてくるかもしれません。

　また，一人の先生が抱えることなく，園全体で抱えることで，目の前のクレームだけに圧倒されてしまうことや先生の心が折れてしまうことを防ぐことができます。クレームを受けた先生が，ご自身でほかの先生を頼るだけではなく，周囲の先生も「大丈夫？」と声をかける，一緒に考える，そんな関係や雰囲気を日頃から作れるとよいと思います。

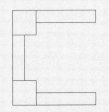
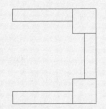

コラム 3
大人は良くも悪くも縛られている

　子どものちょっとした行為にイラっとすることってありますよね。それはもしかすると，大人は良くも悪くも，決まったやり方やある種の前提に縛られていて，本来のやり方や使い方でなければ受け入れにくいからかもしれません。

　たとえば，絆創膏は傷口を覆うように，基本的に 1 枚だけ貼ることが多いと思います。それにもかかわらず，子どもが絆創膏をたくさん貼っていたら，「何でそんなに使うの？」と言いたくなるかもしれません。しかし，一見無駄に使っているように思えても，大人のようにうまく（でこぼこにならないように）貼ることができないため，何枚も使って傷口を覆っているのかもしれませんし，何枚も貼り直しているのかもしれません。

　また，セロテープやマスキングテープをちぎって貼り，製作をすることもあるでしょう。絆創膏に比べると，セロテープやマスキングテープは多く使ってもイライラしないと思います。それは，コストパフォーマンスの問題というよりも，製作であればセロテープやマスキングテープは多く使ってもよいという感覚が大人にはあるからです。

　絆創膏をたくさん貼って練習することも手先の力を鍛えるため，自分でできたという達成感を抱くために役立つ，と思えたら，子どもが絆創膏を何枚も貼っているのを温かく見守り，「頑張って貼れたね！」と声をかけることができるかもしれません。そして，「次からは 1 枚でやってみよう」と優しく声をかけられるでしょう。

　絆創膏は一例であって，それ以外にもたくさんあります。大人には，雨の日は外で遊ばないという考えがある人もいるかもしれません。しかし，子どもにとっては，長靴を履いて水たまりでバチャバチャすることは楽しいものです。大人からすると，濡れるし汚れるし，後処理が面倒くさいと思うかもしれませんが，雨の日に家の中でずっといると，子どもにとっても保護者にとってもストレスが溜まるときもあります。そんなときに，「雨の日は面倒くさい」とい

う思考から，「時間も潰せるしその後すぐにお風呂も入れられる」という思考に切り替えられると，「お外行ったら濡れるから，帰ったらすぐにお風呂入ろうね」と約束しておくこともでき，雨の日でも外で遊びやすくなり，子どもも保護者もストレスが溜まりにくくなります。

　また，入浴剤の中にフィギアなどが入っているバスボムは，湯船に入れるものという思い込みがありませんか？　子どもはバスボムの中身がほしいので，浴槽ではなくバケツや桶でもよいのです。バスボムを子どもがお風呂（シャワー）にスムーズに入ってくれるための道具として使うのであれば，浴槽ではなくても（お湯を溜めなくても）お風呂の中でバケツや桶にバスボムを入れればよいでしょう。

　このような普段はあまり考えることのない暗黙の前提に気づけると，その縛りから解放され，子どもとの関わりでイライラすることが少なくなります。それどころか，子どものおかげで世界が広がったように感じられます。大人が子どもを一方的に育てるのではなく，子どもが大人を育ててくれることもあるのです。

第3章　先生方が自分自身に優しくする

　第1章と第2章では，子どもや保護者を理解して関わることについて述べてきましたが，子どもや保護者と関わる先生も，自分のことを理解したり，自分自身に優しくしたりすることが大切です。先生がいてくださるからこそ，子どもは園で楽しく過ごすことができ，保護者も支えられるからです。

　子どもや保護者のために頑張ること，その結果として，子どもの成長が見られたり，子どもの笑顔が見られたりすることは，先生を続けていくうえでの原動力になることでしょう。ただ，子どもや保護者のために，何でもしなければいけないのか，何でも我慢しなければいけないのかというと，そうではありません。先生も，"先生"である前に，"○○さん"という一人の人間です。そのときどきによっては，プライベートの出来事が仕事にも影響することがあるかもしれません。それが良くないというわけではなく，先生もさまざまな感情をコントロールできたり，自分自身に優しくできたりするほうが，自身の働きやすさにもつながります。

　本章では，先生方が自分自身に対して優しくできるように，日々を生きやすくなるように，少しでも働きやすくなるように，さまざまな考え方や方法を紹介していきます。仕事のためでもプライベートのためでもかまいません。「これをしなければいけない」ではなく，「これは使えそう」「これはやってみたい」と思えるものがあれば，ぜひ取り入れてみてください。

　ケース3−1に示すのは，筆者が現場で先生方から聞いたお話をもとに作成した架空の事例です。

ケース3-1　思っていた以上に大変！
年中クラス担任，20代前半　M先生。

【概要】

　先生として２年目。現在の職場が初めての就職先である。１年目から担任を持っている。担任１年目は年少クラスで，先輩の先生と一緒にクラスを運営した。先輩を見ながら，先輩に助けてもらいながら，多くのことを覚えていくことができた。２年目になり，年中クラスを一人で持つことになった。もともと子どもは好きで，子どもとの関わりには自信を持っていたが，２年目になり，子どもとの関わりやクラス運営，保護者対応など，どうしたらよいかわからないことが増えて，自信を失くしていった。子どもとの関わりは自信があっただけに，思いどおりにクラス運営ができないこと，子どもがいうことを聞いてくれないことに悩み，仕事に行きたくないと感じる日もある。主任に声をかけられて，そのとき困っていることがあれば相談するときもあるが，日々悩んでいる子どもや保護者への関わりなどは自分からなかなか相談することはできない。

【園の概要】

　２歳児クラス，年少から年長まで２クラスずつ。比較的若い先生が多く，ベテランの主任はみんなから頼られる存在で，支援が必要な子どもに対応している。

【M先生のクラスの様子】

　教室を飛び出す，みんなと同じペースで行動することができないなど，支援が必要な子どもが１人いる。また，子どもがいじめられていることを疑い，園や先生のことを信頼していない保護者や精神疾患を抱えている保護者などがいる。

【家族構成】

　実家で，父・母・姉・愛猫と暮らしている。姉は仕事ができる人で，親には小さい頃から姉と比べられてきた。一緒に住んではいるものの，親に相談することはできない。愛猫と一緒に過ごすことがいやしとなっている。

第1節　見通しの持ち方

（1）見通しを持つとどうなるか

　経験年数が短いと，わからないことがたくさんあるのは当然です。目の前の業務や目の前で起こることへの対応で精一杯で，なかなか先のことを考えることができません。目の前のことを精一杯こなしていくなかで，さまざまな力がついていくのですが，目の前のことだけに追われてしまうと，自分のしていることに自信を持つことができません。子どもへの声のかけ方や接し方，保護者対応，クラス運営など，「本当にこれでよいのだろうか」と日々悩むかもしれません。

　そこで，目の前のことだけではなく，もう少し先のことまで考える，予測してみることが，やりがいや自信を持って働けることにつながり，仕事をこなす力も高まっていきます。

　そもそも見通しとは，『日本国語大辞典』（北原，2001）によると，「物事の成り行きや，将来の状態を予測すること」です。昔は「見透し」とも書かれていたようです。目の前のことだけではなく，その先に起こることを予測することで，今していることの意味を実感することができます。さらに，予測していたことが実際に起こることで，自分のしてきたことが間違いではなかったと実感することができるでしょう。

　より長期的な見通しを持てるようになると，一時期は状態が悪くなること（たとえば，子どもが教室を飛び出す頻度が増えるなど）も予測したうえで，その先のより良い状態（子どもが教室にいられる時間が長くなるなど）を目指すこともできるようになります。

　見通しを持つためには，子どもへの声のかけ方や接し方，保護者対応，クラス運営など，さまざまなことに対するやり方やポイントがわかることが重要です。それは，知識として学ぶ部分もあり，経験的に磨かれていく部分もあります。子どもへの声のかけ方や接し方，保護者対応，クラス運営などのやり方やポイントがわかるにつれて，手応えを感じられることが多くなります。ここでいう「手応え」というのは，「こんな風にすると，こういう結果になるだろう」と予測できることです。そうすると，「このやり方でいいんだ」と自信を

図3-1

持つことができます。これらが，見通しを持てるようになることにもつながっていきます。

　見通しを持てていない場合，うまくいっているときはよいのですが，うまくいかないときの落ち込み具合が大きくなる可能性があります。というのは，状態が悪くなることやうまくいかない可能性があることを予測できていないからです。また，何事もうまくいくまでに，変化や成長が見られるまでには多少の時間はかかるのですが，見通しがないことはそれを待てずにやめてしまうことにもつながります。そうすると，「自分のやり方が良くなかったんだ」と自分を責めてしまったり，変化や成長が見られない子どもや保護者を責めてしまったり，そのやり方を教えてくれたほかの先生を責めてしまったりするかもしれません。

　自分のためにも，子どもや保護者のためにも，一緒に働く仲間のためにも，見通しを持てるようになることは，仕事を続けていくうえでは大切なものです。

　それでは，より良い見通しを持てるようになるためには何が必要かを考えてみましょう。それは，①過去にどんなことが起きてきたかを振り返る視点，②現在起こっていることを観察する視点，③少し先の未来にどんな風になればよいのかという目標を持つ視点です（図3-1）。一つずつみていきましょう。

① 過去にどんなことが起きてきたかを振り返る視点

　これは，現在の子どもの困った行動，保護者とのうまくいかなさ，自分自身のつらさなど，現在起こっていることだけを見るのではなく，それらに至った背景は何かを振り返ることです。たとえば，子どもの困った行動は学年が変

わってから出ているかもしれません。家庭環境に変化があってから子どもの行動も変わったのかもしれません。以前は保護者とうまく話せていたこともあったかもしれません。また，自分自身もやりがいや意欲を持って働けていたときがあったかもしれません。現在と過去（少し前でも大丈夫です）を比べて，何が違うのかを振り返ってみると，今わからないことや困っていることの背景，目標を考えるためのヒントが隠されていることがあります。

② 現在起こっていることを観察する視点

　現在起こっていることを観察するにもポイントがあります。自分の価値判断は置いておいて，客観的に見て何が起きているのかを見ることが大切です。「子どもの困った行動」と書きましたが，「困った」というのは自分の価値判断です。そのため，「昼食前になってくると部屋の中を動き回ったり友だちに手が出たりすることが増える」といったように，いつ，どこで，何が起きているのかを観察します。もちろん，さらに具体的に考えることもできます。たとえば，「月曜日の昼食前になると，部屋の中を動き回ったりAくんに手が出たりすることが増える」のように，いつ，誰にといったことをさらに具体的に観察することなどです。詳細に観察することができると，「この行動が月曜日に多いのはどうしてなんだろう」「月曜日と金曜日の違いは何なんだろう」「どうして昼食前なんだろう」といった疑問が湧いてきます。さらに，「部屋の中では動き回るけど，部屋の外に出ないのは，この子なりに頑張っているのかな」と頑張りにも目を向けやすくなります。

　また，「部屋の中を動き回らなかったり，Aくんに手が出なかったりするときはどんなときなんだろう」というように，うまくいっているときと比べて何が違うのかを考えてみることも大切です。さらに，「昼食前に絵本を読み聞かせていることが多いな。園庭で遊んで部屋に戻ってすぐにご飯にしたらどうなるのかな」というように，いろいろな方法を試してみることもできます。その試しによって，観察された行動に変化があれば，それも目標に向かって何をすればよいのかを考えるうえで，重要なヒントになるでしょう。

③ 少し先の未来に，どんな風になればよいのかという目標を持つ視点

　これは，過去を振り返り，現在を観察したうえで，少し先の未来もしくはもう少し先の未来にどんな風になればよいのかという目標を持つことです。その際に大切なのは，「現在起きている行動がなくなる」という否定形の目標では

なく「こんな行動ができるようになる」「こんな風になる」といったように肯定形の目標で考えることです。

　先程の「月曜日の昼食前になると，部屋の中を動き回ったりＡくんに手が出たりすることが増える」といった場合を考えてみましょう。「部屋の外に出ないようにする」や「Ａくんに手が出なくなるようにする」よりも「お部屋の活動でも積極的に取り組める，楽しめる」や「Ａくんと仲良く遊べる」という目標を考えましょう。肯定形で考えられた目標のほうが，より目標が明確になりますし，達成したときにも達成感を持ちやすくなります。さらに，「仲良く遊べる」といった目標もよいのですが，手を出す方法以外のやり方を身につけることも大切です。そのため，「Ａくんとの間で嫌なことがあったら，先生に言いに来るようにする」「自分の気持ちや意思を言葉で相手に伝えられるようにする」といった目標のほうが，そのときの目標としてはより明確で的確かもしれません。また，「積極的に取り組める，楽しめる」といった目標をより明確にすることもできます。たとえば絵本の読み聞かせに興味を持てなかったり，先生の質問に答えられなかったりして，その時間は部屋の中を動き回ることが多い場合は，「その子どもの興味を持ちやすい絵本を探し，絵本に興味を持ってもらい，読み聞かせの際に絵本に注意を向けられるようにする」といった目標になるでしょう。

　このように過去を振り返り，現在を観察し，未来の目標を考えます。そして，少し先の未来に何を目指すのかといったことを，仮に決めてみたり，さらにその目標を肯定的に明確にすることで，子どもや保護者の支援だけではなく，先生自身のやりがいや自信にもつながっていくでしょう。もちろん，子どもや保護者に関することだけではなく，先生自身の職場の人間関係やプライベートのことなどにも，ここで述べたやり方を使うことができます。

　過去，現在，未来を別々に考えるというよりも，これらはセットとして考えるほうがよいでしょう。過去を見過ぎてしまうと，「もう変わらない」「やっても意味がない」というように諦めの気持ちが出やすくなってしまうかもしれません。現在を見過ぎてしまうと，その場しのぎになってしまい，うまくいかなくなったときに気持ちが落ち込みやすくなったり，自分や他者を責めてしまいやすくなったりするかもしれません。未来だけを見過ぎてしまうと，子どもや

保護者が何を思っているのかがわかりにくくなったり，自身の理想や目標の押しつけになってしまったりするかもしれません。現在に重きを置きすぎている場合は，もう少し過去や未来を見るようにするなど，バランスを取る視点を持てるとよいでしょう。

（2）柔軟であること（押しつけない，常に修正し続ける姿勢）

見通しを持って仕事ができるようになると，やりがいや自信を持てるようになっていきます。ここまでは，より良い見通しを持つためにどうすればよいのかといった点を述べてきました。ここからは，見通しを持って子どもや保護者に関わる際に，意識しておいたほうがよいことを述べていきます。

子どもや保護者にどのように関わるかといった見通しを持てたとします。しかし，なかなか状況は変わりません。そんなときにどうすればよいでしょうか。

自分の見通しや方法は合っていると信じて，同じ見通しを持ち続け，同じやり方を続けるのがよいでしょうか。それとも，見通しや方法を修正するほうがよいでしょうか。これはどちらも正解にも不正解にもなりえます。状況が悪くなったときでも，その後のより良い未来を予測することができていれば，状況が悪くなっても同じ見通しを保持してしばらく耐えることが大切なときもあります。しかし，ずっと状況が変わらなかったり，状況が悪くなりすぎたりする場合は，見通しや方法を修正することも大切です。つまり，柔軟性を持つことが大切です。

自分が立てた見通しや自分が考えた方法が正しいと信じすぎて，子どもや保護者の気持ち，状況の変化を見られなくなることは危険です。それこそ，未来を見すぎてしまっていて，現在に目を向けることができていません。

『筆談ホステス』の著者，斉藤里恵さんも以下のように述べています。

　　人の為，人の為と言っても，押し付け過ぎではただの「偽」。（相手が）本当に「してほしいこと」は何かを聞いてみてはいかがですか。

（斉藤，2009）

これは目標を考えるときにも大切な視点です。自分の気持ちをうまく言語化

しにくい子どもや直接相手に気持ちを聞けないときには，自分で立てた見通しや自分で考えた方法で関わったときに，相手はどのように感じているのかを見ようと意識すること，自分のやり方が押しつけになっていないだろうかと考えることが必要です（図3-2）。

「良かれと思って」という言葉（言い訳）を耳にすることがあります。これは，自分が立てた見通しや考えたやり方の背景に，どれだけ根拠があるかに

図3-2

図3-3

よって妥当といえるかが決まると思います。子ども自身の力，発達，家族関係，友だち関係など，総合的に考えて見通しや方法を持てているかどうかです。また，自分が考えたゴール（目標）にたどりつくことだけを目指すのではなく，たとえばお化け屋敷は途中で外に出られるようになっているように（図3-3），うまくいかなくなったときに一度立ち止まったり違うゴールに出てみたりすることも大切です。子どもや保護者のためを思って考えたゴールを目指すあまり，子どもや保護者を焦らせたり苦しめたりすることのないように気をつけなければなりません。

見通しや方法が間違っていたり，一般的には問題がなさそうな見通しや方法が，たまたまそのときその人その状況には合わなかったりすることもあります。また，時間が経過して状況が変化したり，子どもが成長したりすることで，見通しを変える必要が出てくるときもあります。うまくいかないときに自分の力不足と

思うのではなく，「それじゃあ次の方法を試してみよう」というように切り替えられるとよいでしょう。

　そのためには，見通しを立て方法を考えるときに，「このような変化があれば，そのやり方を続けよう／やめよう」「2週間試してみて変化がなければ，別のやり方を試してみよう」といったある程度の基準を考えておくとよいでしょう。

　また，先生一人で考えて，見通しや方針を決めるのではなく，ほかの先生と一緒に考えてみることで，より良い見通しや方針を持てることもあります。一人で考える際にも，ほかの先生の子どもへの関わりなどを見たり聞いたりして参考にすることもできます。それでもどうしてよいのかわからないときもあるでしょう。手探りでやってうまくいくときもあるかもしれませんが，子ども本人や保護者と一緒に考えてみることもできます。

　子どもには，「製作のときにお部屋から出ちゃうときがあるやんか。○○くんはどうしたい？」と聞いてみることもできます。保護者には，「製作のときにお部屋を出るときがあって，製作が苦手で嫌だから出てしまうのかなと思っています。なので，隣にいって教えたりはしているんですけど，○○くんにとってはそれも嫌みたいで……。家でお絵描きをしたりするときはどんな様子ですか？」と聞いてみることもできます。保護者に相談する際には，こちらもしっかり考えていて，それでもどうするのが子どもにとって一番良いのかを悩んでいるため，保護者に聞いているということが伝わることが大切です。何も考えていないように伝わってしまうと，「この先生は頼りない」「子どもを任せて大丈夫かな」と不安や不満を抱かせてしまうかもしれません。そのため，これまでや今はどのように関わっているのか，次にどのような関わりをしようとしているのか，ということを話しながら保護者の意見も聞いてみるとよいでしょう。

第2節　セルフケア

（1）ストレスマネジメント

　ストレスという言葉は日常的に使われています。園の仕事中も仕事後もプライベートでも，「ストレスを感じる」「ストレスがかかる」「ストレスが多い」

こともあるでしょうし，「ストレスが溜まっている」状態かもしれません。このように，いろいろな場面で使われるストレスという言葉ですが，ストレスというものをもう少し詳しく考えていきたいと思います。

　ストレスとは，ストレッサーとストレス反応の二つの要素に分けられます。不安感や焦り，動悸や発汗など，心や身体に起こる反応を"ストレス反応"，このような反応を起こすものを"ストレッサー"といいます（図3-4）。

　そして，ストレスマネジメントとは，自分自身にかかるストレスをよく理解し，ストレスとうまく付き合うことです。つまり，ストレッサーに対処する・避ける，ストレス反応を軽減する・より良いものにかえることをいいます。ストレスとうまく付き合うとは，ストレス自体をなくしてしまうことではありません。ストレスは生きているとどうしても付きまとうものです。ストレスを感じたときに，ストレスの程度が一定の幅でおさまって，安心して生活できるように自己コントロールができるようにすることが大切です。それが，健康度や幸福度の向上にもつながります。

① ストレッサー

　ストレッサーは，物理的ストレッサーと心理的ストレッサーにわけられます。物理的ストレッサーとは，騒音や暑さ，痛みや痒み，狭い場所や交通渋滞などが挙げられます。心理的ストレッサーとは，叱責やプレッシャー，葛藤（AもしたいけどBもしたい。AもしたくないしBもしたくない。AはしたいけどBはしたくない，といった心の迷いのことです）や他者評価への不安などが挙げられます。日常生活でも仕事でも，さまざまなストレッサーがあふれていると思います。それら一つひとつが常に脅威というわけではなく，そのときの自身の状況や心境によって，ストレッサーにもなりうるということです。たとえば，物理的ストレッサーである暑さについて考えます。仕事中の暑さはストレッサーになる場合が多いと思いますが，プライベートで海に行ったときの暑さであれば，ストレッサーにならない場合もあると思います。もちろん人によっては，プライベートで海に来ていても，暑さはストレッサーになるかもしれません。このように，ストレッサーは人によっても異なりますし，そのときの状況や心境によっても異なります。

② ストレス反応

　ストレス反応は，〈認知〉〈気分・感情〉〈行動〉〈身体反応〉の四つの領域に

図3-4　ストレスとは（伊藤，2016をもとに著者作成）

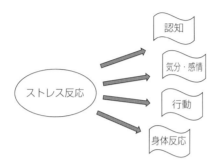

図3-5　ストレス反応を4つに分ける（伊藤，2016をもとに著者作成）

起こります（図3-5）。

　〈認知〉とは，頭に浮かぶイメージや考えのことをいいます。この領域で起こるストレス反応は「雨だし嫌だな」「どうせうまくいかないんだろうな」「やっても無駄だろう」といったものです。〈気分・感情〉とは，心に浮かぶさまざまな気持ちのことです。この領域で起こるストレス反応は不安，心配，イライラ，怒り，うっとうしい，悲しみ，がっかり，面倒くさい，焦り，落ち込み，さみしい，辛いなどです。〈行動〉とは，外から見てわかる人の動作や振る舞いのことです。この領域で起こるストレス反応は泣く，ぼんやりする，怒りっぽくなる，食事や飲酒の量が増える，仕事でのミスが増えるなどです。〈身体反応〉とは，身体にあらわれるさまざまな生理的反応のことです。この領域で起こるストレス反応はのどが渇く，ドキドキする（心拍数増加），涙が出る，めまいがする，血圧が上がる，頭痛，吐き気，肩こり，腹痛などです。

③ コーピング

　ストレッサー（環境）やストレス反応（認知，気分・感情，行動，身体反応）に，自ら対処しようとすることをコーピングといいますが，このなかで比較的コーピングしやすいのはどれでしょうか？　答えは，〈認知〉と〈行動〉です。環境は自分だけの問題ではないですし，気分や感情，身体反応をすぐに

変えることは難しいです。そのため，ストレスとうまく付き合うためには，認知と行動に対してコーピングすることを考えていく必要があります。

　たとえば，自分が挨拶をしたのに相手（Aさん）が挨拶を返してくれなかったという状況があるとします（図3-6）。

　しかし，みんながみんな悲しくなるかというと，そうではありません。悲しくなる背景には，認知が関わっています。悲しくなる人は，図3-7のような認知があるのかもしれません。

　悲しみや不安，怒りの感情を抱くことで，ドキドキしたり身体が熱くなったりするなどの身体反応が起きるかもしれません。また，挨拶を返してくれなかった人にもう話しかけない，その人を避ける，その人が挨拶を返してくれなかったと誰かに相談するなどの行動も起きるでしょう。

　次に，悲しみや不安，怒りの感情を抱かない人の認知を考えてみましょう（図3-8）。

　このように，同じ出来事に出会っても，認知が異なることで，抱く感情や起こる身体反応，その後の行動が変わってきます。この場合，悲しみや不安，怒りの感情を抱いたときのような身体反応は生じないでしょうし，行動としては相手を気遣う，もう一度近づいて挨拶してみるといった行動を起こすかもしれ

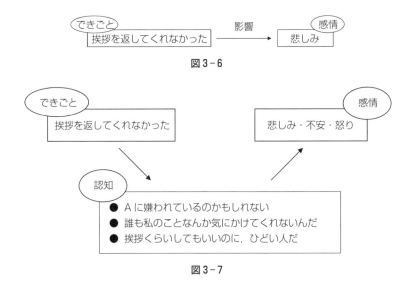

図3-6

図3-7

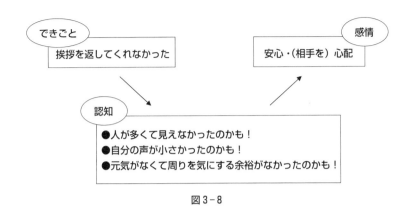

図3-8

ません。

④ セルフモニタリング

　ストレッサー（環境や出来事）とストレス反応（認知，気分・感情，行動，身体反応）がどのようなものかを探ること，明らかにすることをセルフモニタリングといいます。セルフモニタリングができることで，ストレス体験に圧倒されることなく，うまく付き合うことができます。頭の中だけでセルフモニタリングすることもよいですが，実際に書きだしてみると，よりセルフモニタリングがしやすくなり，ストレスにうまく対処できるようになります。

　状況や出来事などの環境があり，それを受けて，〈認知〉〈気分・感情〉〈行動〉〈身体反応〉が生じてきます。ある出来事（挨拶を返してくれなかった）が生じたときに，悲しみといった〈気分・感情〉だけが生じることはありません。それと同時に，〈認知（私は嫌われている）〉〈行動（相手を避けるようになる）〉〈身体反応（お腹が痛くなる）〉なども生じることになります（図3-9）。

　図3-9に，たとえば保育場面での出来事をあてはめて書いてみると，図3-10のようになります。

　このように，〈製作の途中で子どもが泣き出した〉という環境を受けて，〈認知〉〈気分・感情〉〈行動〉〈身体反応〉が生じることがわかります。しかし，人によっては図3-11のようになるかもしれません。

　どうでしょうか。〈認知〉が異なることで，〈気分・感情〉〈行動〉〈身体反応〉はまったく違うものになります。「自分のやり方や自分自身がダメなん

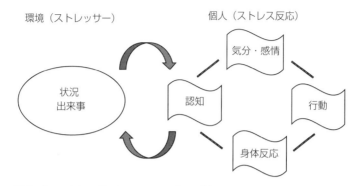

環境（ストレッサー）　　　　　　　　個人（ストレス反応）

図3-9　ストレッサーとストレス反応の関係（伊藤，2016をもとに著者作成）

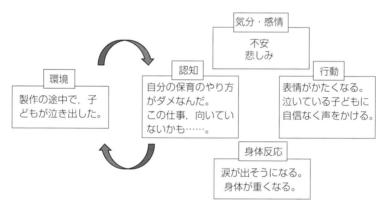

図3-10　ストレッサーとストレス反応の関係の具体例

だ」という認知をしがちな人は，子どもや自分自身のこれまでの変化や努力に目を向けることで，「前よりできるようになっている，頑張っている」といったように認知を変化させることができ，気分・感情や行動，身体反応がネガティブなものになることを防ぐことができるかもしれません。

　図3-10や図3-11のように書きだしてみることで，ストレス体験から心的な距離を取ることができ，ストレス体験に圧倒されることを防ぐことができます。また，自分がどのような認知をする傾向にあるのかがわかることで，もう少し自分に優しくなれることもあります。それが先生自身のためにもなりますし，自信や自己肯定感を高められることによって，子どもや保護者のためにも

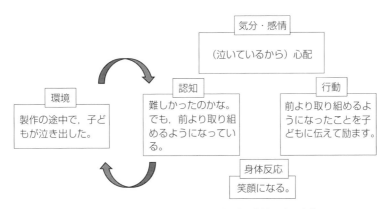

図3-11　認知の変化による気分・行動・身体反応の変化

つながります。

　もちろんこれは，仕事だけではなくプライベートの場面でも使うことができます。最後に，その例を挙げておきたいと思います（図3-12，図3-13）。

　仕事でもプライベートでも同じような認知を持つ人もいますし，仕事とプライベートで認知が異なる人，相手によって認知が異なる人もいて，いろいろなパターンがあります。そのため，仕事でもプライベートでも，ストレス体験を感じたり，「ちょっとしんどいな」と感じたときには，ここまで書いてきたように考えたり実際に書きだしてみたりすると，ストレスとうまく付き合うことができ，「ちょっとしんどいな」という感じが，少しでも軽減するかもしれません。

（2）マインドフルネス

　近年，マインドフルネスという言葉が一般的になりつつあります。読者の皆様も「何かはわからないけれど，聞いたことはあるな」と思われる方もいるでしょう。

　マインドフルネスとは，日本マインドフルネス学会の定義によると，「今，この瞬間の体験に意図的に意識を向け，評価をせずに，とらわれのない状態で，ただ観ること」であり，「観る」とは，「見る，聞く，嗅ぐ，味わう，触れる，さらにそれらによって生じる心の働きをも観る」ことです。また，自分の内側・外側で起きていることに気づき，受け入れることで，そうした思考や感

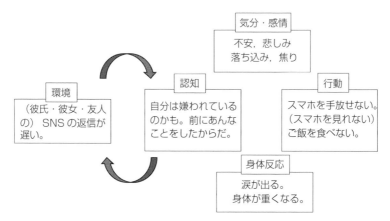

図3-12　プライベート場面のストレッサーとストレス反応の関係の例1

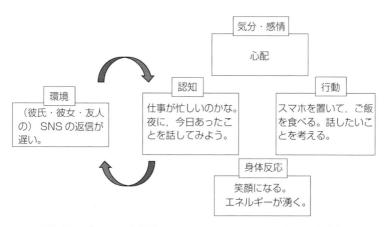

図3-13　プライベート場面のストレッサーとストレス反応の関係の例2

情からほどよい距離が取れるようになることでもあります。

　これを聞いたときに,「何だかよくわからない」と思われた方もいるかもしれません。その思いが思考です。マインドフルネスの実践では,そうして浮かんだ思考にただ気づきます。あれこれ考えをめぐらせず,良いとも悪いとも評価しません。たとえ評価したとしても,評価した自分を評価しないで,再び,今この瞬間の体験に意識を向けます。このように続けていくと,今ある現実を感じ,自分を等身大に捉えられ,感覚・思考・感情というものはその瞬間ごとに変化し消えていくもの,ということがわかってきます。そして,自分のコン

トロールの及ばない感情や思考（たとえば，不安・悲しみ・怒り）からほどよい距離が取れるようになり，振り回されなくなるのです。

　例として，家族で外に食事に出かけたときのことを考えてみましょう（図3-14）。「（お金を出すのだから）おいしいものを食べないと」「家族で来ているのだから仲良く楽しく食事をしないと」など，いろいろな思考が生じるかもしれません。こうしたとき，人は「○○しないといけない」「○○するべき」といった「べき思考」にとらわれています。そしてそれを叶えるために，あるいは叶わなかった場合に，焦りや怒り，自責感などの感情が生じて，そのことで

図3-14　欲求や思考にとらわれている（有光，2017をもとに著者作成）

つらくなるかもしれません。マインドフルネスでは，浮かんできた「べき思考」について無理に考えないようにしようともせず，良い悪いなどと評価することもせず，ただ浮かんできた自分の思考に気づき受け止めます。

　その場を楽しめていて，不安や怒りに圧倒されていなければよいのですが，食事を楽しんでいない子どもを見てイライラしたり，「そういえば前に食事に来たときはイライラしていたな」と思い出したりしたときには，今目の前にある食事について「どんな香りがする？　口の中に唾液が出てきたな，温かいな」といったように，五感に注意を向け続けます。注意がそれるかもしれませんが再び戻れば大丈夫です。そうして今の体験を“観る”ことで「べき思考」をしている自分にただ気づき距離が取れ，振り回されないでいられるようになっていきます。

　また，そのほかの例も挙げてみます。読者の皆様は，この1カ月のあいだに「地震が起きるかもしれない」と思いながら生活していましたか？　もしそうだとしたら，自分が外に出ることも家族や大切な人が外に出て離れることも心配で怖くて，家から出ることができなかったかもしれません。あるいは，「怖いから地震のことは考えないようにしよう，忘れよう」と無理にその思考や感情を抑えたり消そうと頑張って，逆に地震を意識することになり，不安や恐怖が増幅してしまったかもしれません。しかし，地震発生直後でなければ，多くの方はこの1カ月間，将来いつ起きるか，そもそも起きるかどうかわからない地震のことを意識し，不安や恐怖にとらわれてはいなかったと思います。そのため仕事や学校へ出かけられ生活できているわけです。このように，まだ起きていない将来の不安，変えられない過去の後悔，といったどうにもならない思考や感情についてあれこれ考えをめぐらせない状態，つまりマインドフルな状態にあれば，ストレス体験に巻き込まれにくく穏やかにいられるのです。マインドフルに自分のなかに生じる思考や感情を「不安なんだな，怖いんだな」とただ気づきそのままに受け止めていけば，そういった思考・感情を持ちながらも圧倒されることはなく，ストレスに対して反応はしても穏やかにいられるので，自分に合った対処法を考える余裕が生まれ，ストレスとうまく付き合うことにもつながります。

　ただ，自分の感覚や思考，感情に気づくことは，マインドフルネスを始めてすぐにはできない人もいるでしょう。それは，マインドフルネスがその人に向

いていないというわけではなく，これまでは自分の感覚や思考，感情に気づくというやり方を知らなかった，あるいはしてこなかっただけです。そのため，少しでも自分の感覚や思考，感情に気づきやすくなるためのいくつかのワークを以下に紹介します。

🌿 ワーク 1　呼吸に注意を向けてみよう

　私たちは常に呼吸をしています。生きるために必要な動作ですが，普段は意識することはほとんどありません。その呼吸に注意を向けることで，「今この瞬間」に注意を向けることができます。呼吸に注意を向けると，空気の流れや身体の動きに気づくことができます。空気が出たり入ったりすることにより鼻の中の温度感，肩や胸部が上がったり下がったりする動き，お腹のふくらみやへこみなど，さまざまな感覚に注意を向けることができます。最初は，それらのなかから一つ選び，注意を向けてみましょう。

　呼吸に注意を向けていると，雑念が生じてくるでしょう。たとえば，「まだやらないといけないことがあったな」や「こんなことして意味があるのかな」と

図 3-15

いったものです。雑念が生じることは自然なことです。そのため，自分自身を悪く思う必要はありません。雑念が生じたら，自分の呼吸に注意を戻します。「こんなことして意味があるのかな，と思っているのか」と思っても（心の中で言っても）かまいません。心が落ち着かなくなっていること，そのことに気づき，呼吸に注意を戻します。雑念に圧倒されずに，呼吸に注意を向けることができると，穏やかな気持ちにもなり，達成感も得られるでしょう（図 3-15）。

🍃 ワーク2　「食べる」「飲む」ことに注意を向けてみよう

　私たちは毎日何かを食べたり飲んだりしています。呼吸と同様，食べること飲むことも生きるために必要な動作の一つです（図3-16）。毎日のことだからこそ，普段はなかなか注意を向けられていないかもしれません。「おいしい－おいしくない」といったことが中心となり，食感や温度，香りや風味などを感じられていないこともあるでしょう。また，多くの食事はさまざまな素材や調味料が混ざっているため，一つの素材や調味料の味や香りなどに注意を向けられる機会が少ないです。そこで，一つの素材に注意を向けてみます。これはもちろんマインドフルネスの練習にもなるのですが，これまで何気なくしていた食事がより充実したものになり，幸福感も得られます。

　マインドフルネスのワークとして，レーズンを使ったものが有名です。どうしてレーズンなのかというと，ステーキやケーキ，お酒などは刺激が強く，雑念が生じやすいためです。レーズンは，刺激が少ないことから雑念が生じにくいこと，手に持つことができることから口の中以外の感覚にも注意を向けやすいこと，一粒が小さいのでうまくいかなくても何度も取り組めることなどこのワークに適した特徴を備えています。もちろんレーズンが大好物で，自分にとって刺激が強い人は，豆やナッツに置き換えてみてもよいでしょう。

　それでは，レーズンのワークをやってみましょう。まずはレーズンを観察します。形や色など感じたことをそのまま味わいます。そして，指先でレーズンをつまんで，その感触などをそのまま味わいます。その後，手のひらの上にのせてみて，またそこで感じた形や感触などを味わいます。匂いを嗅いでみても

図3-16

よいでしょう。レーズンを観察しながら，口に中に唾液が出てきたら，その感覚にも気づきます。そして，食べたいと思っているのか，口の中に入れることを不安に感じているのかなど，自分の感情や思考にも注意を向けて，それらをそのまま味わいます。そして，いよいよ口の中にレーズンを入れます。すぐに噛んでしまわずに，舌の上にのせたり，口の中で転がしたりして，その風味や食感を味わってみます。そして，そっと噛んでみて，味や食感を味わっ

てみます。すぐに飲み込みたくなるかもしれませんが，さらに何度か噛んで，レーズンを味わってみます。そして，飲み込むときにも，のどをレーズンが通る感じ，お腹の中に入る感じに注意を向けて，その感覚をそのまま味わいます。口の中にレーズンの余韻があるので，歯についている感覚，人によっては気持ち悪いなという感覚をそのまま味わいます。

　これでレーズンのワークは終了です。レーズン一粒に注意を向けることで，さまざまな感覚を味わうことができます。ここではレーズンを例に挙げましたが，コーヒーや紅茶でもかまいません。コーヒーや紅茶は普段から味わっているという人もいるかもしれませんが，口の中に広がる感覚や飲み込んだときの感覚など，普段は注意を向けられていないところにも注意を向けてみましょう。

　マインドフルネスの目標は，好きや嫌いといった価値判断をしないことにあります。そのため，好きな食べ物や飲み物だけではなく，嫌いな食べ物や飲み物でもレーズンのワークのように実践してみることもおすすめです。好きや嫌いの判断を超えて，嫌いなものでもそこに生じてきた感覚に気づき，なくそうとしたり逃げようとしたりしないことを目指しましょう。

　「食べる」「飲む」ことにマインドフルになることの注意点を挙げておきます。食事の最初から最後までマインドフルな食べ方や飲み方をしていると，とても時間がかかってしまいます。そのため，時間を取れる場合はよいですが，そうではない場合は，最初の一口をマインドフルに味わうとよいでしょう。お腹がすきすぎて，最初の一口でマインドフルに食べることを忘れてしまった場合は，最後の一口をマインドフルに食べてみましょう。

　ここまで，マインドフルネスについて述べてきました。日々の仕事やプライベートで生じるさまざまな感覚や思考，感情に圧倒されることなく，価値判断をせずに気づくことで，穏やかな気持ちでいられます。それが先生自身のためにも，子どもや保護者のためにもつながることでしょう。マインドフルネスの練習のために，呼吸，食べることや飲むことのワークを紹介しました。それらを通して，「今この瞬間に」意識的に注意を向けて，今この瞬間の感覚や思考，感情に気づきやすくなります。それも「しなければいけない」ものでもなく，「できない自分がダメだ」というものでもありません。「しなければいけな

いと思っている」「できない自分がダメだと思っている」とそのまま味わって
みてください。

（3）さまざまなリラクセーション法

　ここまで，ストレスマネジメントやマインドフルネスについて紹介してきま
した。そのほかにも，さまざまなリラクセーション法があるので，それらも紹
介したいと思います。ストレスマネジメントやマインドフルネスでは，認知や
感情などにも注意を向けて，それらを書きだしてみたり価値判断をせずに味
わってみたりしましたが，リラクセーションは主に身体に焦点を当てるもので
す。身体が落ち着くことで心も落ち着きます。そのような状態でいるほうが，
自分の認知や感情に気づきやすくなり，ストレスマネジメントやマインドフル
ネスもやりやすくなります。

　まずは，マインドフルネスでも紹介した呼吸に関するものです。どのような
リラクセーションにも共通していえることですが，椅子に座る，寝転ぶ際に，
まずは自分がゆったりできる姿勢を見つけましょう。そして，深呼吸をして，
呼吸や心拍を整えましょう。

🍃 リラクセーション1　10秒呼吸法（腹式呼吸）

次のような手順で実施します。

1. 姿勢を整える（椅子の背に軽くもたれましょう）
2. 吸っている息を，一度すべて口から吐き出す
3. 「1，2，3」で，鼻から息を吸い込みながら，お腹をふくらませる
4. 「4」でいったん息を止める
5. 「5，6，7，8，9，10」で口から息を吐き出しながら，お腹をへこませる
6. 3.〜5.を3分間行う
7. 消去動作を行う（「グー」「パー」の繰り返し，肘の曲げ伸ばし，伸びなど）

　コツは，時間やお腹のふくらみ具合などを気にしすぎないことです。そこに意識を向けすぎると，リラクセーションをしているはずなのにリラクセーションがなかなかできないことになります。あくまでも目安としての10秒です。また，7/11呼吸法というものもあります。文字どおり，7秒吸って11秒吐くというやり方ですが，10秒呼吸法も7/11呼吸法も吸うより吐く時間のほうが長いことがポイントです。自分の身体に合うほうを試してみてください。どちらにしても，何度か呼吸を行い慣れてきたら，カウントしなくてもよいでしょう。

　また，消去動作というのは，心と身体が落ち着いた状態から少しエンジンをかけることです。リラクセーションで落ち着くことで，良い意味でぼんやりしたり力が抜けたりすることがあります。その状態で，急に立ち上がったりすると，思わぬケガをしてしまうかもしれません。そのため，指をとじたりひらいたり肘を曲げたり伸ばしたりすることで，心と身体に少しエンジンをかけてあげましょう。

🌿 リラクセーション2　漸進的筋弛緩法

　見慣れない漢字かもしれません。「ぜんしんてききんしかんほう」と読みます。次のように行います。

　　各部位を10秒間，力を入れて緊張させ，15〜20秒間脱力・弛緩する。
　1．手：両腕を伸ばし，手のひらを上にして，親指を曲げて握りこむ。10秒間力を入れて緊張させる。手をゆっくり広げて膝の上において，15秒〜20秒間脱力・弛緩する。
　2．上腕：握ったこぶしを肩に近づけ，曲がった上腕全体に力を入れて緊張させてから弛緩する。
　3．背中：2と同じ要領で，曲げた上腕を外に広げ，肩甲骨を引きつけてから弛緩する。
　4．肩：両肩を上げ，首をすぼめるように肩に力を入れてから弛緩する。
　5．首：右側に首を向け，10秒間緊張させてから弛緩する。左側も同様

に行う。

6．顔：口をすぼめ，顔全体を顔の真ん中に集めるように力を入れてか
ら弛緩する。
（とてもすっぱい梅干を食べているイメージ）

7．腹部：お腹に手を当て，その手を押し返すようにお腹に力を入れて
から弛緩する。

8．足：①足を伸ばして，つま先まで伸ばし，10秒間力を入れて緊張さ
せてから弛緩する。②足を伸ばし，つま先を上げて，10秒間力を入
れて緊張させてから弛緩する。

9．全身：全身の筋肉を10秒間緊張させる。力をゆっくりと抜き，15〜
20秒間脱力・弛緩する。

＊最後に，力が抜けた感じをじっくり味わいましょう。

　リラックスする前に，一度筋肉を緊張させること（力を入れること）で，よ
り力が抜けたリラックスした状態を感じることができます。力を入れる（緊
張）→その状態を保つ→力を抜く（弛緩）を繰り返しながら，その部分を全身
に広げていきます。呼吸法と同様に，椅子に座る，寝転ぶ際に，まずは自分が
ゆったりできる姿勢を見つけましょう。そして，深呼吸をして，呼吸や心拍を
整えましょう。
　最初は，全身すべてを実施しなくても，手や上腕だけをやってみて，なんと
なくのイメージをつかむだけでも大丈夫です。完全に力が抜けなくても，
「ちょっと気持ちいい」と思えたり「ちょっと力が抜けたかな」と感じたりする
ことができれば充分です。一度で完璧にやろうとするよりも何度か練習するこ
とで，よりリラクセーション効果も得られるようになります。

🍃 リラクセーション3　香りに意識を向けてみる

　香りを通して得られるリラクセーションもあります。五感は，視覚（目）・聴
覚（耳）・味覚（舌）・嗅覚（鼻）・皮膚感覚（肌）に分けられます。動画を観た
り（視覚），音楽を聴いたり（聴覚），おいしいものを食べたり（味覚）するこ

とでもリラクセーション効果はありますが，嗅覚に働きか
けることでもリラクセーション効果が得られます（図３-
17）。

図３-17

　香りといえば，アロマテラピーというものがあります。
アロマはラテン語で「芳香，香り」を意味する言葉です。
自然の植物から抽出した精油（エッセンシャルオイル）の
香りを嗅ぐことでいやしをもたらし，結果としてストレス
軽減にもつながる可能性があるものです。テラピー（セラ
ピー）は治療という意味ですが，先生方がリラクセーショ
ンに関連して使われる場合は，自分にとって心地良い香り
を嗅ぐこと，そのような香りの空間にいることでいやされるという具合で考え
てもらえたらと思います。

　香水や入浴剤でも，自分にとって心地良い香りがするものもありますが，ア
ロマはそれらとの違いもあります。香水は，外出する際につける方が多いので
はないでしょうか？　そのため，自分にとって心地良い香りであると同時に他
人からどう思われるかということも考えて使用するかもしれません。自宅で使
用するアロマについては，他人からどう思われるかということを気にする必要
は少なくなり，本当に自分が好きな香りを選択しやすくなります。また，入浴
剤を用いるのは当然お風呂のシーンだけに限られますが，アロマはリビングや
寝室でも，外でも用いることができます。

　香りを嗅ぐことを通したいやし効果ももちろんあるのですが，自分にとって
心地良い香りを探す過程もいやし効果があると思います。アロマオイルの専門
店もありますし，専門店でなくても販売している店もあります。そこで，実際
に香りを嗅いでみたり，いろいろな使い方（ハンカチにつける，スプレーを作
る，お風呂に入れる，アロマポットやアロマキャンドルを使うなど）があるこ
とを知ったり，香りを組み合わせる楽しみを知ったりする過程もストレス軽減
につながる可能性があります。

　筆者はアロマだけをおすすめしているわけではありません。すでにご紹介し
たマインドフルネスにもつながるのですが，食べ物や飲み物，植物や美容品，
日常生活空間でも，その香りに意識を向けてみることで，気持ちが落ち着いた
り，新たな発見があったりとリラクセーション効果をもたらすことにつながり

ます。これまで嗅覚をあまり意識されてこなかった先生は，ぜひいろいろな香りに"鼻を傾けて"みてください。

🍃 リラクセーション 4　皮膚感覚（感触）に意識を向けてみる

図 3-18

　　先程は，嗅覚を通したリラクセーションを紹介しましたが，皮膚感覚（感触）を通したリラクセーションについても紹介したいと思います。

　　まずは，動物に触れてみることです（図 3-18）。動物と一緒に暮らしている人は，日常的に動物に触れることができますが，そうでない方は，アニマルカフェ（犬，猫，うさぎなどがあります）に行ってみることもできます。動物に触れるというスキンシップを通して，血圧や心拍数が安定するなどの身体的効果もありますし，気持ちが落ち着く，いやされるという心理的効果もあります。動物に対しては自然とスキンシップを取ることができ，また，ぬくもりや柔らかな感覚などは，動物でなければなかなか得ることができません。だからこそ，リラクセーション効果も高くなります。また，人とは違って，相手にどう思われるかといったことを動物に対しては気にせずにいられます（もちろん，自分勝手に動物と接していいわけではなく，動物のことも考えてあげましょう）。

　動物を気軽に飼うことはできませんし，衝動的に飼ったりはしてほしくないですが，動物が好きでともに暮らすことを真剣に考えておられる方は，勇気を出して踏み出してみることもよいと思います。ペットショップだけではなく譲渡会もさまざまなところで行われています。そこで更新される動物の写真や紹介文を見たり読んだりするだけでもいやし効果はあるかもしれません。皮膚感覚を通したリラクセーション効果を得るには，実際に触れることが重要ですが，SNS 上でお気に入りの動物を見つけること，その動物の情報が更新されるのが楽しみになることもリラクセーションにつながります。

　また，リラクセーション 3 でもマインドフルネスとの関連について解説しましたが，皮膚感覚についてもマインドフルネスとつながりがあります。ワーク

２でもお伝えしましたが，食べ物に手で触れるときの感触，口に含んだときや噛んだときの食感，食べ物や飲み物を飲み込んだときの感覚など，食べることや飲むことによっても感覚（感触）を意識することができます。料理を通して食材に触れてみることもできます。普段はなかなか意識することが少ない皮膚感覚に意識を向けることでも，気持ちが落ち着いたり，新たな発見があったりとリラクセーション効果をもたらすことにつながります。

リフレーミング

　呼吸法と漸進的筋弛緩法は，身体のリラクセーションでしたが，リフレーミングは身体というより心をほぐすものです。リフレーミングというのは，ある状況や出来事，相手に対する思いなどを少し違った角度から見たり感じたり言った

[半分もある!] 　　　[半分しかない…]

図 3-19

りして，その状況や出来事を捉え直してみることをいいます（図 3-19）。

　たとえば，先輩が自分に仕事のことで注意をしたという状況があるとします。そのときは「先輩は自分のことが嫌いなんだ」という考え方（認知）だったのが，これまでの先輩とのやり取りなどを思い返してみた結果，「認めてくれるときもあるし，先輩は自分のことを思って言ってくれているんだ」という考え方（認知）に捉え直したとします。これがまさにリフレーミングです。

　このように状況に対してリフレーミングすることもできますし，言葉についてもリフレーミングすることができます。『ネガポ辞典』（ネガポ辞典制作委員会，2012）という書籍があります。これは，一見ネガティブに思える言葉をポジティブに言い換えるとどうなるかといったことが書かれているものです。たとえば，「おせっかい」という言葉は「親切な」「気が利く」という言葉に置き換えることができます。また，「人に流されやすい」という言葉は「素直」「環境に適応しやすい」「協調性がある」という言葉に置き換えることができます。自分自身を責めてしまいがちな人や自己評価が低い人は，自分に関するさまざまなことをネガティブに捉えてしまうことが多いですが，そんなときにポジ

ティブにリフレーミングができると自責や自己評価の低さから生じるつらさが軽減するかもしれません。

　これは，自分自身に対してだけではなく，他人とコミュニケーションを取るときにも使えます。ネガティブな言葉で伝えることが必要なときもありますが，ポジティブな言葉で伝えたほうが，相手にわかってもらいやすい，関係性が作りやすい場面もあるでしょう。そんなとき，自分が使おうとしている言葉を言い換えるとどうなるかといった視点を持っておくと，コミュニケーションがうまくいき，関係性の作りやすさにつながることもあります。

　また，子どもに何かを伝えるときに，ネガティブ（マイナス）で伝えるよりもポジティブ（プラス）で伝えるほうが，子どもも気持ちよく行動してくれることがあります。たとえば，「部屋の中で使ったらダメだよ」を「お外で使うのが楽しみだね」と伝えると，先回りして注意する必要もなく，子どもも気持ちよく先生のいうことを聞くことができます。

　読者の皆様のなかには，「リフレーミングってストレスマネジメントやマインドフルネスと同じじゃないの？」と思われた方もいるかもしれません。そのとおりです。

　リフレーミングも認知や感情に気づくこと，そのこと自体はマインドフルネスといえますし，その認知を捉え直すことで，環境や感情，行動や身体反応に変化が生じることはストレスマネジメント（セルフモニタリング）といえます。

　マインドフルネスでは自分自身の認知や感情に気づき味わうことを目指します。ストレスマネジメント（セルフモニタリング）では，状況や出来事，認知や感情，行動や身体反応に気づくことで，認知や行動をより良いものに変えることができないかを目指します。リフレーミングでは，認知や感情などを違った見方や言い方で捉え直すことを目指します。このように，どこにどのように働きかけるか，何を目指すのかということが少しずつ異なるため，そのときどきの自分に合う方法を使ってみるとよいでしょう。

（4）適応的ではないケアをしている先生へ

　「セルフケア」に関してお話しする最後に，適応的ではないセルフケアをしている先生方に向けて，いくつかお伝えしたいことがあります。まず，筆者はその先生方を責めるつもりはまったくありません。生きるために，毎日の仕事を頑張るためにされていることなので，「今すぐやめてください」といったことを言うつもりもありません。ただ，筆者はその先生方のことが心配です。この後に詳細を述べますが，適応的ではないセルフケアは，今はそれによってスッキリすることができていてメリットが大きくても，長期的に考えるとスッキリする効果はなくなりデメリットのほうが大きくなりますし，それどころか命に関わることになります。そのため，徐々にでもかまわないので，適応的なセルフケアに変えていくことを一緒に目指していきましょう。

　適応的ではないセルフケアとは，過度な飲酒や借金をするほどの買い物，リストカットなどの自傷行為です。これらは，そのときはストレスから逃れられたりスッキリする面があったりするでしょう。しかし，長期的に見ると，それらのセルフケアはケアの効果が薄れていき，自分を傷つけてしまうものになっていきます。過度な飲酒は，健康を害していき，仕事に行けないなど日常生活に支障が出るようになります。借金をするほどの買い物は，借金をすることで，社会生活や対人関係に支障が出るようになります。自傷行為は，病院で外科的な処置をしなければいけないほど切ってしまうようになることもありますし，睡眠薬やお酒を飲んだ状態で切ることで命に関わることも出てきます。

　これらはすべて，最初はある程度の量や程度で済んでいたものが，徐々に耐性がついていきます。つまり，最初の少ない量や軽い程度では満足できなくなり，その量が増えたり程度があがっていくということです。そうなると，飲酒や買い物，自傷行為はますますひどくなっていきます。ひどくなっていくにつれて，やめることも難しくなっていきます。

　適応的ではないセルフケアをしている方も，「そんなことはわかっている」と思われる方もいるでしょう。わかっていてもやめられないのは，やめたらどうしたらよいのかわからないからです。適応的ではないセルフケアでなんとか生きているのに，それがなくなったらどうやって生きていったらよいかわからなくなります。そのため，適応的ではないセルフケアを急になくす（ゼロにす

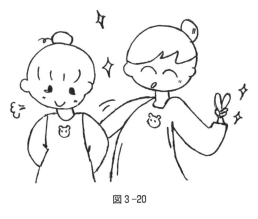

図 3-20

る）のではなく，回数や程度を少しずつ減らしていく，運動やマインドフルネスなども少しずつ取り入れていくという考え方が大切です。これまで頼ってきた生き方を急にやめることはできません。急にやめようと思わなくてよいのです。ただ，少しずつでも減らしていくということを目標にしましょう。そのために，ここまでに述べてきたストレスマネジメントやマインドフルネス，リラクセーション法を試すこともできます。

　また，セルフケアをするだけではなく，家族や友人，パートナーなど，自分が相談しやすい人に相談することも大切ですし，心療内科や精神科を受診すること，カウンセリングルームなどで専門家に相談することも選択肢の一つです。一人で抱えて苦しむのではなく，一緒に悩み苦しみ乗り越えていきましょう（図 3-20）。

第3節　働きがい・生きがい

　最後の項目として，先生方の働きがいや生きがいについて考えていきたいと思います。働きがいや生きがいは先生方それぞれにあると思います。子どもと関わっていて楽しい，子どもの成長を見るのが嬉しい，保育運営をすることが楽しいなど，さまざまなものがあるでしょう。しかし，先生方のなかには，働きがいや生きがいを持つことができず，「何のために働いているんだろう」「今のまま（幼稚園教諭や保育士，保育教諭として，もしくは今の園で）働いていていいのかな」といった悩みを持たれている先生もいると思います。そんな先生方に，心理職として子どもたちと関わらせてもらっている私からいくつかお伝えしたいと思います。

　先生方は，あまり実感することはない（実感する余裕もない）かもしれませ

んが，先生方が毎日子どもたちに関わってくださるおかげで，子どもたちは日々成長していきます。時間に合わせて動いてくださること，一日のスケジュールを考えてくださることで，子どもは生きるために必要な時間の概念を身につけていくことができます。季節に合わせた製作や遊びを考えて準備してくださるおかげで，子どもは季節の感覚を身につけ，季節を味わう楽しみを覚えることもできます。子どもの発達段階に合わせた製作や遊びを考えて準備してくださるおかげで，子どもは運動面や言語面，社会性などのさまざまな力を伸ばしていくことができます。運動会や生活発表会などのさまざまなイベントを考えて準備してくださるおかげで，子どもは本番を頑張る，本番でしか得られない達成感を得られるだけではなく，頑張る過程の大切さや仲間とのつながりなどを実感することができます。

　保護者としても，先生方が子どもを見てくれるおかげで，安心して仕事や子育てをしたり，静養したりすることができます。現代では，子どもを園に預けることが一般的となっていますが，子どもを預けられる場所があり，そこで子どもを見てくれる人がいるおかげで，経済活動をまわしていくことができています。どのような仕事にもいえることかもしれませんが，先生方は本当に大切で重要な職業で，この国にとって，さらにはすべての子どもや保護者にとって欠かせない存在であるといえます。

　私は，幼稚園教諭や保育士，保育教諭の仕事は，「**子どもと保護者の今を支えて未来を創る**」ことだと思っています。子どもや保護者も，いつでも順調に過ごせるわけではなく，身体的にも精神的にも発達的にも環境的にも大変なときがあるでしょう。そんなときに，子どもをしっかりと見てくださること，保護者に寄り添っていただくことを通して，一緒に大変なときを乗り越えていくことができます。また，子どもの発達で気になることがあるときにそれを話す相手がいなければどんどん不安になりますし，子育てのちょっとしたしんどさを聞いてくれる相手がいなければどんどんしんどくなっていきます。そのため，先生方は日頃から子どもをしっかりと見て，保護者に寄り添ってくださることで，子どもや保護者がつらくなること，孤立していくことを未然に防いでくださっていると思います。

　「こんな風に思ってくれている人がいるんだ」と思ってくださるだけでもかまいません。「自分のおかげでうまくいってることもあるんだ」「自分も役に

立っていることもあるんだ」。少しでもそんな風に思えると，それが働きがいや生きがいにもつながっていきます。日々の仕事では，失敗やうまくいかないこともあり，なかなか自分を褒めてあげることもできないと思います。しかし，先生方の仕事は本当に大切で必要なもので，お一人おひとりがかけがえのない存在です。自分を責めてしまいがちな人や働きがいを持てない人は，少しでも自分を認めてあげてください。自分に優しくしてあげてください。そうすることで，働きがいや生きがいにもつながっていきます。

　そのほかに，働きがいを持つために大事なポイントをお伝えしておきます。それは，うまくいかなかったらやり方を変えればよいということです。それに，うまくいくまでいろいろな方法を試せばよいということです。一度失敗したりうまくいかなかったりしても，それで終わりではありません。そのやり方が，「うまくいかないことがわかった」ということです。ある意味，これもリフレーミングですね。

　意識しなければ，なかなか難しいのですが，できていない部分ばかりではなく，できている部分を見ることも大切です。「うまくいかないことがわかった」という風に捉えることも，うまくいかなかったという面だけを見ていると見えてきません。基本的には，多くのことがうまくいっているからこそ保育が成り立っています。できていることが多いからこそ，できていないことに意識が向いてしまうという面もあります（図3−21）。そのような傾向があることを覚えておき，できることが増えてきたからこそ，あらためてできている部分も見てみよう，そんな自分を認めてあげようとしてください。

　また，私が大変お世話になっている心理の先生，良原惠子先生の言葉ですが，「新しい取り組みをすることも大切であるが，今している取り組みの質を上げること」も意識してみるとよいでしょう。うまくいかないときにやり方を変えればよいとお伝えしましたが，大きくやり方を変えなくてもよいのです。（製作の）時間を短くしてみる，（話すときの）向きを変えてみるなど，新しいことをせずに，今していることの一部を変えてみることもできます。また，できていないこと，うまくいかないことのやり方を考える視点もありますが，できていること，うまくいっていることの質を上げるという視点も大切です。うまくいかない時間に何かしらの変化を加えることでうまくいかない時間を減らすこともできますが，うまくいっている時間を増やすことでうまくいかない時

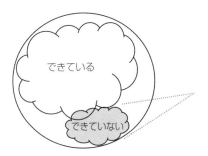

図3-21　実はできていることが多い！

間を減らすこともできます。さらに，さまざまなやり方を考えることや実際に
取り組むことには，エネルギーと勇気がいります。そのため，人から言われた
ことや本に書いていることを取り入れなくても，まずは今の自分に考えられ
る，できそうなことから取り組んでみるとよいでしょう。そのきっかけとし
て，ほかの先生の保育や本書を参考にしていただくのはよいと思います。ここ
でお伝えしたような考えや姿勢を先生方が無理なく実践されることで，子ども
たちや保護者は，そんな先生方の背中を見て学び取ることもできるでしょう。
何かをすること（Do）も大切ですが，どのようにいるか（Be）も大切にして
いただくことが，先生方が無理なく力を入れすぎずに働けることにもつながり
ます。

　ここまで，見通しや柔軟性，セルフケアや働きがいについて述べてきました
が，それらは基本的には，先生の仕事や今働かれている職場を続けるためにお
伝えしてきたことです。以下では，あえて先生という仕事や今の職場がすべて
ではないということをお伝えしたいと思います。
　冷静に考えるとわかることですが，私たちは仕事のためだけに生きているわ
けではありません。さまざまな事情で毎日をなんとか生きるために仕事をして
いる，お金を稼いでいる場合もありますが，その仕事によって心や身体を殺さ
れてしまっては，結果として生きることにもつながりません。私は，先生方の
仕事がとても重要で必要なもので，お一人おひとりがかけがえのない存在だと
お伝えしましたし，心からそのように思っています。しかし，だからといって
先生方が責任感を持ちすぎる必要はないですし，先生という仕事や今の職場を

やめてはいけないかというとそんなことはありません。先生である前にみなさんは一人の人間です。先生という仕事上の立場がある前に，プライベートでのさまざまな立場があります。それらの立場も大切にしてあげてください。

　仕事で困ったことがあったときは，ここまで述べてきた子どもや保護者の理解や対応，セルフケアを試してみたり，同僚の先生や管理職の先生，家族や友人に相談してみたりするとよいでしょう。それでも，心と身体がつぶれそうなとき，プライベートも楽しめなくなるといった支障が出たとき，もしくはそこまでひどくなる前に，先生という仕事，今の職場というものを考え直してみることも大切です。今働いているところしか自分が働けるところがないと思ってしまったり，ほかの仕事や職場が見えていなかったりすると，どんどん自分が追い詰められてしまいます。良い意味で，ほかの仕事や職場といった，外の世界にも目を向けておくことで，今の仕事や職場の満足感につながったり，自分が追い詰められることを防いだりすることができます。

　というのも，先生という仕事や今の職場がしんどくて，ほかの仕事や職場のほうがよいと思い込んでしまうと，衝動的にやめてしまうことで，新しい仕事や職場にかわっても，「思っていたものと違う」「前の仕事や職場のほうがよかった」ということになりかねません。今の職場で先生という立場で働いているうちに，ほかの仕事や職場を知っておくことで，「やっぱり先生という仕事のほうがいいな」「意外に今の職場がいいかもしれない」「そんなに変わらないのなら，もう少し今のところで頑張ってみようかな」と思うこともあるでしょう。「いざとなったらあそこに行けばいい」「いざとなったらこんな道もある」と見通しを持てることが，今の仕事や職場をストレスなく続けられることにもつながります。

　『「死ぬくらいなら会社辞めれば」ができない理由』という書籍（ゆうきゆう，2017）があります。同書に書かれていますが，今の仕事や職場をやめられない理由として，「ほかのみんなも頑張っているから」と思って我慢してしまうことがあります。当たり前のことですが，他人とは心も身体も違いますし，仕事での立場や状況もプライベートでの立場や状況も，これまでの生い立ちも違います。「ほかのみんなも頑張っているから」と自分も努力することは原動力にもなりますが，自分の心と身体の調子や状態を大切にして，他人を基準にすることはやめましょう。また，「できない」と「頑張っていない」はイコー

できない	≠	頑張っていない

図 3-22

ルではないということです（図 3-22）。園の先生でも絵や音楽が苦手な方もいらっしゃって当然です。それは子どもも先生も同じことですね。頑張ってもできないことは，ほかの先生に頼ったり，子どもに相談してみたり，道具で解決したりすることもできます。自分の弱みを見せる，自分の弱みを認める勇気を持つことも大切です。

『いい親よりも大切なこと』（小竹・小笠原，2016）に，その勇気に関することが書かれているので紹介したいと思います。

　　実は，私（小竹）はピアノがとても苦手でした。保育士時代，家で何時間も練習を重ねても，翌日の朝の歌では，やっぱり間違えてしまうのです。下を向いて，眉間にシワをよせて弾いている自分に，あるときハッと気づきました。これではいけないと思い，勇気を出して，子どもたちに素直に伝えてみることにしたのです。

　「先生ね，ピアノが上手に弾けなくて，間違えるから困ってるんだ」と。

　すると子どもたちが口々に言いました。「大丈夫だよ，先生！」「ぼく，歌をもっとがんばるよ！」と。子どもたちの“ピアノが弾けなくてもいい”という言葉に後押しされて，朝の歌の伴奏を，思いきってとても簡易なものに変えて弾いてみました。

　手元に不安のなくなった私が，初めて顔をあげた時－。とっても楽しそうな顔で歌を歌っているクラスの子どもたちが，そこにいました。

　「ああ，私の役割は，子どもたちが楽しく歌を歌うサポートだった。何で今まで，下を向いていたんだろう」と，思いました。同時に，「よい保育士とは，上手にピアノが弾けるということだけではなかったんだ」ということに気づかされたのでした。

　こんな風に私たちも，自分自身の“個性を見つめ，気づき，受け入れた”というステップを踏んで，ようやくここまで辿りついたのです。

（小竹・小笠原，2016，p.161-162）

いかがでしょうか。弱みを見せること，弱みを認めることで手に入るものが
あり，それが働きがいにもつながっていきます。実をいうと，筆者である私
は，自分の弱みを見せることや認めることが苦手なので，自分への戒めでもあ
ります。先生方とご一緒に，良い意味で自分の弱みを見せたり認めたりするこ
とで，ストレスなく働けること，それが結果として子どもや保護者，先生方に
還元できたらいいなと思います。

コラム4
性別違和を抱える子どもたちを守るために

　性別違和とは，男性と女性という二択に限らず，どちらでもないということやどちらかわからないということも含めて，身体と心の性が一致しないことを指します。

　性別違和を抱える子どもというと，第二次性徴が始まる小学校高学年ぐらいから高校生ぐらいの子どもをイメージするかもしれません。しかし，それはその時期に身体や心が急激に変化したり（みんなは変化しているのに，自分がなかなか変化しないと感じることも含めて），性に関する正しい知識も正しくない知識も身についたりする時期であるためで，実際は小学校に入る前から性に違和を抱える子どももいます。

　私の知り合いに，性別違和を抱えていた当事者である，げんのすけさんという方がいます。その方とパートナーの Yuko さんと私の3人で話していて学んだのは，特に幼稚園や保育園に通う年齢の子どもには性に関する正しい知識がないために，自分自身が性に違和があっても，それが何かわからないということです。

　日本のこれまでの性教育（避妊やセックス，性別違和など）では，子どもに性に関する知識を与えると，かえって悪影響を与えるのではないかという考えがあったように思います。しかし，正しい知識を与えられなくても，今はネットが普及しているために，子どもは何らかのかたちで，性に関する正しい知識も正しくない知識も得ることになります。その結果，避妊ができなかったり，自分が傷ついたりパートナーを傷つけたりすることが起こりやすくなります。そのため，性に関する正しい知識を伝えていくことが私は大切であると思っています。性別違和に関しては，正しい知識を知ることで，周りと自分が違う（異質である）と思って悩み，誰にも相談できずに苦しむ程度や時間を少なくできるでしょう。

　また，性教育ではなくても，子どもたちは日頃から大人の性に関する考え方

を取り入れています。幼稚園や保育園に通う子どもの場合，子ども自身が性に関する知識や意見をほとんど持たないために，大人の考え方や価値観に大きな影響を受けます。

　たとえば，「男の子はピンクが好きではないだろう」「(男の子はよくても)女の子はパンツを見せてはいけない」など，保護者や先生が勝手に思い込んでしまったり無意識に価値づけしてしまっていたりする男の子像や女の子像があります。また，髪をかわいくしていると「お母さんにしてもらったん？」と言ったり，キャンプに行ってきた話をすると「お父さんに連れて行ってもらったん？」と言ったりするなど，先生が思うお母さん像やお父さん像を子どもに押しつけてしまっていることもあります。無意識であっても，男の子や女の子はこうあるべき，お母さんやお父さんはこうあるべきという価値観を子どもに伝えてしまうことで，性別違和を抱える子どもは，自分はおかしい，自分のお母さんやお父さんはおかしいといったように思うかもしれませんし，そのような価値観から外れる子どもや保護者を攻撃してしまうかもしれません。それは先述したように，子どもは性に関する正しい知識やそれを口に出しても大丈夫であるという安心感を与えてもらっていないからです。

　現在では，男の子が髪を伸ばしていても，「なんで髪伸ばしてんの？　早く切ったら？」のように言う先生は少ないでしょう。それは見た目に関しては，もしかしたら何か理由があるのかもしれないと気づきやすいためです。しかし，ここまで述べたような，男の子や女の子はこうあるべき，お母さんやお父さんはこうあるべき，といった見た目に現れない価値観にも大人は意識を払って，子どもに関わることが求められます。

　幼稚園や保育園の先生方，また私たち心理職にとっても参考になるところがたくさんありますので，げんのすけさんと Yuko さんによる HP「ふむふむ」(https : //www.26fumu.com/) もご覧になってみてください。

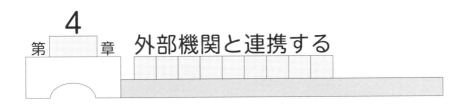

第**4**章　外部機関と連携する

第1節　相談窓口としての幼稚園など

　私立幼稚園に勤務しているなかで，相談や連携の「轂（こしき＝ハブ）」（図
4-1）としての幼稚園などの幼児教育・保育施設のメリットに，保護者が相
対的に敷居の低さを感じている点があると考えています。小学校以降と比較す
ると，幼稚園などでは園への送り迎えや保育参観，懇談会，各種の行事などで
保護者が来園する機会はかなり多いのではないでしょうか。また，健康診断や
ケガ，病気，あるいは園でのちょっとした出来事を，お便りや電話，メールな
どを通して保護者とやりとりする機会も多いと思います（細かなやりとりを学
級30人の保護者と行うと膨大な業務時間が割かれるため，これは同時に，保育
者の働き方の問題ともつながるのかもしれません……）。また，小学校以降で
は「学力」という軸をもとに子どもを評価することを通したやりとりが多いの
に対して，幼稚園などではもう少し全人的な観点から子どもを理解し保育を行
うため，保護者が自らの子育てに関する不安や我が子の成長・発達について相
談する際の心理的な抵抗は相対的に小さくなるかもしれません。

　特別な支援を必要とする子どもの家庭では，子どもと同じくらいその保護者
も不安や苦しさを抱えていることがあります。幼稚園に通ってこられる子ども
の保護者のなかでも，近くに家族や親族がい
て，友人がいて，ママ友・パパ友がいて，周囲
からの支援を得ることのできる方はそれほど注
意をしなくても，必要なときに園に声をかけて
くださるであろうと思えます。逆に，周囲から
の支援を得る機会が少なく，子育てによる孤立

図4-1　轂

や不安を抱え，でもどこに・誰に相談すればよいかわからないという保護者に対しては，特に注意を向けて必要な援助を提供できればと思っています。そうした頼る相手を見つけられていない保護者にとっては，物理的にも心理的にも距離の「近さ」を感じられる幼稚園などは，市区町村の役所や小学校などと比べると，身近な相談の窓口となる可能性を持っているかもしれません。

（1）外部専門家と連携する必然

　幼稚園教諭や保育士，保育教諭などは，その養成課程で子育て支援などについて学びますが，相談活動に関して高い専門性を持っているわけではありません。そして，近年は，特別な支援を必要とする子どもに加えて，保護者の病気や特性，家族関係不和，虐待，経済的困窮，母語が日本語ではない外国にルーツを持つ人の増加，LGBTQ など身体的性と性自認や性的指向の多様化など，園や家庭，地域での生活上の多様な難しさを持つ子どもや家庭の支援が求められるようになっています。このような多様で複雑な問題に対応したり，相談にのったりすることは，高い専門性を持つわけではない園や教職員だけで行うことはとても難しい場合があります。そもそもどこまでが園として取るべき対応で，どこからが家庭への介入となるのか。家庭に介入する責任あるいは権限が園や教職員にあるのか。介入が必要として，適切に援助を行う専門的な知識や技能を持つのか，あるいは介入する時間を勤務時間内でどのように確保するのか。もともと国や自治体から多くの機能や業務を求められている幼稚園や認定こども園では，自園のなかですべての問題を解決しようとする傾向がありますが，あまりに複雑であったり大きかったりする問題については，外部にいる他職種や他機関との連携や協働をする必然が生まれてきます。園の外部に援助を求めることを，自園の能力の低さや至らなさ，不適切さなどと否定的に捉えずに，子どもや保護者に必要な手立てとして肯定的に捉えられるとよいのではないでしょうか。

　ただ，これまで園の外部にある資源と連携する経験を積んでこなかった園にとっては，他職種や他機関と結びつくこと自体が一つの大きな課題となりえます。本章が，外部の資源と連携する経験を持たなかった園のみなさまが，第一歩を踏み出す際の参考になれば幸いです。

（2）幼稚園などで行われる相談活動

　幼稚園などは，その敷居の低さから，特別支援の文脈に限らず，子育てや家庭の悩みの相談をそれなりに活発に行ってきました。また，そこで行われる相談を起点として，関係機関との連携が始まるということは起きています。

　幼稚園などで行われる相談活動には，管理職や子育て支援担当スタッフ，担任保育者などの幼稚園教諭や保育士が行うものと，臨床心理士など心理の専門家や社会福祉士・精神保健福祉士などの福祉の専門家が行うものとがあります。後者の専門家は，幼稚園などが雇用する常勤職員や委託契約を締結して定期的に来園してもらう方，都道府県や市区町村から派遣される方など，いろいろな形で園とつながっています。

　また相談の活動自体ではなく，相談の体制を園内に作るための一助として，筆者が活動する一般社団法人大阪府私立幼稚園連盟（以下，大私幼）では「子育て相談員認定講座」という受講者固定の連続研修を運営しています。これは現代の子育てをとりまく実態や園内での相談体制構築，利用可能な外部資源，カウンセリングの基本などの内容を 2 時間×10回で学ぶ機会を作るものです。幼稚園教諭や保育士がその専門性として持つ「他者に共感する力」や「他者に寄り添う力」を活かしながら，幼稚園のなかで一人の担当が孤軍奮闘するのではなく，園全体で子どもや保護者の不安や苦しさを受け止め，状況の安定や課題の解決を目指すための体制づくりを各園内で進めてもらいたいと願って企画し運営しております。

（3）本章の形式について——具体と一般の狭間で

　本章では，実態に関する統計を紹介するほか，具体的な制度に関して触れ，さらに実際に幼稚園や認定こども園で管理職をされている方と対話形式でやりとりをしています。その理由について，少し説明させてもらいます。

　本章を執筆するにあたり，特別支援に関連する書籍を目につく範囲で渉猟していたところ，それぞれの書き手の所属や立場が異なり，そこから見える問題や課題の視点や断面が違うことで，見えている実態の様相や光景が変わってくるのだなという印象を受けました。幼児教育・保育の施設に限っても，日本では幼稚園教育要領や保育所保育指針，幼保連携型認定こども園教育・保育要領

という共通の基盤をもつものの，実際にそれぞれの現場で実践される保育活動や家庭への支援などは，各園の理念や設立背景などの違い，その園の施設種（幼稚園か認定こども園か保育所か）とその施設種で存在する制度の違い，さらに園が所在する都道府県や市区町村の財政状況を踏まえた独自の政策や取り組みなどによって大きく異なってきます。その個別性，特殊性，具体性を超えて，一般的な実態をいったん共有するために，（調査範囲がそれでも限定的ではありますが）統計の資料などを含めています。

　ただ一方で，特別支援に限らず幼児教育・保育では，こども一人ひとりの個別で特殊で具体的な文脈に応じた関わりや対応を目指しています。いくら一般的な・平均的な実態を共有したところで，最終的にはそれぞれの都道府県や市区町村の枠組みのなかで，それぞれの施設種とそれが組み込まれている制度のなかで，個別の法人や園のなかで，それぞれの学年や学級のなかで，それぞれの保育者が，それぞれの子どもや家庭との個別で特殊で具体的な状況のなかで保育の実践や子育ての支援が行われています。そのため，ほかの地域とは異なるかもしれませんが，大阪府や大阪市での制度や取り組みについて触れています。

　さらに，より個別で特殊で具体的な内容として，B先生・D先生・F先生の3人と対話する形で書いた部分もあります。このような形式を採用した理由は，実際の外部と連携する際には必ず先述したような個別性・特殊性・具体性が伴うから，ということが一つです。もう一つは，本書が想定する読者層のひとつである幼児教育・保育施設で働く保育者が読む場合，地の文でつらつらと端的に書かれたものよりも，対話の形で内容が表現されているほうが読みやすく理解されるのではないかという理由です。堅牢な根拠があるわけではありませんが，幼稚園団体の教員研修や個別の法人／園での園内研修を15年にわたり企画・実施・運営してきた経験に基づくと，おそらく私が私以外の誰かとやりとりしているなかでこそ伝わり，私が考えたことを一方的に書いて読んでもらうだけでは伝わらないことはあると思うのです。

　さて，その対話の相手としてご協力してくださった3人について少し紹介させてください。

　B先生は，施設型給付の幼稚園であるA幼稚園で園長を務めております。B先生は臨床心理士の資格をもち，かつては某市の保健センターで心理判定員と

して勤務されていました。園のトップリーダーであると同時に，心理専門職としてのキャリアをもち，また行政機関で勤務されていた経験に基づいた知見を提供してくださりました。

D先生は，幼保連携型認定こども園であるC幼稚園で副園長として園の運営を担われています。また，D先生はB先生と同様に臨床心理士の資格をもち，大学で非常勤講師としても活動されています。園のリーダーとして，外部の心理専門職と園の教職員との連携を仲介したり，外部の関係機関と連携されてきた経験をお話しくださりました。

F先生は，幼稚園型認定こども園であるE幼稚園の教頭として園の運営を担われています。F先生は，以前に某市で小学校教諭として勤務されていて，幼稚園で勤務するようようになってから幼児教育・保育について学び，現在は幼小の接続や連携に熱心に取り組まれています。F先生ご自身の小学校教諭時代の経験や幼稚園で勤務するようになってからの小学校との連携に関する経験をお話しくださりました。

（4）外部相談員の使い方

私立幼稚園などで行われる相談活動に関連する事業として，大阪には大阪府私立幼稚園等キンダーカウンセラー事業（大阪府）および大阪市発達障がい児等特別支援教育相談事業（大阪市）があります（コラム5参照）。大阪市発達障がい児等特別支援教育相談事業を利用しているB先生に，事業の利用方法についてうかがいました。

> B先生　外部から相談員が来られるときに，その方はもちろんその子のことを知りませんから，記録用紙をちゃんと作っています。その記録用紙に担任が自分で困り事を書くときに，改めて振り返りができることがいいなと思っています。
> 平林　なるほど。園長であるB先生とはツーカーで通じていて，わざわざ言語化するまでもない子どもの情報や保育の振り返り，計画のねらいなどについて，普段は園にいなくて3カ月に1回くらいしか来ない相談員にわかるように改めて整理する特別な機会を設けていると。

B先生　はい，それがいいなと思っています。でないと，担任の先生たちは自分が本当は何に困っているのかがわからなくなってきます。

平林　相談員は利害関係のない第三者ですから，距離を取って冷静に見て聞いてフィードバックしてくれるのですね。

B先生　ある相談員の方で「あ，すごいな」と思ったのは，一度来られただけで「あの先生，こういうとこで苦労してますよね」と担任の先生のしんどさまですぐに気づいてくださって。普段から園にいる私たちができないアプローチをしようとしてくださるので，すごくありがたいなと思ってます。

（5）新たな連携職種　ソーシャルワーカー

　私立幼稚園などに心理の専門家である臨床心理士などを招き入れる取り組みは20年近く積み重ねられてきましたが，近年は福祉の専門家であるソーシャルワーカーと連携する園が増えています。ソーシャルワーカーは，小中学校にSSW（スクールソーシャルワーカー）が派遣されたり配置されたりしていますが，私立幼稚園が広く一般的にその資源を利用するには現段階では難しさがあるようです。現時点では，大阪府私立幼稚園等キンダーカウンセラー事業に大阪府が補助金をつける以前のように，ソーシャルワーカーと連携するメリットを感じる法人や園が独自に社会福祉士や精神保健福祉士と委託契約などを結んで活動してもらっている状況です。

　文部科学省（2016）では，SSWを以下のように定義しています。

　　SSWは，児童生徒の最善の利益を保障するため，ソーシャルワークの価値・知識・技術を基盤とする福祉の専門性を有する者として，学校等においてソーシャルワークを行う専門職である。スクールソーシャルワークとは，不登校，いじめや暴力行為等問題行動，子供の貧困，児童虐待等の課題を抱える児童生徒の修学支援，健全育成，自己実現を図るため，ソーシャルワーク理論に基づき，児童生徒のニーズを把握し，支援を展開すると共に，保護者への支援，学校への働き掛け及び自治体の体制整備への働き掛けを行うことをいう。そのため，SSWの活動は，児童生徒という個

人だけでなく，児童生徒の置かれた環境にも働き掛け児童生徒一人一人の
QOL（生活の質）の向上とそれを可能とする学校・地域を作るという特
徴がある。　　　　　　　　　　　　　　　　　　　　（文部科学省，2016）

また，社会福祉士および精神保健福祉士は次のように定められています。

【社会福祉士】　社会福祉士は身体上若しくは精神上の障害があること又は
環境上の理由により日常生活を営むのに支障がある者の福祉に関する相談
に応じ，助言，指導，福祉サービスを提供する者又は医師その他の保健医
療サービスを提供する者その他の関係者との連絡及び調整その他の援助を
行うことを業とする者をいう。　　　　　　（社会福祉士及び介護福祉士法）
【精神保健福祉士】　精神保健福祉士は，精神科病院そのほかの医療施設に
おいて精神障害の医療を受け，又は精神障害者の社会復帰の促進を図るこ
とを目的とする施設を利用している者の社会復帰に関する相談に応じ，助
言，指導，日常生活への適応のために必要な訓練そのほかの援助を行う。
　　　　　　　　　　　　　　　　　　　　　　　　　　（精神保健福祉士法）

　ソーシャルワーカーは「関係機関等とのネットワークの構築，連絡・調整」
や「園内のチーム体制の構築，支援」「保護者，教職員等に対する支援，相
談，情報提供」「教職員等への研修活動」などの大切な職務をいくつも持ちま
す。それらの職務を通して，子どもや保護者，家庭が抱える生活上の問題の解
決に資する可能性のあるさまざまな支援の提供者などを結びつけるソーシャル
ワーカーは，今後ますます幼稚園などが連携や協働を求めることになる専門家
であると思っています。

第２節　小学校就学前の乳幼児に対する特別支援の状況

　日本では，平成27（2015）年から令和２（2020）年までの６年間に，555万
3,583人の子どもが産まれました（厚生労働省，2021a）。これは１年を１月か
ら12月としたときの数字で，学年度は４月から３月なので厳密には数は若干異
なりますが，約10％の乳幼児が支援対象とする厚生労働省の考え方からする

と，令和3（2021）年の学齢0～5歳の就学前の支援対象乳幼児（実年齢は0－6歳）は55万人を超えると推測されます。

　これに対して，令和3（2021）年10月1日付の調査では，未就学児やその保護者が利用することのできる支援事業は，全国で公営・私営を合わせて下記のようになっています。

- 児童発達支援事業が1万183施設
  （令和3年9月中の利用実人員が17万8,543人，利用延人数が102万9,707人）
- 居宅訪問型児童発達支援事業が228施設
  （令和3年9月中の利用実人員が254人，訪問回数が1,239回）
- 保育所等訪問支援事業が1,930施設
  （令和3年9月中の利用実人員が8,876人，訪問回数が1万4,501回）
- 障害児相談支援事業が8,130施設
  （令和3年9月中の利用実人員が9万7,041人）

（厚生労働省，2021b）

　これらの数字をすべて足して，さらに特別支援学校の幼稚部や通級指導教室に通う子どもを含めても，支援対象乳幼児の55万人程度がみな全日通所・通級しているとは考えにくいでしょう。また，学齢5歳（小学校に就学する前年）の就学前教育の在籍率が97％程度であることを踏まえると，少なくない割合の支援対象乳幼児は全国にある幼稚園や認定こども園，保育所に通っていると推測できます。

　そのような状況に対して，国や都道府県，市区町村は，私立幼稚園等における特別支援教育の充実を図るための各種制度を整えています。

　具体的な例として，大阪府では，大阪府私立幼稚園等特別支援教育費補助金を交付し，大阪府内に所在する私立の幼稚園又は幼保連携型認定こども園に就園する障がいのある幼児の特別支援教育の充実を図っています。2021年度の実績をみますと，対象となる大阪府の私立幼稚園および認定こども園423園のうち，212園が大阪府私立幼稚園等特別支援教育費補助金を受け取っています（大阪府，2021a）。

　また，大阪市では大阪市要支援児受入促進指定園という制度を設けています。2022年4月1日現在，一般社団法人大阪市私立幼稚園連合会（以下，阪私幼）に加盟する私立幼稚園など132園のうち，69園（うち1園は休園）が指定園として大阪市と協定を締結しております。指定園は，大阪市のホームページや園のホームページで指定園であることを公表し，入園の意思表示があった場合は原則として受け入れを行うかわりに，要支援児に対する特別支援教育を実施するための金銭的な援助をより多く得られるというものです（大阪市，2023）。

　こうした制度や事業を通して，都道府県や市区町村は各園に金銭その他の資源を提供し，それぞれの法人や園はその理念や運営・保育の方針に応じて具体的な特別支援教育の体制を構築したり維持したりするための資源の配分を決定しています。上記の大阪府や大阪市の制度の数字をみると，半数程度は補助金の申請や指定園の協定を締結していますが，逆にいうと半数はそうではないということです。また，都道府県や市区町村によっては，国の補助事業の採否や自治体単独での補助事業などを実施していることで，より手厚い制度が設けられていることもあるでしょう。

　そのため，私が見聞きしている私立の幼稚園や認定こども園のなかでも，園ごとに本当に多様な実態があるようです。国公立の幼稚園や認定こども園，あるいは公営・私営の保育所などでは，施設ごとにどの程度の運営上の差異があるのかは定かではありませんが，伝え聞く限りでは，「私立幼稚園と公立幼稚園」や「私立幼稚園と私立保育所」といった施設の運営主体や類型によっての差異よりは，一つずつの施設ごとの差異のほうが大きいという印象を受けます。

第3節　小学校就学前の乳幼児教育・保育施設の外部機関との連携の実態

　外部機関との連携についての具体的な実態に関する調査結果で，公開されているものを見つけることは困難でした。保育所に関しては「社会福祉法人　日本保育協会」「公益社団法人　全国私立保育連盟」「全国保育協議会」の三団体，認定こども園に関しては「特定非営利活動法人　全国認定こども園協会」と「一般社団法人　全国認定こども園連絡協議会」の二団体にそれぞれの園が

（場合によっては重複して）加盟・入会しており，私立幼稚園に関しては「全日本私立幼稚園連合会」の一団体，国公立幼稚園に関しては「全国国公立幼稚園・こども園長会」という団体がそれぞれにあります。それぞれの団体で調査を実施していたとしても，その情報を外部に公開していない可能性があります。

　筆者は，私立幼稚園の団体で活動していたつながりで，私立幼稚園などの外部機関との連携の実態について，一般財団法人全日本私立幼稚園幼児教育研究機構が文部科学省の委託を受けて調査した成果物（公益財団[*1]法人全日本私立幼稚園幼児教育研究機構，2021）にアクセスできました。その成果物の利用を権利者の文部科学省に許可いただけたこと，ほかに大規模な調査の情報がないこと，2019年度の就学前教育（幼稚園・認定こども園・保育所）で私立・私営の施設に通う子どもが76％を占める（文部科学省，2020a）こと，そのうち半数程度は幼稚園と幼稚園由来の認定こども園に通っているであろうこと，などから，ここでは，私立幼稚園などの関係機関などとの連携の実態をみていくことで，小学校就学前の乳幼児教育・保育施設の外部機関との連携の実態を探る手掛かりとします。

① 調査協力園

　全国の私立幼稚園（私学助成園・施設型給付を受ける幼稚園・幼稚園型認定こども園）のなかで，特別な配慮を必要としている幼児を受け入れている園を対象に，都道府県ごとの加盟園数に応じて300の園を選定し，269園からの回答を得ました（回収率89.7％）。

　設置形態の内訳は，私学助成園160園（59.5％），施設型給付を受ける幼稚園43園（16.0％），幼稚園型認定こども園66園（24.5％）でした。

　図4-2からわかるとおり，調査園の選定時に「特別な配慮を必要としている幼児を受け入れている園」を条件としています。そのため，「これまでに」連携したことがあると回答した園は回答した園の98.5％にのぼりました。連携したことがないと回答した4園のうち，1園は保護者を介して間接的に関係機関との連携を行っており，もう1園は連携を要請したものの情報保護の観点から断られたとのことで，ほぼすべての園が何かしらの形で関係機関と連携して

＊1　研究成果物発表当時。現在は一般財団法人。

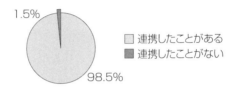

1.5%

□ 連携したことがある
■ 連携したことがない

98.5%

図4-2　これまで関係機関と連携したことがある

いる実態があるようです。

② 調査結果

　表4-1をみていただくとわかるとおり，調査時点で特別な配慮を必要とする幼児が在籍していると回答した園は全体の95.9%でした。この数字は「これまで関係機関と連携したことがある」と回答した園数よりもやや小さく，年によって園に特別な配慮を必要とする園児がいないこともある，ということを示しています。

　図4-3をみていただくとわかるとおり，これまでに園が連携した関係機関で最も多い回答は「市区町村（公立）の発達支援センター」で，次いで「市区町村の担当部局」「地域の発達障害専門の医療機関」「発達支援のデイサービス」「市区町村の教育委員会」「地域の特別支援学校」「児童相談所」「地域の医療機関」「保健所」「都道府県の発達支援センター」と続きました。連携したことがあるパーセンテージが56%を超えている施設は「市区町村の発達支援センター」の一つであることは，連携する関係機関が多様である（＝分散している）と肯定的に解釈することもできますが，連携すべき機関と十分につながることができていないと解釈できるかもしれません。

　図4-4をみていただくとわかるとおり，関係機関との連携方法で最も多い回答は「関係機関の職員が来園し幼児を観察」と「関係機関の職員が来園し教職員と面談」という関係機関の職員が園を訪問するというもので，どちらも回答率は90%を超えていました。次いで「電話や書面やメールで連絡を取り合う」が82.6%でした。「教職員が関係機関を訪問し幼児を観察」と「教職員が関係機関を訪問し職員と面談」という園の教職員が関係機関を訪問する二つの回答は，関係機関の職員が園を訪問する機会に比べて相対的に少ないものの，半数以上の園が実施していました。保護者を交えた三者面談は，半数弱の園で実施されていました。

204

表4-1 特別な配慮を必要とする幼児の在籍

	私学助成園	施設型給付幼稚園	認定こども園	全体
在籍している	96.3%	95.3%	95.5%	95.9%
在籍していない	3.7%	4.7%	4.5%	4.1%

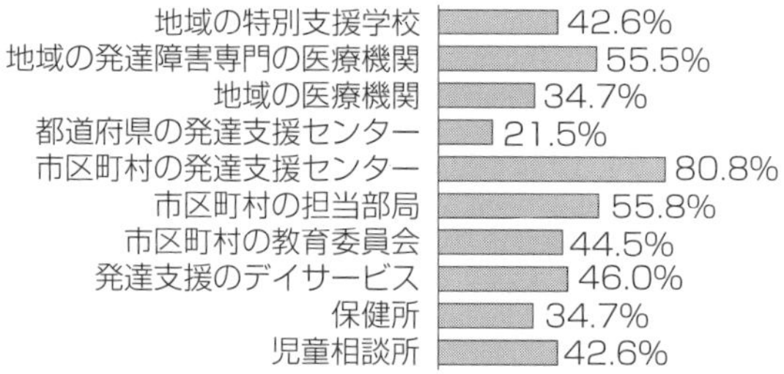

- 地域の特別支援学校 42.6%
- 地域の発達障害専門の医療機関 55.5%
- 地域の医療機関 34.7%
- 都道府県の発達支援センター 21.5%
- 市区町村の発達支援センター 80.8%
- 市区町村の担当部局 55.8%
- 市区町村の教育委員会 44.5%
- 発達支援のデイサービス 46.0%
- 保健所 34.7%
- 児童相談所 42.6%

図4-3 これまでに園が連携した関係機関

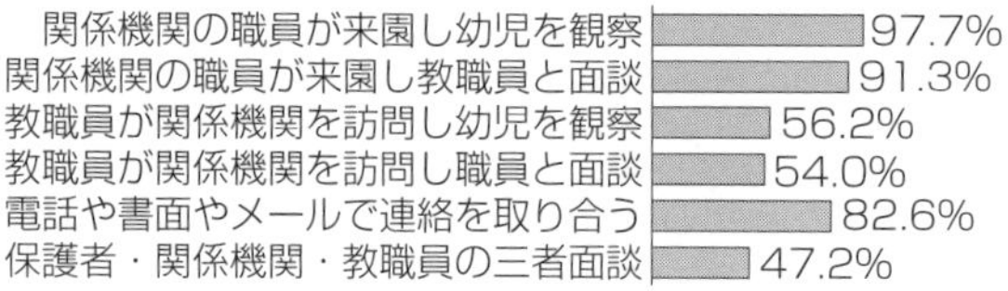

- 関係機関の職員が来園し幼児を観察 97.7%
- 関係機関の職員が来園し教職員と面談 91.3%
- 教職員が関係機関を訪問し幼児を観察 56.2%
- 教職員が関係機関を訪問し職員と面談 54.0%
- 電話や書面やメールで連絡を取り合う 82.6%
- 保護者・関係機関・教職員の三者面談 47.2%

図4-4 関係機関との連携方法

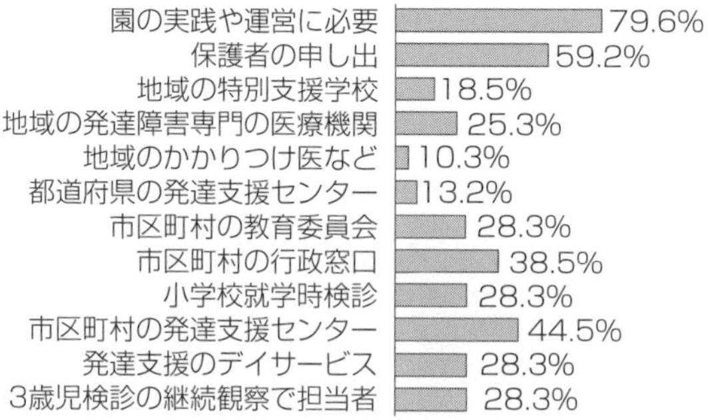

- 園の実践や運営に必要 79.6%
- 保護者の申し出 59.2%
- 地域の特別支援学校 18.5%
- 地域の発達障害専門の医療機関 25.3%
- 地域のかかりつけ医など 10.3%
- 都道府県の発達支援センター 13.2%
- 市区町村の教育委員会 28.3%
- 市区町村の行政窓口 38.5%
- 小学校就学時検診 28.3%
- 市区町村の発達支援センター 44.5%
- 発達支援のデイサービス 28.3%
- 3歳児検診の継続観察で担当者 28.3%

図4-5 関係機関とつながったきっかけ

　図4-5をみていただくとわかるとおり，関係機関とつながったきっかけで最も多い回答は「園の実践や運営に必要」，次いで「保護者の申し出」です。子どもの保護者の申し出やその他のあらゆる選択肢よりも，園の実践や運営に必要と感じて連携をとるケースのほうが多いということは，逆にいうと施設が連携を必要と感じなければ関係機関とつながることが難しいことを示唆している可能性があります。

　また，「園の実践や運営に必要」であるという理由で，保護者からはさして強い要望がないにもかかわらず，幼稚園や保育所の強い申し出で保護者が保健センターに相談に行くように促されるというケースもあるようです。

（1）園に「見てきてもらってください」と言われるケース

　B先生は，某市で心理判定員として勤務されていたころのお話をしてくださいました。

B先生　親御さんが直接相談にこられる形であがってくるケースでは，「幼稚園や保育所の先生に『ちょっと見てきてもらってください』と言われた」みたいな感じで，こう，無理やり相談に来られていることがあるんです。もちろん，子育てに不安があって自ら電話してくるような人もいますけれども，それ以上に幼稚園や保育所の先生に言われた，という方が多いのです。その状況は，今もそれほど大きく変わっていないと思います。

平林　保護者が，我が子のことが心配で相談に来たわけではない，ということですか。

B先生　そういう方が多いんですね。本当に重い症状のある子どもは，1歳半健診のときから保健センターで把握しているので，3歳児健診や3歳半健診よりあとに園から促されて相談にこられる子どもは，こちらからみると「なんとかやっていけるだろうな」と判断するボーダーくらいの子がほとんどなんです。もちろん，幼稚園や保育所の子ども集団のなかで保育者が見ておられる姿と，保健センターで私が初めてその子に会って1対1でやりとりするときの姿とは，大きく異なると思うのですが，私としては，その子が幼稚園や保育所で，その子なりの発達を保障されるよう，また安心して機嫌良く充実した幼稚

園生活を過ごしていけるような関わりや環境構成，園としての体制を，幼稚園の先生たちに理解してもらいたいと思っていました。だからこそ，私は保健センターで勤務していたころは，もっと保育現場に訪問したいと思っていました。

平林　保健センターで「大丈夫ではないか」と判断していて，保護者も心配していないのに，幼稚園や保育所が「見てきてもらってね」と促すことは，私立幼稚園からのケースが多いのでしょうか。

B先生　公立の保育所は，市役所の保育部の巡回相談員などの事業をうまく使っておられます。数カ月に1回，外部の専門家がこられて解決の方法や糸口を探る術があるんでしょうね。それが，私立幼稚園だと，私が某市に勤務していたころはほとんどなかったのでしょうね。

平林　従来の保育の方法や内容を変えずにそうした子どもを受け入れることが難しいので，「もう，来てくれるな」となってしまっていたのかもしれないですね。

B先生　なんとかしようと思っている園は，保健センターの心理判定員が幼稚園に訪問させてほしいと申し出たときは受け入れてくれていました。そうではなく，「もう診断をつけてほしい。うちで保育するのは無理」というところは，なかなか受け入れてくれませんでしたね。さすがに今はそこまで拒否するような園は減ったと思いますけど。

平林　なるほど。そういう意味では，公立の園が巡回相談員をうまく活用していたように，大阪府のキンダーカウンセラー事業や大阪市の相談事業を活用して，そのような園が減っているかもしれないですね。

　「園の実践や運営に必要」であることから，関係機関への相談を保護者に促す実態は，その多寡は不明ですが，ありそうです。そう促す理由は，受け入れた子どもを園でより適切に援助をするためなのか，そもそも園で受け入れることを拒否するためなのかはわかりません。ただ，いずれの理由から促すにせよ，B先生がお話しされた公立の園のように巡回相談員を活用して解決の方法や糸口を探る方法があれば，より適切な援助を提供したり，これまで「受け入れられない」と入園や通園を難しいと判断されてきた子どもたちをより多くの園が受け入れることにつながるかもしれません。

表4-2　関係機関との窓口となる職員の役
職（複数回答可）

役職	回答率(%)
園長	80.3
副園長，教頭	39.4
主幹教諭，指導教諭，主任教諭	56.1
教諭	27.9
特別支援コーディネーター	16.7
その他	4.1

　個人的には，幼稚園などの動機がどうあれ，関係機関とつながることで，B先生が語られたように子どもやその保護者，保育者がより良く日々を過ごすことができるという結果につながりうると思いますので，まずは相談したり助けを求めたりできる外部の資源を充実させて紹介していくことが第一歩かなと考えています。いずれにせよ幼稚園が関係機関とつながるきっかけとしては，良くも悪くも幼稚園等側がつながりたいという動機を持つことが大切なようです。

　表4-2をみていただくとわかるとおり，関係機関との窓口となる職員の役職で最も多い回答は「園長」で約80％，次いで「主幹教諭，指導教諭，主任教諭」が約56％，「副園長，教頭」が40％と管理職の方が続きます。特別支援コーディネーターの回答率が教諭よりも小さく，まだ実効性のある役職として浸透しきっていない実態がありそうです。

　ここでは，全国の私立幼稚園（私学助成園・施設型給付を受ける幼稚園・幼稚園型認定こども園）を対象とした調査結果をみてきましたが，これらは，具体的な連携機関や連携の方法，連携のきっかけ，連携の窓口など，実態を推測するうえで有用なデータであると考えます。

第4節　自園内部の体制の構築と連携

　外部の機関や資源と連携するにあたっては，それらの外部の機関や資源とどのようにつながり，どのように利用し，自園で実現したいことを達成したり，

子どもやその保護者に願うことを達成したりするのか，という園としての目的や目標，あるいは姿勢，心持ちなどが重要になります。

（1）園としてのスタンスを定める

臨床心理士の資格をもち，C 幼稚園で副園長を務めている D 先生にお話をうかがいました。

D先生　私たちの園のなかでは，どういう機関や人に頼ればよいのか，来てもらっている専門家の先生には何を頼るのかをしっかりと定めて使い分けることを意識しています。私は常勤の心理職として園にいるので，そのあたりの整理をするのが仕事とも考えています。そうして整理した外部の専門家の先生ごとに期待する役割を保育者にも伝えているので，「こういうことは，この先生に相談しよう」と使い分けられています。

平林　すごいですね。

D先生　対応が難しいケースでは，同じ子どもについて，あえて複数の専門家の意見を聞くことはありますが，いろいろな意見を受け取ることで現場が混乱しないように整理する役割はやはり必要ですね。そこで，その日一日の姿だけでなく，日常の姿を知っている常勤心理職として外部の専門家の先生方の意見を交通整理して，保育者が次に進めるような手助けとなるようにしています。

平林　専門家と保育者の間に，緩衝材（バッファ）としてD先生がおられるのは大きいですね。

D先生　逆に，新しい課題が起きたときに，私が率先してアセスメントすることは減ってきたかもしれません。これはこういうところに相談する必要があるよね，とつなげる立場でいることが増えてきました。たぶん心理職の資格を持っていなくても，子どもの発達をよくわかっている方であれば，園内の交通整理をして，外部とつながる役割を果たすことができると思います。そういう方が園におられれば，外部との連携は本当に生きてくるのではないかなとは思います。

　また，いろいろな制度の使い方については，民間の児童デイサービス（現・児童発達支援）や「きこえとことばの教室」（通級指導教室）などの機関とどの

ように連携するかが重要です。使うことのできる資源は，たとえば公的なもの
であればどの園も平等にあるのですけれども，それらと自園がどのように連携
していくかという点で各園の独自性は出て然りと思います。なので，うちの園
として一番良い使い方が，ほかの園にとって良い使い方とは限らなくて，それ
ぞれの園のスタンスによって変わっていくはずです。

平林　同じ園でも，人が入れ替わり，人数や規模が変わり，通う子どもが入れ
替わると，スタンスも変わっていくかもしれませんね。

D先生　はい。ただ，変わっていくのだとしても，自分たちの考え方を明確に
したうえで，外部とつながっていかないと，せっかく良いチャンスが巡ってき
てもそれをうまく活かせないことなどがありますので，そのときそのときのス
タンスを定めることは大切だと思います。

　自園で達成したいことは何か，自園の内部でできることは何か，自園の内部
に足りない知識や技能，資源は何か，足りないものを得るためにつながるべき
機関や専門家はどこにあるか，その機関や専門家に何をどこまで期待するか，
といった事柄を整理して，園としてやるべきことを「交通整理」することが大
切なようです。

　そのような交通整理を行う役割として，文部科学省は平成19（2007）年4月
に「特別支援教育の推進について」という通知のなかで，特別支援コーディ
ネーターという役割に言及しました。

　特別支援教育コーディネーターの具体的な役割として，以下のものが挙げら
れています。

　　・校内委員会における推進役
　　・子どもの状態についての行動観察
　　・個別の教育支援計画や個別の指導計画作成の支援
　　・担任への相談や支援
　　・特別支援教育支援員，SC，SSW との連携
　　・巡回相談，専門家チームなど外部関係者との連携調整
　　・校内状況の把握と情報収集

- 子どもとの面談
- 教職員への情報提供
- 保護者に対する相談窓口
- 校内研修の企画と実施
- 次年度への引継ぎ支援

　文部科学省が毎年実施する「特別支援教育に関する調査」では，平成30（2018）年度分まで特別支援教育コーディネーターの指名状況が調査項目に含まれていました。平成30年度の特別支援教育コーディネーターの指名率は，幼保連携型認定こども園　50.6％，幼稚園　61.9％，小学校　99.2％，中学校95.2％，高等学校　83.8％でした。

　幼稚園および幼保連携型認定こども園では，特別支援教育コーディネーターの指名率は小学校以降の校種と比較して低くなっています。ただ，小学校以上の校種でも，機関同士の連携は担当者個々人の努力に委ねられていることが多く，学内連携においては公立学校で校長や担当者が交代すると支援体制が大きく変化する事例も少なくない現状があるという指摘はされており，特別支援コーディネーターを指名することに加えて，担当者が変わっても持続する園内・校内の支援体制づくりは課題としてあるようです。

（2）外部と連携する前提としての，園としての姿勢

　園としてのスタンスが定まっていなかったり，園内での支援体制が整っていなかったりすれば，外部の機関との連携を試みたとしても，必ずしもうまくいくわけではないようです。

　平林　大私幼のキンダーカウンセラー事業や阪私幼の相談事業を担当していて，園長先生のマインドやコネクションなどについて各園の差の大きさを実感します。利用可能な外部の資源をどんどん使っていろいろな機関とつながっていく園や人と，基本的に全部自分たちで抱えこんで園のなかでなんとか回そうとしている園や人と。後者に関しては，どこかで回りきらなくなって，どうしようもなくなって，事業担当に相談の連絡が来て，というケースがときどきあ

ります。自園の限界を把握するというか，園でできることとは別に外部にはこういう専門性があって，それに頼ってもいいんだよ，という点は整理されるといいのかなと願っています。

B先生　そういうことがみんなに伝わって，自園だけで抱えこまずに，幼稚園でなんとかやっていくために，並行して別の資源を利用するように促したり，どうしても自園で適した環境を提供できないのであれば，他施設を紹介するなり，できればよいかと思います。

D先生　自分の園に足りないものは何か，どういう資源があったらいいのか，というのはそれぞれの園で異なります。園の規模や保育の方針，子どもや保護者のカラーなど，それぞれに違うので。また，医療的ケアが必要な子を受け入れる園と，そもそも受け入れない園といった違いもあります。それらを考慮して，園として外部とどうつながるかを，園がきちんと考えておく必要があります。外部との連携がうまくいっていないケースでは，保育でうまくいかないことがあるから外部機関に頼ろう，と安易に動いているような気がします。外部機関に頼ったとしても，すべてうまくいくわけではありません。

　関係機関や専門職と連携し協働する際は，園としての目標と取り組みを明確にしたうえで先方に依頼することが望ましいのですが，実際には保育現場で専門家が「園に丸投げされた」と困惑する事態がそれなりの頻度で発生しています。そうして「丸投げ」をされた専門家は，逆に園に対して丁寧に何をどのようにするか，あるいはしたかを説明し報告して理解を得られなければ，園から「専門家が一方的に介入している」と受け取られかねないという，とても難しい立場に立たされますので，園としては連携する相手の専門家をそのような立場に追い詰めないように，園の目標や期待を明確にして，専門家に伝えることが大切になります。

（3）翻弄されてしまわないように

　また，園としてのスタンスを明確にしていない状況で専門家を園に招くと，園の教職員が専門家の助言に翻弄されることになる，という事態を招くこともあるようです。

D先生　外部の方々は，みなさま専門家なので，当たり前のことですが，短時間で意見をすごくしっかりと園の教職員に伝えるというお仕事をしてくださります。となると，専門家の意見に園の教職員が翻弄される危険性があるのです。

平林　専門家のしっかりとした意見に，園の教職員が振りまわされると。

D先生　はい，園が。翻弄されている度合いが，現場と管理職で同じくらいだったらいいんですけど。管理職は「とてもうまくいっている」と思っていて，でも実際には現場だけが翻弄されているときは，結局子どもに還元されるものが小さくなるので，一番かわいそうだと思います。

平林　なるほど。

D先生　昔，私が入職する前は，非常勤の心理職の方が巡回で来園してくださっていました。その当時のうちの保育者は，その先生が何かアドバイスしてくれて，そのアドバイスを実行すれば，すべてがうまくいくという心持ちでいたんですよ。

平林　ご宣託，神のお告げのように，過剰にありがたがってしまった，みたいな。

D先生　はい。困っていたんですね，保育者も子どもも。どうしていいかわからない状態なので，外部の先生が来てくれて，素晴らしいアドバイスをくれて，それを実行できれば，きっとこの状況は解決される。そんな風に，特効薬があると教職員が思っていた時期はありました。今から考えたら，なぜ困っているのかを通訳してくれたり，特効薬みたいにすぐにうまくはいかなくても長期的に見てみたら「1週間前より，この子，すごい落ち着いてきているよね」と共感してくれたり，保育者がとてもしんどいときに「○○君，ちょっと先生と一緒に散歩しよっか」と手を差し伸べてくれたり，そういう困り感やしんどさに日々寄り添ってくれる人が必要だったのだろうなと思います。

平林　今は，特効薬を得ることは諦めたというか，魔法はないことを受け入れて，地道にちょっとずつ取り組んでおられる感じでしょうか。

D先生　うちは，そうですね。私が常勤の心理士として働くようになってからは，この子がなぜこういう行動をするのかを，保育者に丁寧に説明することを大切にしています。そもそも「保育者の保育のやり方が根本的におかしくて，それを変えられればうまくいく」というわけではないのだということ。あるい

は、傍目には「みんなと一緒にやっている」ように見えることが、その子にとって「うまくいっている」ことと同じわけではないということを、言い続けています。その積み重ねを通して、環境構成や保育のやり方が変わってきました。

　特別支援の分野に限らず、自分の困っている事柄に対しては、専門家（とその人が思う相手）の言葉を鵜呑みにしたり、特効薬を求めることがあるのは、たとえば造形や製作、音楽、表現などの研修の運営を幼稚園団体でしていて感じることがあります。それは、D先生が指摘したように「その保育者が困っている」というサインであることはそのとおりであろうと私も思いますし、また特効薬や魔法のような都合の良い話があるわけがないとも思います。ですから、外部の専門家や機関との連携に先立って、園内での支援体制の構築や意思疎通の円滑化、信頼関係の構築、困っている教職員を支える仕組みや実態づくりが求められるのかもしれません。

（4）外部と連携する前提としての、園内スタッフの意思疎通の充実

　D先生も、やはり園内での意思疎通の円滑化に関する問題意識を持っているようでした。

　D先生　園長先生が外部の専門家に依頼した内容と、現場の感じている大変さに隔たりがあったりして、「専門家の先生の言っていることはわかるけど、そんなことできるわけないやん」みたいなことは、よくあると思います。どういうスタンスで外部資源を頼っていくのか、はっきりとしないままに外部とつながってしまうと、現場の保育者が翻弄されて、困っていくのではないかな、と思っています。

　平林　そういう意味では、園のスタンスの確立という問題には、同時に、園のリーダー層と現場層の隔たりというか接続という問題が含まれていそうですね。

　園のリーダー層と現場層がうまくつながっていないとき，その不利益をこうむるのは現場の保育者だけではありません。適切な理解とそれに基づく援助を受けられない子どもが，大人のしんどさを押しつけられてしまう場合があります。

D先生　担任自身のしんどさが，子どもに向けられてしまうこともあるので，外部の先生にどの子どもを見てもらうか，という判断は重要なんです。外部の先生に見てもらうことになったら，担任は「やっぱり，この子には何かがあるから，先生に見てもらうんや」と園が判断したと思ってしまいます。だから，トップの先生があまり何も考えずに「担任がしんどいと言ってるなら，外部の専門家に見てもらえばいいよ」みたいな感じで，丸投げしてしまうと子どもにとっての不利益につながります。

平林　担任は免責されて，全部子どもに問題があることになってしまう。でも，実は，問題は違うところにあることもある，というようなことでしょうか。

D先生　そうなんですよ。園長先生や実際に外部の専門家との連携を采配する先生のなかには，普段ずっと保育を見ているわけではない方もおられるので，担任が「この子，気になるんです」と言ったら，「まあ，そうか。気になるんやったら，じゃあ，見てもらおうか」となると思うんですね。それで，外部から来られた専門家は，子どものことをその一日しか見てないわけですから「何もない」「この子，大丈夫よ」と強い根拠と自信を持って言うことは難しいとも感じます。毎日その子どものことを見ている担任の先生が「見てほしい」と言ってきたということは，子どもに何かしらの困り感があるんやろうなと思って，実際には子どもには何もなかったとしても，最終的にはその子に何かあるということになってしまったりするんです。だから，担任が精神的に疲れてしんどくないか，その担任が保育者集団のなかで孤立していないか，担任の保育を支える体制が園のなかにあるのか，というところも考慮しながら，外部の専門家に見てもらう子どもの選定をしていく必要があるのだと思います。

　もともと大私幼のキンダーカウンセラー事業も阪私幼の相談事業（コラム5

参照）も，「保護者の子育て相談をする」ことに行政が予算をつけてくれて成立しました。それで実際に園に臨床心理士などの心理専門職の方が入り始めたところ，子育て中の保護者だけではなく，保育者も実はかなり困っていたということで今の実態に移行してきました。

　子どもとの関わりに悩む保育者個人の問題に留めてしまうのではなくて，保育者を支える園の体制をアセスメントするという役割を大私幼のキンダーカウンセラーや阪私幼の相談員が担ってくださっています。ただ，それは臨床心理士の能力というか専門性を越えているようにも思いますので，個別の心理職の方の専門性に依存するのではなく，より専門分野の近いソーシャルワーカーとの連携を模索したり，園内に特別支援コーディネーターの役割を担うことのできる人材が育つように子育て相談員認定講座を継続的に開講するなどの取り組みを行っています。

　また，外部専門家や特別支援コーディネーターに支援体制の構築や連携を丸投げしたとしても，管理職の理解のなさや園内での立場のなさなどにより，担任や特別支援担当の保育者を孤軍奮闘させてしまってはうまくいくことを望むことは難しくなります。抱えこまさせず，押しつけず，必要な支援を確保することが大切なようです。そういう意味では「私立幼稚園等の外部との連携の実態」の「関係機関との窓口となる職員の役職」という問いの回答で最も多かったのが園長であることは合理的な結果なのかもしれません。

（5）交通整理の役割を担うキーマンに，適切な権限を持たせる

　園全体での特別支援や子育て相談の体制をつくり，各部間で連携が必要十分にとられるようにするには，特別支援教育コーディネーターのようなキーマンが重要になります。ただ，先述したようにただの役職として人を割り当ててもその実効性や継続性は見込むことができません。どのような条件が必要か，D先生の考えをうかがいました。

平林　D先生が担っておられるような役割の人を，園のなかで育てていくというか，ポジションを作っていくことが大切だとお話をうかがって改めて思いました。教職員の一人ひとりがその役割を担うことができれば一番良いのでしょ

うけれども，現実的にはなかなか難しいですね。D先生のように心理職の資格を持っていなくても，そういう役割というか責任というか機能を持つ人が園のなかにいると，外部とのコーディネートもずいぶんとうまくいきそうですね。

D先生　子どもの発達をよくわかったうえで，園の保育者のニーズは何かを把握して，それに応えてくださる外部資源はどこにあるのか，という「交通整理」の役割をできる人が，ある程度の権限を持っていることが重要かなと思っています。私自身は，副園長として人事権を持っていますので，人を採用することもできるし，教職員に「この研修に行ってほしい」とお願いすることもできます。ただ，特別な支援を必要とする子どもを受け入れられるかを判断するときに，園を経営するうえでこの職員数でこれ以上受け入れてしまうと，来年度は丁寧に保育することが難しくなってしまう，というラインがあるじゃないですか。そういう判断を下すことができる権限があるからやりやすいのだろうなと思うのです。担任の先生や常勤の心理士の方が権限を持っていない場合は，「やっぱり加配をつけたほうがいいよ」と提案したとしても，上司が「経営的に無理」と判断して通らないことがあるじゃないですか。

平林　お金の判断がありますからね。

D先生　はい。ただ，権限を持たないゆえに，経営的な判断のところを忖度してしまうと，「加配をつけたほうがいいと思います！」と大きな声で言えなかったり，本当に必要なのかというアセスメントにブレが出てくると思います。

　また，交通整理の役割の人に権限が集中してしまっても絶対ダメだと思うので，私が一人で判断しないように気をつけています。非常勤の心理士の先生やカウンセラー，小学校のコーディネートの先生も来てくださるので，私の独り善がりにならないようにいろいろな専門家を頼りにしています。

　D先生のお話からは，園内である程度の権限を持つ役職者が，関係機関との連携の窓口となることの大切さが感じられます。そういう観点からは，園長が関係機関との窓口となることの利点として，人事や予算，教職員の研修，入園の可否に関する権限を持つ人が交通整理の役割を担うことができることがあるようです。

　ただ，ほかにも膨大な業務を抱える園長が窓口としての役割を担ってパンク

するリスクを考慮すると，園長ではない教職員がその役割を担うメリットを感じます。

（6）園内に専門家がいる利点

ここまでは園の外部にいる専門家と園との連携を前提に書いてきましたが，臨床心理士や社会福祉士に常勤職員として園で働いてもらうケースも，まれではありますが見聞きします。常勤の専門職が幼稚園などに普及するにはさまざまな課題があるのかもしれませんが，週に1回，あるいは月に1回来園する外部の専門家とはまた異なる力を発揮してくださるのではないかと思います。

> D先生　子どもに課題があると言われるときには，往々にして家庭がしんどいということがみられますよね。保育中にある子どものことが気にかかっていると，その子の保護者を見た際に「お母さん，今しんどそうやな」と保育者が感じることが多いのではないでしょうか。
> 平林　そういうことがありますね。子どもが突然それまでと異なる様子をみせるようになったときは，おうちで何かが起きていることがあります。
> D先生　そうなんです。だから，そういうときには子どものケアが一番重要なんですけど，総合的俯瞰的に実態を見て，問題の所在を探ることができるのは，園に常勤職の心理士がいるメリットだと思います。非常勤だと，保護者と話す機会はとても限定的にならざるをえず，担任や園の教職員からの間接的な聞き取りを通してしか情報を得られなくて，そうなると園側のバイアスが必ず入ってしまうので。

幼稚園における連携について考えたときに，私が思い浮かべるのは大阪大学の元総長である鷲田清一さんが語られた，平成22（2010）年度の卒業式・学位記授与式総長式辞です（鷲田，2010）。

東日本大震災が起きて間もない時期に行われた式典で，彼は「プロフェッショナルがその専門性を十分に活かすためには，専門領域の知識だけではどうにもならない」「なぜなら，一つの専門性はほかの専門性とうまく編まれることがないと，現実の世界でみずからの専門性を全うすることができないから」

と語りました。保育者の専門性が発揮されるためには，たとえば保健師や小学校教諭，臨床心理士，社会福祉士，精神保健福祉士，医師，弁護士などといった多様な分野のプロフェッショナルに，自らの専門的知見について関心を持ってもらえるよう，そして正しく理解してもらえるよう，イメージ豊かに説明すること，そして，多様な分野の専門性を持つ他者の自分とは異なる視線や関心を理解しようとすることが必要だと言い換えられるのではないでしょうか。

　保育の可視化，ドキュメンテーション*²など，近年は保育や子どもの育ちを適切に表現することの重要性が同僚や保護者，子どもとのコミュニケーションの文脈で認識されてきていますが，その取り組みは外部の機関や専門職と連携するためにも重要なのではないかと本稿の執筆を通して思い至りました。

＊2　広義には，子どもの姿や行為を写真や動画，音声，文字，作品などの形で視聴覚的に記録したもの。狭義には，レッジョ＝エミリア・アプローチにインスパイアされた保育実践において，出来事が関係によって結びつく場で，子ども・教師・取り組みの方法・コミュニケーション・表現方法・内容・時間・場所・素材が相互に作用し，影響を与え，変化する一環で用いられるツール（ペダゴジカル・ドキュメンテーション／教育学的ドキュメンテーション）。ここでは広義の意味で用いている。

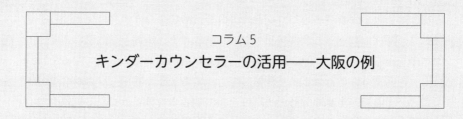

コラム5
キンダーカウンセラーの活用——大阪の例

【大阪府私立幼稚園等キンダーカウンセラー事業（以下，キンダーカウンセラー事業）】

　この事業は，大私幼に加盟する法人や園が，臨床心理士や公認心理師，学校心理士などの資格を持つ個人と直接契約を結ぶものです。キンダーカウンセラーは，幼児教育・保育の場で子どもの見立てを行ったり，保護者の相談を受けたり，保育者に助言したりします。子育て等に悩む保護者の相談を受けることを通して子育てを支援するほか，幼稚園等での小集団や大集団で行われる生活や遊びの姿の観察に基づいた専門家の助言を受けて，保育者が一人ひとりの子どもに応じた保育環境の構成や援助を行うことで，一人ひとりの子どもがその子らしく園で過ごし育つことを保障することを目指して実施されています。令和4（2022）年度は，大私幼に加盟する418園のうち179園（43％）がキンダーカウンセラー事業を実施しています。

　キンダーカウンセラーの活動内容は，保護者とのカウンセリングのほか，複数の保護者を交えてのワークショップ開催，保護者向けの通信などの情報提供，保育者への助言や園内でのケース会議の実施，研修の実施，個別の教育支援計画や指導計画の作成の支援など多岐にわたり，各園がそれぞれの事情に応じて利用しています。

【大阪府私立幼稚園等キンダーカウンセラー事業補助金】

　先述のキンダーカウンセラー事業は，当初はいくつかの園が，自園の保護者の子育て等への悩みに対応するために，公的な金銭的支援の出ていない段階で自費で心理専門家を招いていました。ただ，その実践が広まり，キンダーカウンセラー事業の価値が認められるようになったことで，平成16（2004）年に大阪府の補助金事業が立ち上がりました。令和3（2021）年度には，大私幼に加盟する418園のうち127園（30％）が補助を受けています。

補助対象事業の要件として，以下のような条件があります。

- 年間12回以上，1回あたり6時間以上実施する
- キンダーカウンセラーが教職員に対して研修を年間3回以上，1回あたり1時間以上実施する
- 地域に住む，在園児ではない子どもの保護者をカウンセリングの対象に含める

　こうした条件のなかでの使い方は自由なので，園によってキンダーカウンセラー事業の実施回数は最小の年間12回から最大48回（週1回）程度と実施状況は多様です。また，補助を受けている園数（127）よりもキンダーカウンセラー事業を実施している園数（179）のほうが多いことからわかるように，公的な補助を受けずにキンダーカウンセラー事業を実施している園もあります。

　実際のキンダーカウンセラー活動は各法人や園が個人と直接契約を結んで行うものですので，幼稚園団体である大私幼が直接関わることはありませんが，さまざまなかたちで間接的には関わっております。具体的には，大阪府臨床心理士会と協力関係を築き，キンダーカウンセラー事業の利用を希望する大私幼の加盟園に対してキンダーカウンセラーとしての勤務を希望する有資格者を紹介したり，園と有資格者が契約する際の契約の基本的な条件を提示してどちらか一方が極端に有利あるいは不利な条件で契約が締結されることを防いだり，大阪府私学課と協議して補助金事業の要件等についての情報を加盟園に提供したり，キンダーカウンセラーとして活動する方を対象とした研修や情報交換の場を提供したりしています。

【大阪市発達障がい児等特別支援教育相談事業】

　この事業は，大阪市が委託した事業者が，臨床心理士と契約を結び，大阪市内の私立の幼稚園および幼保連携型認定こども園のうち利用を希望する園に派遣するというものです。この事業は平成22（2010）年度に立ち上げられた単年度事業で，平成22（2010）年から令和4（2022）年度まで，阪私幼が毎年公募に入札して選定を受けています。直近の令和4年度の事業の数字を紹介しますと，大阪市内のすべての私立幼稚園・認定こども園（全176園，うち阪私幼加

盟園132，私保連加盟園44）に事業の案内を出し，利用を希望する78園に対して，9人の臨床心理士を相談員としてのべ315回派遣しました。本事業に係る費用はすべて大阪市が負担していますので，事業の利用園の金銭的な負担は原則的に発生しません。

　相談員が各園で活動する内容の種類は，おおよそ先に紹介したキンダーカウンセラー事業におけるキンダーカウンセラーの活動内容と変わりません。ただ，単年度事業であるため，翌年に同じ事業が行われるとは限らず，事業が行われるとしてもその事業者は公募を経て選定されるために阪私幼であるとは限りません。阪私幼が事業者でなくなると，同じ相談員が来園するとは限りませんし，阪私幼が事業者であったとしてもさまざまな事情から相談員の契約が更新されない場合もあります。また，キンダーカウンセラー事業では，園が金銭的な負担を厭わないのであれば大阪府が設定した補助金の要件を越えた時間や回数の利用をすることができるのに対して，本事業では利用の時間は1回6時間と決まっており，回数に関しても年間総数を利用希望園で分け合うかたちになり，近年ですと多い園で年間5回程度の派遣に留まっています。

　そういった制約のある事業ではあるものの，先述したように事業の利用にあたっての金銭的な負担が原則としてないこと，素晴らしい専門家に相談員として契約して活動していただいていることから，利用を希望される園は漸増し続けています。本事業は，園の中に外部の専門家が入ることで，保育者の子ども理解や子どもへの関わりがより良くなったり，保護者との意思疎通や取り組みの共有が促進されたり，外部の関係機関との連携が活性化したりすることを実感してもらう入口としての機能もあると考えています。相談員が訪問する回数や時間等に不足を感じている法人／園には，キンダーカウンセラー事業への移行を促しております。

第５節　市役所や区役所などとの連携

（１）保健師とのつながりはとても大事

　子どもや保護者が地域で暮らしていくうえで，地方自治体で働く保健師の役割はとても重要です。この点について，ある市の衛生部で心理判定員として勤務した経験を持ち，保健所などで幼児教室を開いたり，心理判定をとったりして活動されていたＢ先生からお話をうかがいました。

> Ｂ先生　私は衛生部にいたので，保健師さんが常に身近にいて，日ごろからよくお話ししていました。それぞれの地域を担当する保健師さんたちが気になる子どもがいるときは，衛生部にいる私に事前に相談や報告をしてくれたり，必要な場合には発達相談の日にその子どもが来るように保護者に働きかけてくれていました。それぞれの地域には，担当の保健師が必ずいます。そして，その地域の子ども全員の乳幼児健診結果を持っています。私は保護者から相談があったら，まず地域の保健師さんに連絡を取って，今困っていることを伝えるようにと言います。保護者が億劫で，「Ｂ先生，代わりに連絡して」と言われたら，私から保健師さんに連絡を取って，保健師さんから保護者に連絡してもらうようにしています。

　何か子育てに関する相談事があれば，住んでいる地域を担当している保健師に連絡を取ることが，一番確実な手立てであるということです。どこに相談すれば，誰に相談すればよいのか，と迷ってしまって，困っていても助けを求められない人が少なからずいることを考えると「保健師さんに連絡を取る」と選択肢を狭めて判断する負荷を小さくすることの有用性は大きいのではないかと思いました。

（２）コロナ禍での変化

　もっとも，2020年以降，コロナ禍における保健所の多忙により，先述のような状況は少し変わっているようです。

> B先生　新型コロナウイルス感染症で大変な時期になってから，保健師さんは手一杯みたいで。だから，最近に限って言うと，各区の保健福祉センターの子育て支援室に直接電話したほうがいいのかなと。子育て支援室では，幼児教室や母子の遊び場みたいな事業をしている区は多くて，そういう場に来たお母さんとおしゃべりしたりするなかで，問題の解決を図られています。

　幼稚園や認定こども園，保育所に勤務されている方は，新型コロナウイルス感染症にまつわる行政との煩雑で膨大なやりとりを身近に経験されていると思います。一園のなかでも大変なのに，地域のすべての園（に加えて小学校，中学校，介護施設，病院等々）とのやりとりを一手に担う保健所の業務量は，想像するだけで恐ろしいものです。そのようななかでは，保健師に連絡をとっても対応してもらうことが難しくなっているようです。代わりにB先生が連絡されているのは，大阪市の各区の保健福祉センターの子育て支援室でした。同じ機能を持つ行政の部門の名称は，自治体によって異なると思いますが，その部門に連絡を取ることが現時点では最善のようです。

（3）園が保護者の代わりに連絡を取る

　園が保護者に「保健師さんに連絡してみて」「子育て支援室に連絡してみて」と伝えて保護者が連絡を取ってくださる場合には，そこで園が保護者を市役所や区役所とつなげる役割は果たせたことになるかもしれません。ただ，そのようにスッと連絡を取ってくださる保護者ばかりではないことは，幼稚園などに勤務されている方はご存じだと思います。

　さまざまなご事情から，保護者が直接連絡をとらない場合の対応についてもうかがいました。

> B先生　私は，保護者が同意してくれれば，子育て支援室の人に「うちの園にこの子どもを見にきてもらってもいいですか」と声をかけて，区とできるだけ連携を取るようにしています。
> 平林　保護者の同意を得られないケースはけっこうありますか。

> B先生　ほとんどないですね。私は，グレーゾーンの子を診断してもらわない
> といけないとは思っていません。ただ，最近は療育がずいぶん充実してきたの
> で，療育サービスを使えば有効だろうなと思う子はたくさんいるんですね。で
> も，保護者によっては自ら動きにくい人もおられて，そういう方に「お母さ
> ん，電話してや」と言ってもなかなか電話してくれませんから，保護者に了解
> を得て子育て支援室にご家庭の電話番号を教えて，子育て支援室から連絡して
> もらうようにしています。「幼稚園から聞いてんけど」とご家庭に電話してくだ
> さります。

　ここでは，園に子育て支援室のスタッフを招く場合にせよ，園から子育て支
援室にご家庭の電話番号を伝えるにせよ，園が独断で行うのではなく，保護者
の同意を得て行うという点は押さえておく必要があります。そのうえで，自ら
区役所の子育て支援室に連絡することはしないけれども，園が子育て支援室に
保護者の連絡先を教えて，子育て支援室から連絡がくることは拒まない，とい
う方がほとんどであるという点には驚きました。一つは，つながることを拒む
方がもっと多いのではないかと想像していたからです。もう一つは，援助を拒
むわけではないが，自ら助けを求める行動を取らない保護者がいるということ
は，逆にいうと，園からそのように提案をして行動を起こさなければ，援助を
受ける潜在的な可能性のある子どもと保護者に援助が届かないケースも多いと
もいえるからです。B先生の園のように働きかけてくださることの大切さを実
感しました。

（4）乳幼児健診は大切な機会

　区役所との別の連携の仕方として，乳幼児健診を利用しているD先生からも
お話をうかがいました。

> D先生　区との連携は大切にしています。区との連携の最初の大きな機会は乳
> 幼児健診ですね。私たちは，子ども家庭支援係という，母子手帳を交付する保
> 健師さんの部門としっかりつながっています。うちの園には，学齢1歳児から

子どもが来ますので，１歳児クラスでフォローが必要かなと思う子どもは，１歳半健診で丁寧に見てもらうように園から区に連絡を入れます。健診で引っかからないこともありますけど，お母さんやお父さんが園には言えなかった悩み事を健診の場で初めて言ってくれることがあります。役所から働きかけたほうが効果的な保護者がいたり，逆に幼稚園から働きかけたほうがいい保護者がいたりするので，園と区役所で連携を取って「こちらは，もうだいぶ警戒されてるようなので，そちらでお願いします」みたいなやりとりをして，園と区役所で協力して保護者にアプローチを取っていますね。

平林　おお，連携ばっちりですね。

D先生　それと，区と連携する機会が一番多いのは，入園前の子たちが受ける３歳３か月健診ですね。そのときに「この子とこの子とこの子，たぶん10月に３歳３か月健診なので，見ておいてください」みたいな感じで，こちらから区役所に連絡しますね。お母さんやお父さんの反応はどうかな，とか。そこでフォローに引き込んでくれたりします。それまでの健診をすべて受けずにきた子どもは，３歳３か月健診で見つかりますね。健診を受けてこなかった子どもは，区役所でフォローもできていないので……

平林　そういう方については，区役所から「○○さんは，健診をパスしています」という情報を園に教えてくれるのですか。個人情報の取り扱いとして難しそうに思えるのですが。

D先生　こちらから問い合わせをするんです。プレ保育とかでうちの園に週２回とか来ているので，「次年度に入園するこの子，言葉の面や食事の面でかなり気になるんです」と伝えたら，「ああ，その子は健診に来ていないですね」という感じで。

　それと，月齢が高い子で３歳３か月健診までに見つけられた子どもは，１歳や２歳の段階から区役所のフォロー教室などに通っていて，年少で入園するときには併行通園を検討している人がいます。

　１歳児クラスやプレ保育（学齢２歳児）などを縁として，園に通う少し気になる子どもや保護者が行政とつながったり，その子どもや保護者の情報を得たりする手段として，乳幼児健診を利用されているということでした。区役所

も，子どものいる家庭を支援することを望んでいるので，問題のない範囲では幼稚園との連携に前向きに取り組んでくれるようです。

また，保護者によっては，園から働きかけるほうが効果的な場合と区役所から働きかけるほうが効果的な場合のどちらもあり，ケースバイケースで幼稚園と区役所が相談して子どもとその保護者に働きかけている連携の緊密さに感銘を受けました。

乳幼児健診について，大阪市を例にもう少し概観してみます。

大阪市は，大阪府にある人口275万人の政令指定都市で，大阪市の年間出生数は毎年2万人程度です。大阪市（2021）によりますと，2021年度の大阪市の乳幼児健診の受診率は，3か月健診が96.0％，1歳6か月健診が95.5％，3歳児健診が93.8％です。

単純に計算すると，毎年2万人×（100−93.8）＝1,440人程度の人数は3歳児健診を受診していないということになります。約10％の乳幼児が支援対象とする厚生労働省の考え方からすると，就学前の支援対象乳幼児は年間2,000人程度になります。受診していない子どもが，支援対象の子どもかどうかはわからないですが，できる限り多くの子どもに受診してもらうこと，園で気になる子どもに関しては乳幼児健診を機会に市役所や区役所などと連携して行政とつながってもらうなど働きかけること，などは，Ｄ先生のお話から学ぶことができそうです。

（5）具体的な特定の誰かではなく，役所とつながって連携する

行政と連携を取る際に，「顔の見える関係性」の重要性はしばしば言及されます。特別支援に関する連携に限らず，また仕事に限らず，相手の顔や人となりを見知っているほうが，心やすく連絡を取ったり，依頼をしたり，お願いをきいたり，ということはしやすい方が多いでしょう。ただ，それは逆にいうと，顔が見えない人との連携は敷居が高くなるということでもあります。果たして，実際には顔が見えないと連携が取れないのか，という点について，幼稚園の園長として役所とつながり，以前には公務員として園とつながる立場にいたＢ先生のお話をうかがいました。

平林　B先生は「役所とつながっている」という感覚ですか。それとも，「その課の具体的な特定の誰かとつながっている」という感覚ですか。どちらなんだろう，と思いまして。

B先生　役所とつながってる，という感覚ですね。

平林　誰か役所側に連携のキーマンがいて，その人が異動したら全部おじゃんになる関係というよりは。

B先生　ああ，全然そんなことはないと思います。異動は多いようですが。

平林　そうですか。

B先生　だから，顔を見知った個人とつながっているというよりは，役所とつながっている感じです。そんなに頻繁に，毎月のように電話をしているわけではないので。たまに電話をかけると担当の方が替わっているということはよくあります。

平林　それでも，そんなに支障はないですか。

B先生　ないですね。引き継ぎがきちんとされているのではないでしょうか。

平林　なるほど，仕組みがあれば支障はないのですね。そうすると，知っている人がいるほうが連絡をしやすい，という園側の気持ちの問題が大きいのでしょうね。

B先生　そうだと思います。だから，「そうしてもいいねん」ということを，みんなに言ってあげたいです。

平林　「知ってる人がいなくても，役所に連絡をして，もっと頼ったらいいねん」ということですね。

B先生　そうです。もちろん，関係をしっかりと築けたら，資源の紹介とか，家庭との連携とか，できることは増えてきますので。

　必要な連携を，顔を知らないということで取らないのであれば，子どもにとっても，保護者にとっても，園にとっても，もったいないことです。B先生は，ご自身が役所の側で勤務された経験があるので，特別に心やすく役所に連絡を取ることができるということはありそうです。ただ，市役所や区役所と連携をしたことがない園，担当の方の顔や名前，人となりを知らない園が，必要以上に役所との連携を敬遠しているという実態もありそうに思えます。

（6）保育現場を訪問したい

　B先生は，心理判定員として勤務しているなかで，保育現場とつながりたいと思っていたとお話しくださりました。役所にそういう方が一定数おられるのであれば，顔を知らないから連絡を取りづらいと思っている園も，思いきって市役所や区役所に連絡を取ってみたらよいのではないか，と思います。

> B先生　私としては，その子が幼稚園や保育所で，その子なりの発達を保障されるよう，また安心して機嫌良く充実した幼稚園生活を過ごしていけるような関わりや環境構成，園としての体制を，幼稚園の先生たちに理解してもらいたいと思っていました。だからこそ，私は保健センターで勤務していたころは，もっと保育現場に訪問したいと思っていました。
>
> 　保健センターと家庭，園との間に入る保健師がうまくやりとりを仲介してくれたり，「じゃ，お願いします」と幼稚園などが言ってくれたら，喜んで幼稚園や保育所を訪問していました。私たちは，せっせと保育の現場に足を運び，その子が幼稚園や保育所のなかで集団で過ごす難しさに一緒に取り組みたいなと思っていたのです。

　保健センターや保健所におられるような方が，園とつながりたいと思ってくださっていることはとても嬉しいことだと思います。また，そうであるにもかかわらず，保健センターなどが園とつながる機会や権限，経路を持たないことが興味深いですね。園から声をかけてみれば，肯定的で建設的で生産的な関係を作る第一歩となるのではないかと思えます。

　もう一つ，行政と連携をするなかで，案外と難しさを感じるのは，同じ自治体内の部門間での連携の取れていなさです。子どもの健やかな成長，あるいはその子どもを育てる保護者，子どもと保護者が構成する家庭を支援するという近しい目的を持って用意された行政サービスや資源が，異なる管轄にあるために，意思疎通が取れず，情報共有がなされず，手続きが煩雑で重ねて利用しにくい，といった問題にはしばしば直面します。端的にいうと，「幼稚園は家庭や小学校，関係機関と連携しなさい」と指示を出す割に，行政の内部で異なる

部署間の連携は十分にされていないのではないか，ということです。ただ，愚痴や文句を言っても状況は改善しませんので，具体的な改善を目指していくしかないのだとも思います。

　先に書いたように，子どもや保護者は，まず地域の保健センターの保健師や児童発達支援センターの事業職員など地域のキーパーソンとつながることができれば，かなり確実に地域の資源を利用することができそうです。それ以上の連携を目指すためには，管轄の異なる行政の部署および民間の関連団体が集うことのできる舞台（プラットフォーム）を作ることが，各サービスや資源の提供者が連携し協働するための第一歩になるのではないかと思います。乳幼児期の事業の連携が進んでいる自治体では，政治と行政の担当者が主導して，母子保健と児童発達支援事業，幼稚園・認定こども園・保育所，行政の担当課が連携して親子を支援する仕組みを築いていますので，舞台づくりには政治と行政の活躍を期待したい……と書くと他力本願がすぎるでしょうか。

第6節　小学校との連携

（1）小学校への進学・就学時の選択肢

　小学校へ進学あるいは就学する際には，大きく分けて，①小学校の通常の学級に在籍，②小学校に併設されている特別支援学級に在籍，③小学校の通常の学級に在籍し，通級指導教室に通う，④特別支援学校に在籍，これら四つの選択肢があります。進学・就学先に通常学級を選んでも，特別支援学級を選んでも，それぞれに特別な配慮や支援を受けることができます。ただし，受けられる特別な配慮や支援の程度はそれぞれに異なり，通常学級か特別支援学級か，また，通常学級に通いながら通級指導教室にも併行して通うのか通わないのか，どの指導形態を選ぶかによって，受けられる支援の種類や手厚さは変わってきます。子どもの「困り感」に合わせて，より適切な支援が受けられる指導形態を選択することができます。

① 小学校の通常の学級に在籍

　いわゆる通常学級に通うという選択肢です。通常学級では，集団での指導とともに，教育的ニーズに応じた指導内容や指導方法の工夫をしています。必要に応じて「個別の教育支援計画」や「個別の指導計画」を作成し，指導や支援

を行います。ただし，特別支援学級や特別支援学校ほど手厚い支援や指導を得ることはできません。1クラス（1年生は35名まで，2〜6年生は40名まで。ただし，令和3（2021）年度から段階的に，2〜6年生も35名までに移行する）に対して担任教諭1名が配置されているほか，教科によっては少人数指導や習熟度別指導などを行うケースがあります。また，特別支援教育支援員（障害のある子どもの生活や学習について支援を行う援助者）が配置されることもあります。

　ADHDや学習障害，知的な遅れのない自閉スペクトラム症は「軽度の障害」とされており，一般的には通常学級で過ごすことが可能だといわれているそうです。ただ，その子どもの特性の現れ方やその子どもを受け入れることになる学校の環境によっては，学校生活を快適に過ごせないこともあるでしょう。そうした場合には，通常学級への在籍にこだわらずに，より良い居場所を探したほうがよいことがあります。

② 小学校に併設されている特別支援学級に在籍

　障がいの状態に応じて，弱視，難聴，知的障がい，肢体不自由，病弱・身体虚弱，自閉症・情緒障がい学級があります。1クラスが少人数で構成され，担任教諭も複数配置されています。「個別の教育支援計画」や「個別の指導計画」に基づき，子ども一人ひとりに応じた指導や支援を行います。

③ 小学校の通常の学級に在籍し，通級指導教室に通う

　通級指導教室とは，通常学級に在籍する障害のある子どもに対して，その障害の特性や状態に応じて「個別の指導計画」を作成し，必要とされる特別な指導や支援を行うための教室です。「個別の教育支援計画」については，在籍する学校と通級指導教室が連携して作成します。ここに通う子どもは，通常の学級に在籍してほとんどの授業は通常の学級で受けながら，障害の状態に応じて通級指導教室で集団生活に必要なソーシャルスキルを学んだり，学習理解の遅れを補ったりします。週1〜2日（1〜8時間）通うのが一般的です。通級指導教室に通う日は，通常学級は欠席することになります。在籍している学校で受ける自校通級と，校外の教室に通う他校通級があります。たとえば大阪市には，小学校と中学校，特別支援学校を合わせて18の通級指導教室が設置されています。

④ 特別支援学校に在籍

特別支援学校は，視覚障害と聴覚障害，知的障害，肢体不自由，病弱・身体虚弱の五つの障害のある幼児児童生徒を対象として，専門性の高い教育を行っています。1クラスが少人数で構成され，担任教諭も複数人配置されています。学習面だけでなく，生活面についても特別な配慮や工夫がなされています。

特別支援教育が開始される以前は，この五つの障害に対して，盲学校，聾学校，養護学校（知的障害，肢体不自由，病弱・身体虚弱対象）で教育が行われていました。平成19（2007）年に特別支援教育が開始されてからは，盲学校と聾学校，養護学校はすべて「特別支援学校」となり，制度上は一つの学校ですべての障害種に対して教育を行うことができるようになりました。

（2）法的根拠

特別支援教育は，平成19（2007）年4月に学校教育法に位置づけられました。また，通級指導は，学校教育法施行規則第百四十条および第百四十一条に基づいて行われます。特別支援学校での教育の対象となる各障害の程度は，学校教育法施行令第二十二条の三に示されています。特別支援学校の在籍者数を，表4-3に示します。

表4-3 **特別支援学校の在籍者数**（文部科学省，2020b）

	視覚障害	聴覚障害	知的障害	肢体不自由	病弱・身体虚弱	計
学校数	82	118	786	352	151	1,505
在籍者数	5,083	8,175	131,985	31,094	18,863	144,823

＊学校数は，平成19（2007）年度より，複数の障害種に対応できる特別支援学校制度へ転換したため，複数の障害に対応する学校及び複数の障害を有する者については，それぞれの障害種に集計している。このため，学校数及び在籍者数の障害種別数値の合計は計と一致しない。

（3）移行支援

幼稚園などから小学校へ，小学校から中学校へと，特別な支援を必要とする子どもの在籍先が変更することを広義の「移行（transition）」といいます。

特別な支援を必要とする子どもに限らず，子どもは年を経るにしたがって幼

稚園や保育所から小学校，中学校などと多様な機関に在籍することになります。移行に伴い，慣れ親しんだ環境や人物がなじみのないものに置き換わり，新たな生活やカリキュラムに適応することが求められ，当人にとって効果的であった指導や支援がなくなることで，子どもとその保護者は混乱することがしばしばあります。特別な支援を必要とする子どもたちは，環境の変化への対応をより困難に感じることが少なくありませんので，移行に際しては，子どもやその保護者の混乱を可能な限り小さく留め，できる限り継続的な移行支援を行うことが大切になります。

　自治体によっては，移行に必要な情報をまとめた書面による情報提供や連携会議の開催などを通して情報の共有を行っています。移行支援に関する連携に際しては，進路先での困難を予測したうえで，これまでの経過や成功した支援の内容や方法について，具体的に情報のやりとりを成立させることが大切になります。

① 移行支援（1）

　幼稚園型認定こども園であるE幼稚園の教頭をされているF先生は，ある市で小学校教諭として勤務されていた経験から，幼小の接続や連携に熱心に取り組まれています。ご自身の小学校教諭時代のこと，幼稚園に勤務するようになってからのことをお話しくださいました。

> F先生　特別支援を受けようとする場合，基本的に就学相談の枠組みが決まっているみたいなんですよ。何月に何をして，何月までに特別支援学級かどうかを振り分ける，というものですね。そのタイミングで必ず小学校の先生が園に子どもを見に来られます。

　F先生が言及されたように，就学相談の枠組みがあり，各市町村で個別に具体的な流れを決めているようです。例として，筆者が勤務する園の所在地である大阪市での流れをお示しします（表4−4）。

② 就学相談を活用する

　就学にあたっての相談については，市区町村の教育委員会が行う「就学相談」を受けることができます。就学相談では，相談員が面談を行い，希望の就

表4-4　大阪市での就学までの流れ

4月〜　　　　【学校見学・就学相談の実施】 ○通学区域の小学校に連絡して，できるだけ早く就学相談を行う。夏休み頃までには，学校へ の相談をはじめる。 ○小学校の教育方針や教育環境についての説明を受け，学習の様子や学校行事等を見学する。 ○「就学支援シート」を活用する。 ○特別支援学校の学校見学，就学相談を希望の場合は，小学校に申し込む。 ○8月末頃から9月にかけて，学校選択制を実施している区においては，区役所から各家庭に 「学校案内」が送付される。学校選択制により，希望する学校を選択できる。10月末日が希望 調査票の提出期限。 11月頃まで　　　【就学先の決定】 ○「通常学級で学ぶ」「特別支援学級で学ぶ」「特別支援学校に就学する」等，就学先の希望に ついて，相談をした小学校に伝える。 10月〜12月上旬まで 【就学時健康診断の実施】 ○小学校で健康診断を行う。 ・就学時健康診断では，入学後の学校生活等について相談できる。 12月上旬 ○学校選択制の抽選 　1月末までに　【就学通知書の受け取り】 ○就学通知書とともに，入学説明会の案内等が，各家庭に届く。 　2月〜3月　　【入学説明会】 　4月　　【入学式】

学先を聞いて必要な情報を提供したり，子どもの発達検査や行動観察を行ったりします。

　小学校進学の前年から就学の相談を始める想定の市区町村が多いようです。ただ，早くから検討している場合は，その分だけ早く就学相談を行うことはできます。

　小学校の就学相談にあたって，園が保護者と子ども，そして小学校をつなぐ際には，①子ども本人や保護者の小学校進学にあたっての希望や悩みを知ること，そのうえで②先述の①に合致する条件を満たす小学校が合理的な通学範囲内に存在するかを把握すること，の2点が必要になりますが，実際にはいずれを満たすこともなかなか難しいと感じます。

③ 小学校への進学についての，園と保護者との関係

　先述の1点目，子ども本人や保護者の小学校進学にあたっての希望や悩みを知ることの難しさについて，F先生に語っていただきました。

F先生　たとえば，保健センターに行って発達検査を受けた子どもが「こういうところに課題がありますね」という指摘を受けて，保護者がご不安を持たれる場合は，市の就学相談に行き相談をされる場合があります。そこで保護者が相談をして，就学相談の方の申し出に合意をされた場合は，園に小学校の先生が見に来ることになります。保護者の方が，就学相談をされたことは，その際に保護者にうかがったり，小学校の先生が来られるときにうかがったりしますね。

平林　通級指導を受けたり，支援学級に在籍したりすることになるから，小学校教諭が見に来る感じ。

F先生　そうです。その段階で就学相談をして特別支援学級で学ぶことを検討していることが明らかになる方もいます。また，加配申請を園にされている場合は，保護者と園とでそういう相談を事前にしているので，すでに把握できている場合もあります。

　それと，療育施設に通われている方ももちろんいらっしゃって，療育施設から「こういう形で就学相談があります」と情報が届いて，そこで相談されて決められることもあります。そこも園はノータッチなので，小学校への進学の段階で，園と保護者との関係が途切れるというのはありますね。

　当たり前ですが，小学校に進学するにあたって，どのような進路を選ぶのかは，最終的に子どもとその保護者が判断します。そして，小学校への進学を相談するにあたって，幼稚園は近隣の付き合いのある小学校の情報や過去に進学した子どもとその保護者についての情報をある程度は持っていますが，当然のこととして小学校のほうが小学校進学以後の情報を豊富に持っています。それを考慮した場合に，それでも幼稚園などに相談をしてくれる保護者にはできる限り相談にのるとしても，多くの保護者は小学校や市区町村の就学相談の窓口を頼り，その過程に幼稚園などは参加できていないことが多い，というのが現状のように思います。

④ 保護者を小学校とつなげる

　先述のような状況で，F先生は，異なるアプローチを通して幼稚園の保護者を小学校教育とつなげられるのではないかと考え，実践をしたり，企画を立

てたりされています。

> 平林　園の保護者を小学校とつなげるみたいな事例はありますか。
> Ｆ先生　今年，初めての試みとして，小学校の教育と幼児教育の違いについての説明を保護者に動画で配信しました。具体的な事例を通して，幼稚園教育と小学校の違いについて話しました。「『評価』っていうと，みなさん，通知表を思い浮かべますよね。でも，幼稚園にも評価はあるんですよ」みたいな。それを見ていただいて，理解を促せればと。保護者のレディネス形成というか。
> 平林　受け入れる下地をつくっておくのですね。
> Ｆ先生　何かがあったときでも，事前の理解が少しあることで，幼小の違いから生じる衝撃が和らいだり，物事がうまく収まったりすることもあるので。
> 平林　なるほど。そういう説明は，Ｆ先生が小学校教諭としての勤務経験と幼稚園での勤務経験の両方があるからできることかな，と聞いていて思いました。小学校の先生は「小学校は，こうだよ」としか言えないし，幼稚園の保育者は「幼稚園は，こうだよ」しか言えないので。
> Ｆ先生　そうですよね。だから，本当は両者が参加する対談がしたくて。
> 平林　ああ，小学校の先生と幼稚園の先生が一緒に話すのね。
> Ｆ先生　そう。そのディスカッションを保護者が見聞きすることができたら，本当に大きいなと思って。対談のような取り組みなら，市の単位でできそうな気がするので。
> 平林　市よりも校区のほうが狭くて，手厚くできそうな気がするけど。
> Ｆ先生　ただ，校区だと人材が限られるでしょう。
> 平林　ああ，確かに。市の単位で人を探したほうが，いろいろ面白い人が見つかりそうですね。
> Ｆ先生　そうです。たとえば，校区で対談できる人を探したけど，見つかりませんでした。となったら，そこで終わってしまうじゃないですか。だから，市くらいの単位でそういう取り組みのパッケージを持っておけると強いなと。それに加えて，合同研修を実施して，幼小の先生同士が対話をする機会を持つことも大事かなと。

当然のことですが，幼稚園は小学校よりも小学校のことを知りませんし，小

学校は幼稚園よりも幼稚園のことを知りません。一方が両方の説明をすることはとても難しいですが，両者が協力すれば，幼稚園から幼稚園のことを，小学校から小学校のことを説明して，子どもとその保護者が幼稚園から小学校へ移行する際の支援をより効果的にできるのではないか，とF先生のお話をうかがって思いました。

⑤ 移行支援（2）——神戸市の取り組み

また，幼稚園などが保護者に直接小学校の情報を提供するのではなく，地域の小学校などに幼稚園などが持つ情報を適法・妥当な範囲で提供するなどして，間接的に移行を支援している神戸市の素晴らしい取り組みについてお話をうかがいました。

D先生　神戸市の事業で，幼小接続をしてくださる神戸市幼稚園インクルーシブ教育推進相談員という公的な役割の方がコーディネーターとしておられます。

平林　それは，小学校区に一人配置，みたいな感じですか。

D先生　須磨区と長田区で一人ですね。その相談員は，たいてい小学校の校長を退任された方がされていて年に3回くらい園に来てくださります（回数は園や地域によって異なります）。また，だいたい一緒に ST（言語聴覚士）などいわゆる専門家の先生が同行してこられます。コーディネーターの方は，小学校の元校長先生なので，小学校の事情には精通されています。たとえば特別支援学級について，ここの小学校には情緒学級はないとか，来年から情緒学級も作られる予定だとか，そういう情報をお持ちです。ここの小学校は，特別支援学級が1階の部屋にあるとか，どれぐらいの頻度で交流があるとか。うちの園の卒園児は，20校くらいに進学していくので，園のすぐ近くの小学校のことであればよくわかるのですが，少し離れた小学校となると，そもそも小学校の規模がわからないし，特別支援学級がどれぐらいの規模で設定されているか，といった情報はまったくわからないのです。そうしたことについて相談にのっていただけるのは，すごく助かります。

平林　小学校の基本情報みたいなことでも，あまり公開されていませんものね。小学校の担任の先生が直接園に来てくださっても，年度が変わったらその人がいないということはしばしばありますので，一度退職しているコーディ

ネーターだと更新か退職かでそう転出入することはなくて安定しますし，そういう役割の人がいるというのはとてもいいですね。そのコーディネーターの方は，保護者とのやりとりもされるのですか。

D先生　保護者と直接は関わらないですね。

平林　あくまで，園と小学校のコーディネートに徹しておられるのですね。

D先生　はい。園にアドバイスをすることが目的なので，専門家の先生が一緒に来てくれます。うちに来てくださるのはSTの方なんですけれども，もしかしたら他地区では別の資格の専門家の先生が行かれているかもしれません。その専門家の先生が，目先のことではなく，子どものアセスメントと園での対応について相談にのってくださります。コーディネーターは，それを一緒に聞いて，小学校に必要な情報を伝える役割です。うちの園では，春，秋，冬と年に3回来てくださるのですが，年中の冬に1回目，2回目が年長5-6月ごろ，3回目が年長秋の就学前健診のころですね。

　そういうスケジュールで園に来られるので，特別支援学級に行くかどうかを悩んでいる保護者とは，2回目の訪問がある5-6月ごろに園と保護者が一度しっかりと相談をして，3回目の訪問がある就学前健診のころにもう一度保護者のお話をうかがって，年内に小学校に伝えるという感じですね。

平林　コーディネーターが専門家の先生と一緒に実際に園に行って，その子どもの様子を見て，園とやりとりをして得た情報を小学校に提供して，小学校が保護者とやりとりをする準備を整える感じですか。

D先生　そうですね。ただ，コーディネーターは直接うちの園に来られて，園でのA君の様子を見てくださって知っておられるので，A君がどの年にどこの小学校に進学する予定かを事前に小学校側に伝えていただくことがあります。「保護者がちょっと悩んでるみたいやわ」「こういう子なんやけど」「ちょっと就学前健診のとき，よく見といて」「もしかしたら，相談あるかもしれないわ」みたいな感じで，事前に小学校に伝えておいてくれます。小学校としては，就学前健診のときに唐突に相談されるのではなくて，園での様子をコーディネーターからあらかじめ聞いたうえで，保護者からの相談を受けられるようにはなっていますね。

　それと，進学に関しては，当然のことですが，保護者が小学校とのやりとり

を経て，最終的に選ばれますので，その判断に園は関わりません。私たち園側も，もちろん連絡会などで小学校の方とお会いして伝える機会はあるのですが，私たちにはＡ君が小学校へ行ったらこういう姿になるだろうということを高い精度で見通すことは難しくて，どうしても幼稚園としての見方，幼稚園の言葉になってしまいます。それはそれで伝えるのですけれども，小学校の授業や学級運営を詳しく知っておられるコーディネーターの先生が，Ａ君の姿を見たうえで「小学校の言葉」で小学校に伝えてくださると，伝わり方が全然違って，すごく円滑にやりとりが進むと感じています。

平林　コーディネーターは，幼稚園の言葉と小学校の言葉を通訳してくださるのですね。

Ｄ先生　それと，同じ小学校といっても，１学年２クラスのところと１学年10クラスあるところでは，子どもをとりまく環境が大きく異なるじゃないですか。そういうときに，小学校に先に伝えておいたほうがいいのか，伝えなくてもいいのかの判断が難しいラインの子については，こちらが何かを伝えてしまうことで小学校側に無用の先入観を持たせてしまうことがあると思うので，伝える／伝えないの判断についてコーディネーターの先生に相談することもあります。そして，もし伝えると判断した場合は，たいていコーディネーターの先生から小学校に伝えてもらうようにしています。

平林　なるほど。小学校の言葉で伝えられたほうが，きちんと伝わりますからね。退任した校長先生で，小学校のことをよく知っていて，小学校の教員に顔が利いて，なおかつ専任としてコーディネートの役割に特化した人がいて，とてもいい制度ですね（図4-6）。

 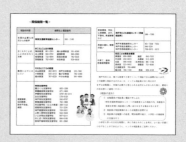

図4-6　インクルーシブ教育推進相談員のパンフレット

　この取り組みで特に優れた点はたくさんあります。特別支援学級の設置状況や生徒数・教室数などの施設情報を把握している「退任した元校長」を専任のコーディネーターとして配置することで，幼稚園側にしっかりと小学校側の情報を提供してくれます。また，コーディネーターだけでなく ST などの専門家も訪問して，子どものアセスメントを行い，幼稚園に対応の助言をするだけでなく，小学校側に幼稚園での子どもの姿を伝えています。小学校から幼稚園，幼稚園から小学校の双方向に情報を流し，幼稚園の言葉を小学校の言葉に，小学校の言葉を幼稚園の言葉に「翻訳」する，まさにコーディネーターだなと思いながら話を聞いていました。

（4）小学校との連携

　ただ，実際には，先述の取り組みのようにしっかりと幼稚園などと小学校が連携を取れている例ばかりではありません。逆に，幼稚園などからみると小学校と十分に必要なやりとりができていないと感じられるケースのほうが多いのが現状ではないかと思います。

平林　たとえば，小学校との連携に関しては，小学校の教員が一番積極的に幼稚園や保育所に足を向けてくれる内容が特別支援だという印象があります。園で，ご家族と協力して取り組まれていることは何かありますか。

B先生　うちは，小学校の先生にできる限り園に来て子どもを見てもらうようにはしています。指導要録で伝わることは限られていて，実際に園で子どもを見てもらったほうがいいので。ただ，このごろは本当に支援を必要とする子が増えすぎて，せっかく学校から見にきてもらっても，軽く受け止められることがあります。

平林　「ああ，それぐらいだったら大丈夫ですね」と思われてしまうのですね。人によるのでしょうけど，制度で担保されずに個人の努力に委ねられるというのは，いかにも不安定ですね。

B先生　そうなんですよ。実際にその子たちを指導されるのは，通級指導教室や特別支援学級の担当の先生だけど，実際に園に観察に来られるのは，教頭先生や前年度の教員だったりするので。

平林　実際にその子たちを指導することになる当事者ではありませんね。
B先生　そうなんです。そして少しでも多く情報を提供しようとしても「次年度の１年生の担任が誰になるかは，まだわからないので」と言われたりするのです。難しいですよね。
平林　そうですね。園に来てくれた方は３月末にいなくなって，「え，何のために園に見に来たの」となりますね。

B先生が語られたように，おそらく文部科学省などの指導に応じて，特別な支援を必要とする子どもに関しては，小学校はフットワーク軽く幼稚園などに足を向けてくれるような印象を持ちますが，同時に，実効的な取り組みとして園を訪問してくださるというよりは，制度上仕方なく来ているという印象を拭えない部分があります。担当する通級指導教室や特別支援学級の担任ではなく，教頭や当該年度の１年生の担任（翌年度も１年生の担任であるとは限らず，場合によっては他校へ異動していることもある）が訪問されて，訪問の内容が小学校内で引き継ぎされないこともしばしばあるようだからです。ただ，特別な支援を必要とする子どもに関しては小学校が積極的に動いていることは確かなので，その機会を有効に使うことが大切だと思います。

就学支援シート　（記入日　年　月　日）

ふりがな		年齢	性別
名前		歳	男・女
保護者名		生年月日	
		年　月　日生	

	手帳の種類	取得年月日	判定・等級
手帳の所持	療育手帳　【有・無】	年　月　日	判定
	身体障がい者手帳【有・無】	年　月　日	種　級
	精神障がい者保健福祉手帳【有・無】	年　月　日	級

障がいの情報	障がい名（診断名）	
	状況	
関係機関	病院名（主治医等）	
	療育機関	
	幼稚園・保育所認定こども園名	

基本的情報	得意なこと好きなこと	
	苦手なこと嫌いなこと	
	配慮すべきことその対応	
	その他	

※就学相談の際にご活用ください。　（大阪市教育委員会）

図４－７　大阪市の就学支援シート

先に紹介した大阪市の「就学までの流れ」には，「就学支援シート」という書類の様式が含まれています（図４－７）。就学支援シートは，保育所や幼稚園，場合によっては保護者などによって作成される，子どもに関する情報を記載した書類です。幼稚園の子ども

の姿や育ちを小学校に伝える媒体物として「幼稚園幼児指導要録」という公的な書類は別に作成されていますが，そこに記載できる一人当たりの情報量は限られており，特別な配慮を必要とする子どもの移行支援のために「より多くの有効な情報を伝えたい」という願いから，「就学支援シート」のような書類が使われています。

　以下に，同様の書類を「サポートブック」「ドキュメンテーション」として作成し，小学校に渡しているB先生とF先生の取り組みについて，それぞれ語ってもらいました。

【指導要録を読んでもらえない問題を，小学校教諭の視点から見ると】
F先生　幼小接続・連携で起こりがちなこととして「指導要録を一所懸命書いても全然見てもらえない問題」は話題に挙がることがありますよね。
平林　ほとんどの幼稚園教諭に共感していただけるのではないかと思います。
F先生　要録については，私自身が小学校で働いていたときは，正直なところ十分な活用ができていなかったという反省があります。私自身が聞いたことのある理由ですが，ある方は「要録には結局きれいなことしか書かれていないから」とおっしゃっていました。要録は，開示請求されたら保護者に開示しなければいけないじゃないですか。
平林　ああ，そうですね。見られても大丈夫な内容を書く必要があります。
F先生　そう。当たり障りのないことしか書いていないとなると，実際問題，子どもの援助や支援を考えるときにそれが使えるのか，と考えてそのようにおっしゃられたのかなと思います。

【サポートブックを作ったものの……】
B先生　保護者とうちの園で一所懸命サポートブックを作って提出しているのですが，それにほぼ目を通してもらえなかった，と保護者が怒って戻ってきたことはあります。
平林　サポートブックというのは，「この子，こんな子です」という紹介文というか取り扱い説明書みたいなものですか。
B先生　そうですね。「こういうときに困ります」とか「そういうときにこうし

てくれると嬉しい」「こんなんやってました」「こういう場面ではこんなことを工夫してました」とか。園の担任や教職員だけでなく，保護者にはお家でのその子の姿や様子を書いてもらっています。小学校には必ず受け取ってもらうように渡しています。

平林　でも，読んでもらっていない感覚があるのですね。

B先生　保護者にはそう感じられる場合があるようです。学校によりますけど，そんな仕打ちを受けたと感じる人もいますね。小学校も支援が必要な子が年々増えているようで，小学校側の事情をわからなくもないですが。ほとんどの小学校は，もちろん読んで参考にしてくださっていると思います。

平林　サポートブックは，園児さんが毎年何人くらい卒園するなかで，何人分くらい作成されるのですか。

B先生　50人が卒園するとして，多くて2人ですね。サポートブックを作るのは。

平林　それくらいの数なのに，読む手間をかけてくれないのですね。

B先生　「邪険にされた」というのは，その保護者の印象です。私はその場にいたわけではなくて，あとで保護者のお話を聞くだけなので，実際のところはわからないですが。

平林　ああ。なるほど。

B先生　難しいですね。当事者である保護者が本当に心配していて，わかってもらおうと必死に伝えようとしているのに，あっさりと「大丈夫やで」と言われたら，無性に腹が立つでしょうから。

平林　そうですね。心を砕いているのに，無下に扱われたように感じるとしんどいですね。小学校にとっては，数百人いる子どもの一人だとしても，保護者にとっては一人二人三人しかいない大切な子どもなのでね。

【小学校教諭はネガティブ情報には反応する】

F先生　当市で加配申請をされた保護者は，小学校への就学に際して，園が作成した個別指導計画のような書類を，就学前に小学校に渡すという流れになっています。小学校の先生は，要録と比べると，そちらは一定程度は確認してくださっているのではないかと思います。

平林　就学支援シートみたいなものですか。保護者が持ってきた書類だから見るということかな。

F先生　保護者が持ってきた書類だから，ということもあるかもしれませんが，個別指導計画には加配職員を配置するうえでのねらいや短期・中長期の目標，それらに対する評価などの記録が書かれています。要録よりもずっと，そういう記録への興味・関心が，小学校の先生方は高いのかなと。個別の記録がある子は，園で加配がついていたり，個別の支援を必要としていた子どもの場合が多いです。

平林　小学校の先生は，自分らが困るかもしれんと思うと，頑張って読むということやね。

F先生　子どもの課題や指導上の配慮事項などにつながることについては，質問をされたり関心を持たれたりする印象があります。逆に，「この子，すごい力を持ってるな」ということや，「この子の強みだな」というその子の持つ資源，ポジティブな側面の情報というものは，課題に関する情報と比べて後回しにされる感覚はあります。

平林　それを読まなくても，自分たちは困らないからですね。そこまで育っている子どもであれば，子どものほうが先生に合わせてくれる力があって授業は成り立つでしょうし。

F先生　幼稚園が保護者と適宜相談をしたうえでまとめた資料を保護者に渡すんです。むちゃくちゃなことは，もちろん書いていません。

平林　保護者経由やったら受け取ってくれるってこと？

F先生　そうだと思います。保護者が就学相談の相手，たぶん特別支援コーディネーターなどのところに持って行って「これ，幼稚園から渡すように言われました」と言って渡してくださいます。そこには，「我々は，こういう手立てを取りました」「こういう成果がありました」「一方でこういう課題があったので，次はこうアプローチしました」みたいなことを書いています。読んでもらうと，「こうなったときには，こうしたら落ち着いた」とか，すぐに取り組めるような情報が書かれていることがあります。

平林　そうすると，渡す文書の内容よりは，「あなたにとって必要なネガティブ情報がここには書かれていますよ」というサインが大事ということかな。

Ｆ先生　そのサインがあれば読んでもらえるかもしれないんですけど，幼児教育をしている者としてはネガティブ情報だけを拾われるのは不本意なんですよ。

平林　その子の育ちを総合的に，全人的に見てきたんやもんね。

Ｆ先生　そう。で，どの子にもいいところがあって，ぼくらはそこにしっかりと光を当てて，育つことを信じているのです。それなのに，何かネガティブなことが起きたときに「あ，こうしたら収まるんですね」「こうやってパニック起こす子やったら，こうやっといたらええんですね」という，対処法のような部分だけを切り取られるというのは，保育している者としては残念です。

平林　教師の不都合をいかに消すか，ということばかり着目されてしまうのは無念ですね。

Ｆ先生　ぼくは小学校を離れて約10年になりますけど，今小学校から来られる先生とお話ししていても，そういう色は感じてしまいます。もちろん個人差はあるんですけど。ぼくが一番むなしさを感じるのは，そこなんですよね。子どもの課題に強い興味があるというか。仮に課題があっても，その子どもの持つ強みを活かして対応を考えていく，という観点を幼小で共有していけるといいですよね。

【小学校教諭にポジティブ情報を受け取ってもらうことが鍵】

Ｆ先生　だからこそ，ポジティブな文脈の資料，子どもたちが持つ強みの資料をどれだけ見てもらうかということが，幼小接続の鍵かなとぼくは思うのです。

平林　ネガティブ文脈の資料は，こちらからそれほどおすすめしなくても自発的に読んでくれるけど，あえては読んでくれないポジティブ文脈の資料をいかに小学校教諭と共有していくかということですね。

Ｆ先生　はい。まず小学校の先生に幼児教育における「方向目標」の感覚を理解してもらうのは難しいと考えています。具体的な到達目標がある小学校の先生にしてみれば「目標ちゃうやろ，そんなん」という捉え方になってしまう可能性があるといいますか。

平林　「達成基準がないなんて」みたいな立場やね。

Ｆ先生　そう。ただ，方向目標について理解してもらわないことには，子どもの強みの情報を受け止めて，興味を持ってもらうことはできないというか。

平林　ああ，なるほどね。

Ｆ先生　小学校の先生が必ず園に子どもを見に来られるタイミングにお渡しする手札（配付資料など）を我々がどれだけ用意しておけるかが大事だなと思います。たとえば，ぼくらは必ずドキュメンテーションを渡していますが，それに加えて小学校の先生に伝えるためのコンセプトブックを作ろうと今思っています。入園資料として保護者に渡すコンセプトブックとは別に，です。そういうものを作って渡していくことで，もっと手に取って見てもらえたり，伝わっていったりするのではないかなと。

平林　少ないコミュニケーションの機会を，どう活かすかということですね。

Ｆ先生　そうです。長ったらしい説明を書いても，読んでもらえませんから，わかりやすくキャッチーな。

平林　「こどもどこ」（一般社団法人大阪府私立幼稚園連盟第26次プロジェクトチーム，2022）みたいな感じね。

Ｆ先生　そうそう。そういうので伝えていって，まずは興味を持ってもらうところからですね。

　　まずは「幼稚園幼児指導要録」問題。これは，年度の後半，特に年明け以降に年長の担任保育者が少なからぬ時間と労力をかけて子ども一人ひとりについて作成する大事な書類のはずなのですが，Ｆ先生が自身の小学校教諭時代に「そんなに読んでいませんでした」と語られたように，小学校側からみると魅力的な資料ではないようです。要録と一緒に幼稚園からの入学式の祝辞を同封したところ，祝辞が要録とともに金庫に仕舞われてしまって，入学式のときに掲示してもらえなかった，という悲しいエピソードはしばしば耳にしますので，幼稚園教諭が苦労して書いた幼稚園幼児指導要録を小学校教諭に読んでもらえないというのは一定の事実なのであろうと想像しています。その理由の一つとして，情報開示請求の対象となる書類であることから，それほど突っ込んだ内容を書くことができず，小学校教諭からみると「きれいなこと」「当たり障りのないこと」しか書いていなくて，「使えない」と捉えられていることがありそうです。

　　その隔たりを突破する方策として「就学支援シート」や「サポートブック」

「ドキュメンテーション」などの，より個人的で具体的な書類を幼稚園幼児指導要録とは別に作っているという話が出ました。こちらは，年長の担任だけでなく，その他の園の教職員や保護者も一緒に作成していて，子どもの育ちや特性，困ったことが起きたときの対応の仕方やその変化の変遷などを記述した内容のものなどがあります。B先生のお話によると，それにさえ目を通してもらえないこともあるようですが，F先生が語ったように「ネガティブな文脈」に関する「特効薬的な内容」であれば，小学校教諭にも優先的に着目してもらう確率が高まるようです。

　ただ，子どもを全人的に発達する一人の人間として，有能な学習者として捉えて幼児教育・保育を行ってきた身からすると，否定的な場面への対症療法にだけ着目されることにむなしさを感じるというF先生の気持ちはよく理解できる気がします。

① 小学校との連携の改善に向けて

　本稿執筆にあたって，数名にインタビューをするなかで，小学校との連携に関しては二とおりの解法が語られました。

　一つは現実的な解法です。たとえばD先生がお話くださったように，退職した校長先生にコーディネーター的な立場に就いていただくことで，幼小のつながりが年度をまたいでも途切れず，幼稚園に対しては小学校における特別支援などに関する豊富な情報を提供したり，STや心理の専門家を連れて幼稚園を訪問していただいてその状況を小学校に「小学校の言葉」で通訳したりしていただくという事例がありました。また，別の現実的な解法として，就学支援シートなどの書類の作成とその受け渡しを，個別の幼稚園と小学校の取り組みに留めるのではなく，教育委員会などが公的な取り組みとしてその地域全体に広げるという事例などがあります。小学校は，教育委員会の促しがあれば，比較的動いてくださる印象があります。

　もう一つは，理想的な解法です。小学校と幼稚園が対等な立場で，子どもやその保護者のことを考えて協議検討を積み重ねていける関係の構築をしていきたい，とF先生は語ってくださいました。その端緒として，幼小の教職員で合同研修を行い，双方の子どもの捉え方や教育観についてやりとりを行い，それぞれの違いと良さについて共有していくのが良いのではないかというご提案でした。

　これらに加えて，本稿を書いていて思ったことがあります。幼稚園で働いていると「小学校の先生方が私たちの言葉を聞いてくれない，理解してくれない」と悲しく思うことがたびたびありますが，小学校の先生方のお話をうかがうと「中学校が私たちの言葉を聞いてくれない，理解してくれない」と語る場面にしばしば遭遇します。基本的に教師・教諭は，「上の学年や校種」に意識が向いていて，「下の学年や校種」にはあまり意識が向けられていないということかなと思います。ということであれば，幼稚園に入園する以前に子どもが過ごす場，たとえば家庭や保育所や療育施設などにいる保護者や大人の言葉を，幼稚園で働く私たちはきちんと聞いているだろうか，理解しているだろうか，と思い至りました。自分は困っていなくて，相手が困っているときは，相手の困り感に気づくのは難しいのだろうなと思うと，きっと聞くことができていない場面，理解できていない場面もあるのだろうと想像します。

　こちらのことを相手に理解してもらうだけでなく，つながっている相手の現状や思いを知ること，幼稚園の場に来ていない日々を子どもがどう過ごしているのかを把握し，幼児教育の場に求められていることは何か，子どもが求めていることは何かを探ったうえで，子どもたちを迎え入れられればと思います。

第7節　療育施設との連携

（1）療育施設の種類

　小学校に就学・進学する前に，子どもや保護者が通う療育施設にはいくつかの種類があります。これらの療育施設の利用の仕方について，D 先生がわかりやすく説明してくださりました。

D先生　うちの保護者が使っている療育施設には3パターンあります。

　一つ目が，公立の特別支援学校幼稚部ですね。毎日通う子は，もちろんうちの園には来ません。週何回という併行通園のケースは，ほぼありません。週5回利用の人たちでいっぱいで，たぶん定員に空きがないのだと思います。過去に何回かあったのは，年少まで公立の特別支援学校幼稚部に通って，年中からうちの園に転園してくるというケースです。年少から年中での転園になるの

で，そこの接続が円滑に進むように，私もよくこの園に行って，子どもや保育の様子を見たり確認したりしていました。

　二つ目は，公立の通級指導教室ですね。神戸市では，「きこえとことばの教室」と「そだちとこころの教室」と呼んでいます。「きこえとことばの教室」が，いわゆる言語的なもので，STの先生がいて，吃音や言葉の発達の遅れ，場面緘黙とかの子たちが通うところです。「そだちとこころの教室」は，いわゆる情緒的なもので，幼児期でいうと集団生活が難しい，他者とのコミュニケーションが取りづらい子どもたちが通うところです。ここは通級なので，小学校の普通学級へ進学してもそのまま通い続ける子が多いです。ただ，この施設数はけっこう増えてきたのですが，それ以上に利用者が増えていて，受け入れがかなり難しくなってきているという実感があります。うちの園から通っている子は多いのですが，最近は年長さんからしか受け入れてもらえなくなってきました。当初は，年少から通っている子たちもけっこう多かったんですけど。

　三つ目が，民間の児童発達支援ですね。ここ最近すごく増えてきているように思います。

① 特別支援学校幼稚部

　特別支援学校の幼稚部は，本章第6節でも紹介した特別支援学校の幼稚園部門です。学校教育法第七十二条で位置づけられています。実際に特別支援学校の校長を長く務められた方によると，盲学校や聾学校に幼稚部が設置されていることは多い一方で，知的障害特別支援学校には幼稚部がほとんど設置されていないそうです。そのため，特別支援学校の小学部に入学する子どもの多くは，幼児期の障害児保育の専門機関の通園施設に通ったり，幼稚園などで保育を受けて就学・進学前を過ごすことがほとんどであるようです。D先生が語られたように，幼稚部に通うことができる子どもは限られているのかもしれません。

② 通級指導教室

　「きこえとことばの教室」「そだちとこころの教室」などの名称で，公立の小中学校や特別支援学校に設置されています。対象となる子どもは，以下の八つに該当する者と学校教育法施行規則第百四十条で定められています。「言語障

害者，自閉症者，情緒障害者，弱視者，難聴者，学習障害者，注意欠陥多動性
障害者，その他の障害のある者で，この条の規定により特別の教育課程による
教育を行うことが適当なもの」。「令和3年度　通級指導教室開設校一覧」（大
阪府，2021b）によると，大阪市の小学校・義務教育学校（小中一貫校）前期
課程・支援学校には18の通級指導教室が設けられ，その内訳は「言語障がい」
が9，「発達障がい」が6，「情緒障がい」が3です。通級指導教室は勉強の遅
れを取り戻すための場ではなく，子どもが自らの特性を理解することを通し
て，いきいきと自己を表現したり社会によりよく適応するための力を育んだり
する場です。

③ 児童発達支援（旧児童デイサービス）

　児童発達支援は，障がい児に対する日常生活における基本的な動作の指導，
知識技能の付与，集団生活への適応訓練などを行う施設です。それらの機能に
加えて，地域の障がい児やその家族への相談，障がい児を預かる施設への援
助・助言を合わせて行う中核的な療育支援施設「福祉型・児童発達支援セン
ター」や，上肢，下肢又は体幹の機能の障がいのある児童に対して児童発達支
援及び治療を行うほか，地域の障がい児やその家族への相談，障がい児を預か
る施設への援助・助言を合わせて行う中核的な療育支援施設「医療型・児童発
達支援センター」があります。

　児童発達支援の前身は，1972年の厚生省児童家庭局長通知によって始まった
心身障害児通園事業です。それが2003年度に障害者支援費制度に組み込まれ，
名称が児童デイサービスに変わりました。続いて，2006年施行の障害者自立支
援法によって，児童デイサービスは就学前児童対象の児童デイサービスⅠ型と
なり，通園施設も障害者自立支援法の対象となりました。その後，2012年に自
立支援法の一部改正によるみなし規定と児童福祉法の改正により児童発達支援
事業が児童福祉法に規定されました。

　ここで挙げた療育施設以外にも，たとえば公立／民間病院の小児言語科や私
立大学の発達支援センターがあります。

（2）療育施設から幼稚園などへの移行支援

　現在，女性の就労率が高まっていることもあり，育児休業中に「親子療育」
を利用し，その後保育所に移行する子ども，保育所で保育の困難が指摘されて

児童発達支援を利用するようになる子どもが増えているといわれています。幼稚園に勤務する立場からは，幼稚園から小学校，幼稚園から療育施設への移行支援に焦点を合わせがちですが，児童発達支援から一般施策と言われる幼稚園や認定こども園，保育所への移行についても，丁寧に対応する必要があることを感じます。その一方で，その移行支援を十分に支援できていない実態はあります。

① 移行支援（１）（療育施設→幼稚園など）

B先生に，療育施設から幼稚園などへの移行について尋ねました。

B先生　某市で働き始める前は，療育施設で心理判定員をしていました。ダウン症候群など早くに診断がつく子は，３歳になったら療育施設に入っていました。ただ，よく育ってくれると，療育施設で卒園せずに，地域の幼稚園や保育所に転園していく子が多いんですよ。

平林　それは，途中まで療育施設に通ってるけれども，４歳とか５歳から幼稚園や保育園に転園して通い始める，ということですか。

B先生　そうです。療育施設でも，子どもみんなが地域に帰れることを目指していますので，意外と多いのです。そうした療育施設に大私幼の研修で一度行ってみて，療育施設で実際にどういう支援が行われているかを幼稚園の園長や保育者たちに自分の目で確かめてほしいですね。

平林　なるほど。見に行ってみないと，わからないですよね。療育施設に通っていて，途中で幼稚園や保育所に転園するときは，保護者が自分で探されるのか，たとえば，療育施設が「あそこの園やったら丁寧に見てくれるよ」と紹介するのか。

　保育者と子どもの人数比が１対３から１対30とかになったら，子どもにとってはまったく異なる環境なわけじゃないですか。そうしたら，療育施設では，落ち着いて心地良く過ごせていたのが，幼稚園に転園して環境がガラッと変わってしんどくなる，みたいなことは起きうると思うんですけど。療育施設と幼稚園や保育所のコネクションって何かあるのでしょうか。

B先生　そういえば，私が某市にいたころはなかったですね。結局は，その子の保護者が奔走してるというか。障害を持っている子の保護者は，ずっと担当

の保健師さんと関係が続いています。だから，その担当保健師さんと相談しながら探していくといった感じでした。あとは，保護者が，療育施設のほかのお母さん方から話を聞いて探したりもしていました。

（3）幼稚園などから療育施設への移行支援
① 移行支援（2）（幼稚園など→療育施設）

　次は先述した内容とは逆方向の移行支援を考えるために，幼稚園などに通っている子どもが，療育手帳などを取得して療育施設に通い始める場合に，保護者が直面する困難についてもお話をうかがいました。

> Ｄ先生　まず，園ではどこにどういう施設があるのかがわからないですね。役所では，たぶん施設の一覧表は見せてくれますけど，それ以上のことは言ってくれません。役所として言えないのだと思います。
>
> 平林　おすすめの施設を伝えると，おすすめでない施設があることになりますからね。
>
> Ｂ先生　保健師さんは，紹介できる施設をたくさん知っていて，その一覧表を持っているんですよ。でも，保健師さんによっては，その長い一覧表をただ渡してくれるだけで，保護者は「え，じゃあ，どこに行けばいいの」と途方に暮れてしまうケースもあるようです。
>
> 平林　一覧表があっても，そのなかから選ぶための判断材料がないですからね。
>
> Ｂ先生　そうです。だから，また幼稚園に相談しに戻ってくることがあります。もちろん，保健師さんによっては，一緒に考えてくれますけどね。

　近年，児童発達支援の施設がものすごい勢いで，増加しています。そのため，おそらくほとんどの園では，多数ある療育施設の一つひとつについて詳しく知ることはできません。児童発達支援事業を利用するためには，受給者証を取得する必要があり，必ず市区町村の役所を通して利用手続きを行うことになります。そのため，役所は療育施設の一覧を必ず持っています。ただ，おそら

く公平性の観点から，個別の施設をすすめてくれることはなく，そのため多数
ある施設のなかからどう候補を絞ったり，一つに決めたりすればよいかわから
ない保護者は途方に暮れることになります。

② 移行支援（3）（幼稚園など→療育施設）

多数の選択肢の前で保護者が途方に暮れている現状に関連して，幼稚園など
にできる移行支援についてお話しいただきました。

B先生　療育施設は今乱立していて，役所の紹介もどこまで信頼して大丈夫な
のかわからないので，保護者には「絶対に，子どもを連れて見学に行ってね」
と伝えています。ただ，見学を拒む施設もあるので，「そんなところは，しっか
り情報を集めてね」と言っています。

D先生　その子に合うかどうかは，本当に一人ひとりの相性があることなの
で，保護者には，「通わせるんやったら，絶対にいろいろなところへ見学に行っ
て，子どもに体験させてみて，それで本当に合うと感じるところ，お母さんや
お父さんが心を開いて支援員とお話しできるところに決めたほうがいいです
よ」とは伝えています。

　それと，保護者の口コミは聞いています。そのおかげで，初めて我が子を民
間の療育施設に通わせたいと思っている保護者に「うちの保護者がお子さんを
通わせている施設には，こういうところがありますよ」と提案はしてあげられ
ます。そこから，保護者が選ばれますね。もしかしたら，保護者同士でもいろ
いろ情報交換をしているのかもしれないですけど，うちの園の保護者が選ぶ施
設は絞られてきていますね。それと，送迎サービスをしているところだと，う
ちの通園地域にバス停があるという理由があるかもしれませんね。

園が児童発達支援施設について持っている情報は限られているなかで，「保
護者と子どもで実際に施設を見学する，体験する，支援員と話してみる」と
いった判断材料を得るための方法についての助言を，B先生もD先生もして
いました。また，園が直接情報提供するのではなく，園の保護者ですでに療育
施設に通わせている方の口コミ情報を提供するほか，療育施設の情報を持つ保
護者と出会うことができる場であるという間接的な形での情報提供もできるよ

うです。

③ 療育施設との連携（1）——児童発達支援

療育施設との具体的な連携についても，お話ししていただきました。

平林　児童発達支援の利用は，保健師さんや区役所が媒介になるから，たとえば園と児童発達支援のスタッフが直接やりとりをしたり，連携したりするということはあまりないのでしょうか。

B先生　保護者によります。区の保健師さんや福祉部を思いっきり頼っている人だと，コーディネーターが連携の場を設定してくれます。人によっては，療育を三つくらい使っている方もいるので。月曜日はここ，火曜日はここって。それで，教育方針というか指導の方針について，関係者が全員加わって話し合いがあります。

D先生　うちの園では，十数人が併行通園しているのですが，最近は民間の療育施設ともかなりやりとりをします。具体的には，施設の方が，園の様子をよく見に来られます。

平林　それは，集団保育の場面でのその子の様子を見るために，民間の療育施設の方が園に来られるということですね。

D先生　そうですね。逆に，民間の療育施設に，私たちが行くことはほとんどないです。民間の療育施設からうちの園に来ることがほとんどで，しかもけっこうな頻度で来られます。1カ月に1回くらい。うちの園は利用者が多いので，一度に多くの子を見ていかれるということはあると思います。同じ日に，年長の○組のA君と年中の△組のB君とC君を一緒に見ます，という感じです。そういう形では，連携じゃないですけど，つながっています。なので，この施設の先生たちはこういう話をするとか，あの施設の先生たちはこういう立ち位置で子どものことを見てくれているということが，ある程度はわかりますね。

④ 療育施設との連携（2）——通級指導教室

通級指導教室についてもお聞きしました。

平林　ちなみに，公立の通級指導教室にはC幼稚園のスタッフが見に行かれるとおっしゃっていましたね。

D先生　公立の通級指導教室は，あちらから「来てください」と呼ばれるんですよ。

平林　うちの教室で何をどうしているかを見に来て，それを幼稚園でも活かしてね，というような意図でしょうか。

D先生　そうですね。年に一回くらいの頻度で呼ばれますので，そのときは担任に行ってもらっています。

　児童発達支援との連携に関しては，保育所等訪問支援で児童発達支援側の支援員が，幼稚園などを訪問するという形での連携が多いようです。これは「本章第3節　小学校就学前の乳幼児教育・保育施設の外部機関との連携の実態」で紹介した調査の結果と合致しています。訪問の際の支援員とのやりとりを通して，児童発達支援施設の支援員の専門性や人となりに関する情報が得られるという側面もあるようです。

　通級指導教室の場合は，教室のスタッフが園を訪問するのではなく，逆に園の教職員が通級指導教室に呼ばれて学ぶという形での連携があるようです。

　また，複数の療育施設を利用している保護者の場合は，役所のコーディネーターが，施設と園，家庭の三者を集めた連携の場を設けることがあるようです。

⑤ 療育施設を利用する落とし穴──児童発達支援

　幼稚園と療育施設との連携とは直接関係はありませんが，療育施設の使い方に関しては，ただ使えばよいわけではないようです。本当に大変な家庭環境にあるのであれば，最大限の支援を受ければよいと思う一方で，たくさんの支援を受けられるために，子どもと向き合い，親として育つ機会が失われる危険，安易に使いすぎることのリスクについてB先生がお話しくださりました。

B先生　児童デイサービス（児童発達支援）の使い方もね，気をつけておかないと，保護者によったら，自分の子どもの受け入れができないままになってし

まうから。幼稚園に連れていって，降園したら次は児童デイサービスに送って
いって。
平林　全部外の人がやってくれて，保護者が自分で子どもに向き合わなくて済
むというか，関わらないというか。
Ｂ先生　そういうことがあるので，そこは本当に気をつけてこちらからアプ
ローチしないと……と思います。

　必要な支援を子どもが受けられることと，保護者が保護者としての経験をで
きないこととは必ず結びつくわけではありません。ただ，人によってはそのバ
ランスをうまくとることができないこともあるので，気をつけて見守る必要が
ありそうです。

第8節　病院などとの連携

　保護者が子育てなどに関して相談がある場合，まずは地域の保健師さん，あ
るいは子育て支援センターなどの行政機関に連絡を取るのが確実な手立てでは
ないか，と紹介しました。ただ，もう少し具体的な手立てとして，子どもの発
達障害について相談して，診断や治療を受ける場合には，医療行為を行うこと
のできる医師が在籍する医療機関をたずねることになります。
　発達障害の診断や治療を行う診療科は，主に小児神経科もしくは児童精神科
です。最近は「発達外来」などの特別な診療科を設けている医療機関も増えて
います。こうした診療科では，発達障害の子どもを多く診てきた専門医がいま
すので，適切な診断やアドバイスがもらえるでしょう。また，専門医が在籍す
る医療機関が身近になくてわからない場合は，地域の小児科診療所に相談すれ
ば，専門医を紹介してもらうことができるでしょう。
　また，小児言語科などの診療科は，発達の遅れや発達障害，神経筋疾患，先
天奇形症候群などに伴う，言語発達遅滞や構音障害，吃音症，摂食嚥下機能障
害などについて専門的な評価と指導を行っています。
　筆者（平林）の実父は小児科医なので，幼いころから医師や医療は身近に
育ってきました。ただ，私立幼稚園で勤務するようになってからは，病院など

とつながる機会は，内科検診や耳鼻科検診，眼科検診，歯科検診といった各種
検診のときと，園で子どもや教職員などがケガや病気をしたときなどで，特別
支援教育の文脈で医師や医療機関と直接つながったり，保護者と医療機関をつ
なげたりするような連携をした経験はありませんでした。小児アレルギーやて
んかん，糖尿病の対応について，保護者と連携して園で必要な場合に対応でき
るように備えているという事例はありますが，その場合は医療機関と連携して
いるのは保護者で，園は保護者とだけつながっており，医療機関とは直接つな
がっていない状況になります。

（1）性的マイノリティの子どもへの対応を通してつながる

　私自身が携わった事例として，発達障害ではなく，特別の教育的なニーズの
ある子どもを間接的に医療機関につないだものがあります。性別違和（以前は
「性同一性障害」と呼ばれてきた）のある子どもとその保護者について，他園
の副園長から相談を受けて，その内容に精通していると私が思う大学教員を紹
介して，その大学教員を通じて専門の医療機関に子どもと保護者がつながっ
た，というものです。

　近年は，LGBTQなどの言葉が広く聞かれるようになり，少しずつ性的マイ
ノリティの方への認識は高まっているように思いますが，自園では性別違和の
ある子どもとの関わりは，これまで自覚しているなかではありませんでした。
ただ，身体的性と性自認，性的指向の不一致のある子どもは幼児期から自覚が
あり，かつ周りの大人にその自分を受け入れてもらえないことを陰に陽に感じ
てしまうことで，ありのままの自分を受け入れることが難しく，若年のうちに
自殺する割合がとても高いことを研修で学んだときに，性的マイノリティであ
るという理由で子どもが自らの命を絶たなければならない状況を大人が作るこ
とは可能な限り避けたいと思い，それ以後は幼稚園団体の幼稚園教諭免許状更
新講習など広く受講される研修会では必ず性的多様性や性的マイノリティを
扱った講座を組み込むようにしています。

　先の事例では，私が大学教員を紹介したあと，その幼稚園では教員に対して
性的多様性に関する園内研修を実施したり，子どもと保護者と連携して医療機
関と対応しているそうです。その子どもが年長のお泊まり保育を迎えるにあ
たって，子どもと保護者が（身体的性とは異なる）自認している性として過ご

したいと考え，その考えを園や同級の子どもと保護者に伝え，理解を得て，自認している性の子どもたちと一緒にお風呂に入るなどして過ごすことができて，本人も保護者も喜んでいた，というエピソードを，その副園長先生からうかがいました。

（2）医療的ケア児への対応を通してつながる

　医療的ケア児を受け入れる園では，病院と連携をする必要が必ず出てきます。

　医療的ケア児とは，医学の進歩を背景として，NICU などに長期入院したあと，引き続き気管切開部の管理や人工呼吸器の管理，たんの吸引，在宅酸素療法，胃瘻・腸瘻・胃管からの経管栄養，中心静脈栄養などの医療的ケアが日常的に必要な障害児のことです。医療的ケア児には，歩くことのできる子どもから，寝たきりの重症心身障害児までいます。全国に，医療的ケア児は約1.7万人いると推計されています（厚生労働省，2018）。

（3）小児アレルギー児への対応を通してつながる

　近年増えているのは，小児アレルギー児に関連した病院とのやりとりです。

D先生　アレルギーに関しては，病院からけっこうやりとりがきますね。うちの園はアレルギーの子の人数がすごく多くて，小児アレルギー専門のクリニックって，地域である程度限られているので，だいたいみなさん同じクリニックにかかっていたりします。そのような背景があり，多くの患者が同じ園からきているので，クリニックの方から「研修しますよ」と声をかけてくれます。たまに園のスタッフがクリニックに行ったりもします。

平林　研修は，どういう内容ですか。

D先生　アレルギーに関する基礎知識みたいな内容です。園でアナフィラキシーが起きてエピペンを打たないといけないようなことは，何年に1回も起きないのですが，非常事態に備えてかかっている病院とは連携していますね。

平林　C幼稚園に自分のところの患者さんが多く通ってはるから，クリニックが気にかけて，働きかけてくれている感じですね。

　幼稚園団体でも，各園の要望の大きさに応えて，小児アレルギーの基礎知識に関する研修会や，エピペンを打つ実習などを開催しています。

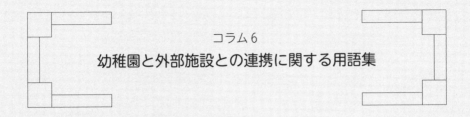

コラム 6
幼稚園と外部施設との連携に関する用語集

【移行（transition）支援】

　広義では，子どもから大人へと向かうプロセスを意味する。学校教育においては，所属が変わること（例，幼稚園から小学校へ）や，学校卒業から社会人になるプロセスを示すことが多い。移行は，子どもの発達的な変化に伴って生じるものであるが，一方で，所属が変わることにより，制度や受けられる支援，子どもに求められる発達的課題も大きく変化する。特別な支援ニーズがある子どもにとっては，移行に伴うさまざまな環境の変化は，不安や不適応を引きおこすきっかけになることが少なくない。そのため，機関同士で引き継ぎを行うことにより，スムーズな移行を実現することを目的として，支援を行うことを移行支援と称する。特別支援教育においては，高等学校や大学，特別支援学校高等部から就労へと向かうプロセスを狭い意味で「移行」や「就労移行」と表現していることが多い。

【言語障害】

　さまざまな障害のために言語の理解と表出がうまく行えない状態の総称である。多くの障害によって言語障害の状態を示すが，特に言語面にのみ障害を持つ者に用いる場合が多い。言語障害は，ランゲージ（language）とスピーチ（speech）の障害に大別される。ランゲージでは，言語媒介による心理操作全般が問題とされる。スピーチは発声発語障害と呼ばれ，オーラルコミュニケーションが問題とされる。小児期に見られる言語障害には，音声障害，構音障害，吃音，言語発達遅滞などが挙げられる。

【合理的配慮】

　個々の場面における個人のニーズに応じて，過剰な負担を伴わない範囲で，社会的障壁を除去するものであり，個人に対して行う，できうる範囲での最大

限の支援のことである。その配慮をしない場合には個人の権利を侵害することになり，差別にあたる。本人の申し出があれば，周囲は可能な限りの支援を行うことが重要である。国・地方公共団体等には法的義務が，民間事業者には努力義務がある（ただし，2021年に障害者差別解消法が改正され，2024年4月1日から民間事業者も合理的配慮の提供が義務化される）。

【ことばの教室】

　言語障害のある児童のための通級指導教室や特別支援学級の通称である。地域によっては，言語難聴教室と呼び，言語障害児と難聴児の両者を指導・支援する場合もある。通級指導教室では，個に応じて，主として聞く・話すの会話の困難に対する指導が行われる。支援学級では，それに加えて，教科も支援のもとで指導が行われる。必要に応じて言語聴覚士（ST）などから指導・助言を受けながら，教員の専門性の範囲内で指導が行われる。

【就学支援シート】

　保育所や幼稚園あるいは保護者によってまとめられ小学校側に渡される，個々の子どもに関する情報媒体物である。この就学支援シート以外に，就学前の子どもの姿や育ちを小学校に伝える媒体物として「幼稚園幼児指導要録」と呼ばれる公的な書式もある。ただし，指導要録は一人あたりの情報量は限られており，配慮が必要な子どもの円滑な就学移行に向けて「もっと情報を伝えておきたい」という願いから，就学支援シートが2007年ごろよりいくつかの自治体で使われ始めた。書式や内容，あるいは作成者（保護者か保育者か，あるいは両者によるか）の位置づけなどは，自治体によって違いがあるが，おおむね5～7ページほどのページ数から構成される。その内容は「表紙」「目次」「子どもの基本情報（プロフィール）」「項目別の情報整理（具体的な姿含む）」「保護者の願い」などである。特に「項目別の情報整理」については，健康・身体面，基本的生活習慣，社会性やコミュニケーションなどの発達的側面の情報に加えて，好きなことや嫌いなこと，指導上求められる配慮や工夫などを含むことが多い。

　入学前後で会議を開いて直接連携を行う時間的・人的余裕がない保育所・幼稚園も多い。そうした状況でも確かな学びの引き継ぎと新環境への適応を支え

るためのツールとして，就学支援シートに期待が寄せられている。

【スクールカウンセラー（SC）】

　児童生徒や保護者の抱える悩みを受けとめ，学校におけるカウンセリング機能の充実を図るため，学校に配置された心理職である。役割としては，以下の7点が挙げられる。①児童生徒に対する相談・助言，②保護者や教職員に対する相談（カウンセリング，コンサルテーション），③校内委員会などへの参加，④教職員や児童生徒への研修や講話，⑤相談者（児童生徒，保護者）への心理的な見立てや対応，⑥ストレスマネジメント等の予防的対応，⑦事件・事故等の緊急対応における被害児童生徒の心のケア。平成30（2018）年度時点で，おおむね，中学校では全校配置が実現され，小学校でもその流れにある。

【スクールソーシャルワーカー（SSW）】

　教育領域のなかで，社会福祉に関する専門的な知識や技術を生かして，問題を抱えた当該児童・生徒をとりまく環境（家庭，友人，教員，病院，学童保育，近隣など）への働きかけや，関係機関等とのネットワークの構築など，多様な支援方法を用いて課題解決への対応を図る専門職である。いじめや不登校など学校のなかだけでは対応できず，家庭や学校外の専門機関と連携していくことが必要とされる課題が増加していることを背景に，文科省が，平成20（2008）年にSSW活用事業を開始した。SC（スクールカウンセラー）業務と類似しているが，SSWは，どちらかというと，子どもの内面ではなく，環境を整える支援を中核とする。

【性同一性障害】

　日本では，一般に性同一性"障害"として広く社会的に認知されている。しかし，米国精神医学会の最新の判断基準指標（DSM-5）では，"性別違和"と記載され，但し書きで，精神疾患としてとられることに疑問を示す立場のあることが指摘されている。また，世界保健機構（WHO）の最新の2018年国際疾病分類（ICD-11）でも同様に，疾病分類ではなく，"性別不合"としてのとらえ方になった。

【療育手帳】

　日本では福祉制度を利用するために手帳制度をとっており，身体障害者手帳，精神障害者保健福祉手帳，療育手帳の3種類がある。知的障害を対象としたものが療育手帳であり，各都道府県（政令指定都市の長）が発行し，呼び方は地域によって異なる。地域で支援を受ける際に，必要となる。

おわりに

　本書では，子どもと保護者の理解と対応，先生方のセルフケア，外部機関との連携などについて述べてきました。本書を執筆する過程で，保育の先生方や保育の現場に入っている方々が，たいへん多くの知識や技術，想像力や心配りを持って，子どもや保護者に日々関わっておられることをあらためて認識するとともに，心からねぎらいと感謝をお伝えしたい気持ちと尊敬の気持ちをいだきました。

　いつも本当にお疲れ様です。そして本当にありがとうございます。

　本書でも述べたように，保育の先生方のお仕事は，「**子どもと保護者の今を支えて未来を創る**」ことで，本当に大切な仕事をされています。先生方がいるからこそ，筆者である私自身も大人になることができ本書の執筆もできています。
　しかし，一人の先生がどれだけ心を込めて尽力されても，一人でできることは限られています。だからこそ，先生同士や他職種の方と協力しながら，チームで子どもや保護者を支えることで，先生自身も支えられることにつながるでしょう。それが結果として，子どもや保護者のためにもつながり，より良い循環になっていきます。
　心理職である私自身，これからも保育の先生方と一緒に子どもや保護者を支えていきたいですし，それが少しでも保育の現場で心身を尽くされている先生方を支えることにつながれば嬉しいです。

　本書は，筆者がこれまで出会ってきた子どもたちと保護者の方々，保育の先生方のおかげで形にすることができました。筆者にとっては，これまで出会ってきた一人ひとりがかけがえのない存在で，今も笑顔でいられていることを願っています。

　本書には，たくさんの素敵なイラスト（図）と想像をかき立てられる事例が散りばめられています。イラストについては，認定こども園深江幼稚園の中本清美先生が担当してくださいました。筆者の曖昧な意を汲みとってイラストとして表現していただき，本書を親しみやすいものにしていただいたことに本当に感謝しています。事例については，社会福祉法人種の会の片山雄基先生にご協力いただき，多くの先生方からご提供いただきました。すべての事例を用いることはできなかったのですが，筆者が事例を考える際にも参考にさせていただき心から感謝しています。また，誠信書房編集部の楠本龍一氏には，拙著『子どもの発達検査の取り方・活かし方』に続いて，企画から出版にいたるまでご尽力いただきました。筆者の拙い文章の意を汲みとって的確なご意見をくださり，心からお礼を申し上げます。

　最後に，日ごろから私を支えてくれている人たち，本書の出版にあたり，さまざまな意見をくれた人たちに心から感謝します。

　本当にありがとうございました。

2024年1月

編著者　樋口隆弘

文献

有光興記（監修）（2017）．図解　マインドフルネス瞑想がよくわかる本．講談社．

Benesse（2011）．モンスターペアレント，9割の保護者が「最近増えた！」．ベネッセ教育情報．https://benesse.jp/kyouiku/201109/20110908-1.html（2023年8月29日確認）

Bowlby, J.（1988）．*A secure base : Clinical applications of attachment theory*. Routledge.

一般社団法人大阪府私立幼稚園連盟第26次プロジェクトチーム（2022）．こどもどこ．http://www.kinder-osaka.or.jp/pdf/20230221.pdf（2022年9月5日確認）

伊藤絵美（2016）．ケアする人も楽になるマインドフルネス&スキーマ療法 BOOK 1．医学書院．

梶正義・藤田継道（2019）．場面緘黙の出現率に関する基本調査（4）．日本特殊教育学会第57回大会ポスター発表．6-7．

かんもくネット（2006）．場面緘黙を理解するために――どうしても言葉が出ない時．https://kanmoku.sakura.ne.jp/documents/knet_handout_n01.pdf（2022年9月5日確認）

かんもくネット（2018）．子ども支援用　場面緘黙リーフレット――子どもに関わるみなさんへ．https://www.kanmoku.org/leaflet（2022年9月5日確認）

かんもくネット（2022）．場面緘黙とは．https://www.kanmoku.org/kanmokutowa（2022年9月5日確認）

こども家庭庁（2023）．令和4年度　児童相談所における児童虐待相談対応件数（速報値）．https://www.cfa.go.jp/assets/contents/node/basic_page/field_ref_resources/a176de99-390e-4065-a7fb-fe569ab2450c/12d7a89f/20230401_policies_jidougyakutai_19.pdf（2023年10月6日確認）

小竹めぐみ・小笠原舞（2016）．いい親よりも大切なこと――子どものために"しなくていいこと"こんなにあった！．新潮社．

公益財団法人全日本私立幼稚園幼児教育研究機構（2021）．特別な配慮を必要とする幼児への指導の充実に関する調査研究――特別支援学校，医療や福祉，保健等の業務を行う関係機関との連携について．https://youchien.com/research/evaluation/tfpkv10000002d0e-att/02_research_enhancing_guidance__2021.pdf　（2022年9月5日確認）

厚生労働省．知ることからはじめよう――みんなのメンタルヘルス（2023年4月より下記サイトへ移行．国立精神・神経医療研究センター．知ることからはじめよう――こころの情報サイト　https://kokoro.ncnp.go.jp/（2023年6月11日確認））

厚生労働省（2011）．こころもメンテしよう――若者を支えるメンタルヘルスサイト．https://www.mhlw.go.jp/kokoro/youth/stress/know/know_02.html（2022年9月5日確認）

厚生労働省（2017）．新しい社会的養育ビジョン．https://www.mhlw.go.jp/file/05-Shingikai-11901000-Koyoukintoujidoukateikyoku-Soumuka/0000173888.pdf（2022年9月5日確認）

厚生労働省（2018）．平成28年厚生労働科学研究田村班中間報告．

厚生労働省（2021a）．人口動態調査．

厚生労働省（2021b）．令和3（2021）年社会福祉施設等調査．

厚生労働省(2022a)．令和4年版　厚生労働白書．https://www.mhlw.go.jp/stf/wp/hakusyo/kousei/21/backdata/02-01-01-03.html（2023年8月29日確認）

266

厚生労働省（2022b）．人口動態調査.

文部科学省（2016）．児童生徒の教育相談の充実について（案）―― 学校の教育力を高める組織的な教育相談体制づくり．https：//www.mext.go.jp/b_menu/shingi/chousa/shotou/120/shiryo/__icsFiles/afieldfile/2016/12/08/1379214_1.pdf （2022年9月5日確認）

文部科学省（2020a）．諸外国の教育統計　令和2（2020）年．https：//www.mext.go.jp/content/20200821-mxt_chousa02-000009501-01.pdf （2023年8月29日確認）

文部科学省（2020b）．特別支援教育行政の現状及び令和3年度事業について．http：//www.rehab.go.jp/application/files/5216/1550/6855/2_.pdf（2022年9月5日確認）

森浩一（研究開発代表）（2021）．幼児吃音臨床ガイドライン［第1版］．http：//kitsuon-kenkyu.umin.jp/guideline/v1/YoujiKitsuonCGL2021.pdf（2022年9月5日確認）

内閣府（2023）．令和4年度　配偶者暴力相談支援センターへの相談件数の推移（年次）．https：//www.gender.go.jp/research/weekly_data/pdf/10.pdf（2023年8月29日確認）．

ネガポ辞典制作委員会（2012）．ネガポ辞典．主婦の友社.

日本不安症学会（2018）．ICD-11新病名草案における Selective mutism の訳語に「場面緘黙」が採用されたことについて．https：//jpsad.jp/information/ICD-11.php（2022年9月5日確認）

日本国語大辞典第二版編集委員会・小学館国語辞典編集部（編）（2001）．日本国語大辞典［第二版］12．小学館．P.767-768.

日本マインドフルネス学会．マインドフルネスとは．日本マインドフルネス学会HP．https：//mindfulness.smoosy.atlas.jp/ja（2023年8月29日確認）

日本産婦人科医会（2014）．オンナとオトコの産みドキ・育てドキ・働きドキ．自由企画・出版.

日本精神神経学会（日本語版用語監修）（2014）．DSM-5　精神疾患の診断・統計マニュアル．医学書院.

小野田正利（編著）（2009）．イチャモン研究会――学校と保護者のいい関係づくりへ．ミネルヴァ書房.

大阪府（2010）．学校・家庭・地域をつなぐ保護者等連携の手引き――子どもたちの健やかな成長のために．p.1.

大阪府（2021a）．大阪府私立幼稚園等特別支援教育費補助金交付要綱．https：//www.pref.osaka.lg.jp/attach/5499/00020060/yoko_tokubetushien.pdf（2022年9月5日確認）

大阪府（2021b）．「令和3年度　通級指導教室開設校一覧」．https：//www.pref.osaka.lg.jp/attach/5057/00000000/tukyuR3.pdf（2022年9月確認，現在はリンク削除）

大阪市．大阪市の就学相談．https：//www.city.osaka.lg.jp/fukushi/cmsfiles/contents/0000469/469856/（6）6-2.pdf（2022年9月5日確認）

大阪市（2021）．大阪市の乳幼児健診・受診率．https：//www.city.osaka.lg.jp/kenko/page/0000308517.html（2022年9月5日確認）

大阪市（2023）．大阪市要支援児受入促進指定園．https：//www.city.osaka.lg.jp/kodomo/page/0000510820.html（2023年8月29日確認）

齋藤浩（2010）．「モンスターペアレント」の対応策に関するパラダイム転換．佛教大学教育学部学会紀要．9，111-122.

斉藤里恵（2009）．筆談ホステス　67の愛言葉――青森一の不良娘が銀座の夜にはぐくんだ魔法の話術．光文社.

酒井奈緒美（研究代表者）（2021）．幼児吃音臨床ガイドライン（第1版）添付資料2　発音

性吃音（どもり）の研究プロジェクト.

島崎政男（2018）．むずかしい親との付き合い――クレーム問題から考える．こころの科学．**197**，24-28.

出入国在留管理庁（2023）．令和4年末現在における在留外国人数について．https : //www.moj.go.jp/isa/publications/press/13_00033.html（2023年10月6日確認）

田中宝紀（2022）．外国にルーツを持つ子どもの課題と支援．内閣府 HP．https : //www 8 .cao.go.jp/youth/kenkyu/mondai/h26/k_2/pdf/s2-1.pdf（2023年8月29日確認）

World Health Organization（2018）．ICD-11 for mortality and morbidity statistics（Version：01/2023）．https : //icd.who.int/browse11/l-m/en（2023年11月22日確認）

鷲田清一（2011）．平成22年度卒業式・大学院学位記授与式総長式辞．https : //www.osaka-u.ac.jp/ja/guide/president/files/h23_shikiji.pdf（2022年9月5日確認）

ゆうきゆう（監修）（2017）．死ぬくらいなら会社辞めれば」ができない理由（ワケ）．あさ出版.

米澤好史（2019）．愛着障害・愛着の問題を抱えるこどもをどう理解し，どう支援するか？――アセスメントと具体的支援のポイント51．福村出版.

■編著者紹介■

樋口隆弘（ひぐち　たかひろ）
2013年　関西大学大学院心理学研究科修士課程修了
2017年　関西医科大学大学院医学研究科医科学専攻発達小児科学博士課程修了
現　在　関西医科大学総合医療センター小児科心理士
　　　　大阪総合保育大学大学院非常勤講師
　　　　京都市立学校スクールカウンセラー
　　　　一般社団法人 大阪市私立幼稚園連合会相談員
　　　　公益財団法人 関西カウンセリングセンター SNS 相談主任相談員
　　　　医学博士，公認心理師，臨床心理士，保育士，SNS カウンセラー，アニマルセラピスト，アロマテラピーアドバイザー
著　書　『ずっとそばにいられたら』（作）石田製本株式会社　2023，『これでいいニャ』石田製本株式会社　2023，『不登校の理解と支援のためのハンドブック──多様な学びの場を保障するために』（分担執筆）ミネルヴァ書房　2022，『SNS カウンセリング・トレーニングブック』（共編著）誠信書房　2022，『子どもの発達検査の取り方・活かし方──子どもと保護者を支えるために』誠信書房　2021，『SNS カウンセリング・ケースブック──事例で学ぶ支援の方法』（共編著）誠信書房　2020

■執筆者紹介（執筆順）■

樋口隆弘（ひぐち　たかひろ）【はじめに，注意書き，第1章，第2章，第3章，コラム 1〜4，6，おわりに】
〈編著者紹介参照〉

雲財　啓（うんざい　さとし）【第1章第4節，第2章第3〜4節】
2022年　神戸大学大学院人間発達環境学研究科人間発達専攻博士課程後期課程修了
現　在　京都橘大学総合心理学部総合心理学科助教

平林　祥（ひらばやし　しょう）【第4章，コラム5，6】
2018年　兵庫教育大学大学院人間発達教育専攻幼年教育コース修了
現　在　学校法人見真学園ひかり幼稚園主事
　　　　一般社団法人 大阪府私立幼稚園連盟教育研究委員会副委員長
　　　　一般社団法人 大阪市私立幼稚園連合会研究部副部長
　　　　幼稚園教諭（専修），保育士，真宗大谷派教師
著　書　『新・保育環境スケール3〈考える力〉』（共訳）法律文化社　2018，『子どもに至る──保育者主導保育からのビフォー&アフターと同僚性』（共著）ひとなる書房 2016

心理と保育の専門家が伝える保育がもっと
うまくいく方法
――子どもの発達・保護者支援・セルフケア・外部連携

2024年1月25日　第1刷発行

編 著 者　　樋　口　隆　弘
発 行 者　　柴　田　敏　樹
印 刷 者　　藤　森　英　夫

発行所　株式会社　誠　信　書　房
〒112-0012　東京都文京区大塚3-20-6
電話03（3946）5666
https://www.seishinshobo.co.jp/

子どもの発達検査の取り方・活かし方
子どもと保護者を支えるために

樋口隆弘 著

検査を子どもに資するものとするために、検査中・検査前後に起こりがちな難しい状況に対する検査者の考え方と対応方法を解説する。

A5判並製 定価(本体2000円＋税)

SNSカウンセリング・トレーニングブック

杉原保史・宮田智基・畑中千紘・樋口隆弘・鈴木優佳 編著

SNSカウンセラーのスキルアップに最適のワークを厳選。SNS画面に似せて示した事例や応答技法エクササイズで模擬訓練ができる。

A5判並製 定価(本体2700円＋税)